Meitian Xuedian Shejiaoxue

每天学点
社交学

赵灵芝◎编著

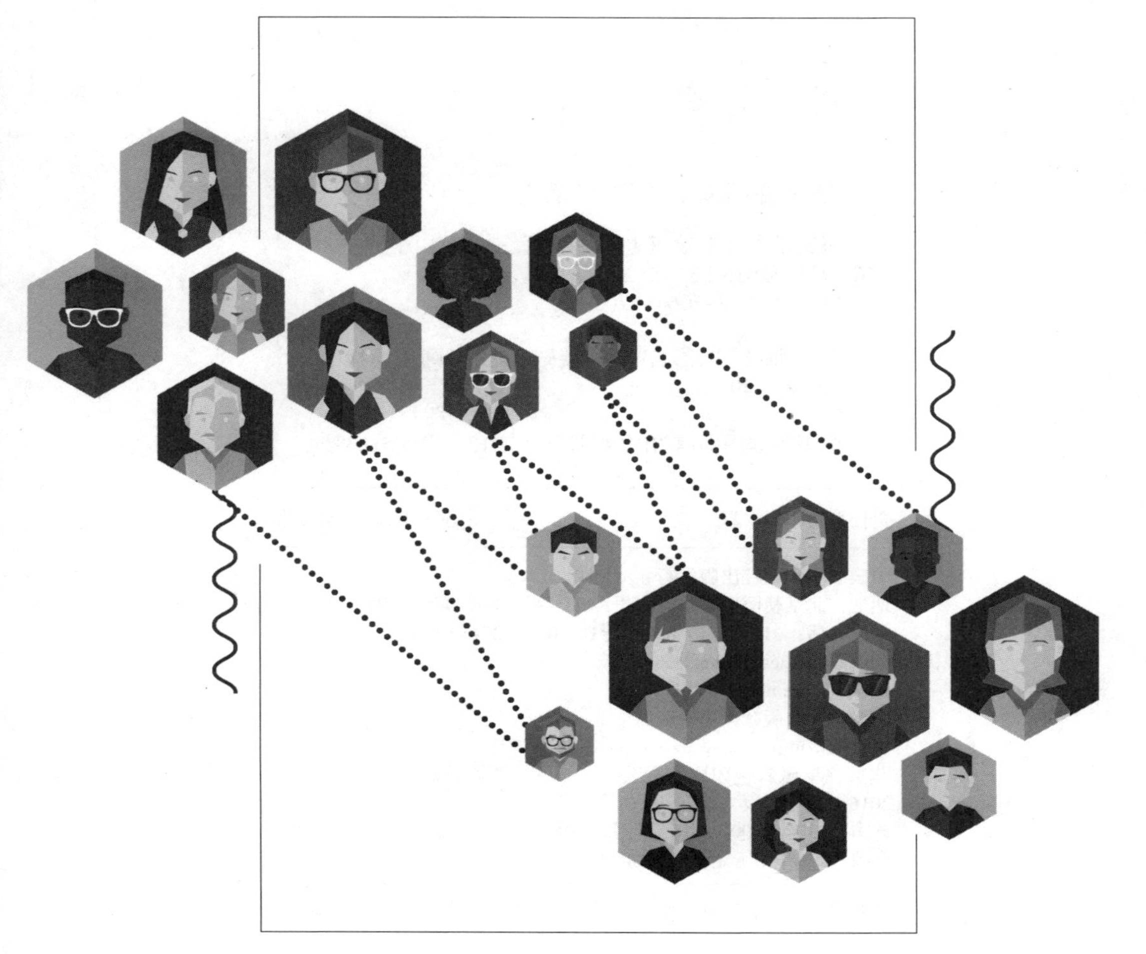

中国纺织出版社

内 容 提 要

社交是一门学问，是年轻人闯荡社会必备的能力，更是安身立命的智慧。要想在交际场上如鱼得水，不仅需要掌握各种交际策略和语言技巧，更要建立自己独特的优势和不凡的魅力。

本书以轻松睿智的笔触，结合现实生活中诸多特色鲜明的案例，介绍为人处世的智慧，并针对社交中会遇到的问题一一为你做出详细解答，让年轻人快速精通社交的要诀，帮助读者达成独立又有能力，成熟又有成就，处世张弛有度、游刃有余的目标，从而成就精彩的人生。

图书在版编目（CIP）数据

每天学点社交学 / 赵灵芝编著. —北京：中国纺织出版社，2015.12 （2024.1重印）
ISBN 978-7-5064-9700-8

Ⅰ.①每… Ⅱ.①赵… Ⅲ.①人际关系—通俗读物
Ⅳ.①C912.1-49

中国版本图书馆CIP数据核字（2013）第085103号

责任编辑：闫 星　　　　责任印制：储志伟

中国纺织出版社出版发行
地址：北京朝阳区百子湾东里A407号楼　邮政编码：100124
邮购电话：010—87155894　传真：010—87155801
http：//www.c-textilep.com
E-mail：faxing@c-textilep.com
中国纺织出版社天猫旗舰店
官方微博http：//www.weibo.com/2119887771
北京兰星球彩色印刷有限公司　　各地新华书店经销
2016年1月第1版　2024年1月第5次印刷
开本：710 × 1000　1/16　印张：19
字数：238千字　定价：58.00元

前言

我们都知道，人是群居动物，人类社会的发展都是围绕各种活动进行的，然而一切社会活动的基础就是人与人之间的接触和交往。每个人都会与人打交道，这并不是一件难事，但是能够很好地处理自己的人际关系却不是每个人都能做到的，如同做任何事情一样，会做和做得好往往有天壤之别。

社交生活中，你是不是曾有以下这些苦恼：为上司鞠躬尽瘁却得不到晋升？把同事当成合作伙伴却惨遭背叛？对朋友掏心掏费却得不到信赖？对长辈嘘寒问暖却得不到疼爱？苦口婆心地劝说客户购买，客户还是甩袖而去？让客户介绍体验各种产品，客户却甩袖而去……其实，造成这些结果的原因，并不是因为做得不够，而是因为你不懂得与人打交道的技巧。

相反，那些在社交场上如鱼得水的人，总是能八面玲珑，他们似乎总是知道对方需要什么，想听什么，他们为人低调、谦虚谨慎，深谙语言的艺术和为人处世的分寸，而且，他们深知除了要掌握一些基本的社交理念、交际技巧之外，还要运用适当的心理策略也是迅速达成自己目的的捷径。所以，无论是职场、家庭还是朋友圈子，他们都是人生的大赢家。

的确，成功的事业离不开社交，美满的生活同样离不开社交。要想在社交中游刃有余，如鱼得水，做到人见人爱，除了提高自身素质外，还必须掌握一些社交技巧。

现实生活里，相信很多人都曾尝试找到一个快速提高自己社交能力的法宝。但寻找的过程是艰难的，这里，我们推荐一本枕边书——《每天学点社交学》。

本书正是要教你一些成功社交的小窍门。从这本书中，我们首先可以看到的是社交是多么重要，我们一定要花点心思与人交往。然后，要与人顺利交往，除了要从自己的心态、形象和口才上下功夫外，还要做到知己知彼，才能对症下药，百战不殆。书中还有很多典型事例和故事，深入浅出，通俗易懂，能帮助我们更快掌握一些社交常识。

总的来说，无论在日常生活中还是在职场、商场，我们每个人都应该学会轻松驾驭人际关系的方法。懂得一些社交学，更能使你在工作和日常交际中与他人更好交流和相处，构建融洽的关系。

编著者

2015年8月

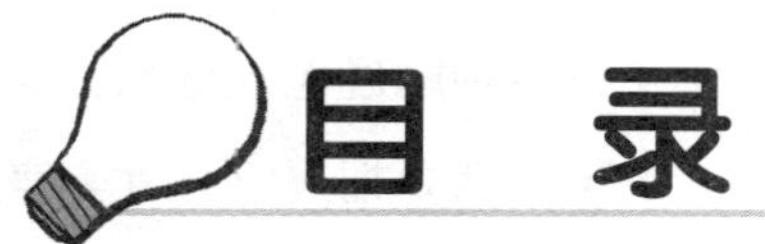

目录

目 录

第13章 巧妙与他人协作：独木不成林，依靠别人的力量才能有大作为

第14章 学会和领导相处：凡事多请教，聪明地获得领导青睐

第15章 弱者的生存之道：让自己变强，你不能永远当配角

目 录

第19章 懂得有舍才有得：吃亏即是福，明智的舍比贪婪的得更有意义

第20章 站在巨人的肩上：会借力使力，才能快速使自己强大起来

第21章 提升自我竞争力：潜能最大化，竞争力才是你的核心价值

第1章 把话说到人心里：

纵横社交场，会说话才讨人喜欢

说话是人情世故的一个重要方面。香港凤凰卫视主持人窦文涛说：“在社会上混，你总得通晓人情世故，知道什么话能说，什么话不能说，什么话得这么说，什么话得那么说。说不好话，恐怕连活下去都有困难。”许多人常因说不好话而苦恼，其实与人交流的重要原则，应该是说话讲方式，能“三思而后说”。这样一开口就讨人喜欢，进而为事业发展赢得人际助力。

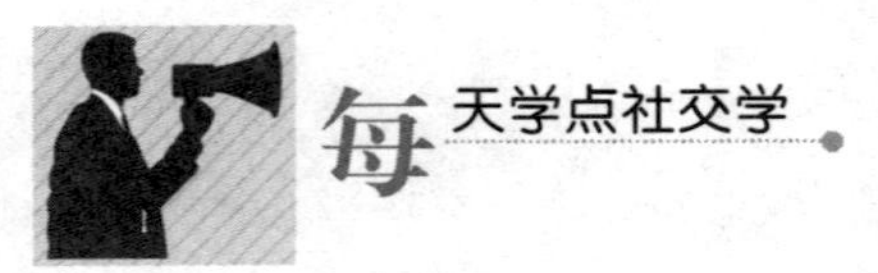

用恰当的称呼赢得他人的好感

人际交往中，适当的称呼是礼貌和修养的一种体现。称呼得当，可以拉近与他人之间的关系；冒冒失失、没大没小地称呼别人的人，在职场上是不受欢迎的。不少人在职场中都遭遇过“称呼的烦恼”，叫名字太鲁莽，叫哥哥姐姐又有些别扭，但是总叫“老师”又觉得很尴尬，毕竟不能把职场关系等同于学校的师生关系，因此很多新人对此烦恼不已。

鲁伊所在的公司是家跨国采购公司，平时大家习惯称呼对方英文名字。前不久，新来一位女同事，鲁伊的英文名字是linda，于是这个新员工就叫她linda姐，还叫另一个同事tinna哥。鲁伊心想，这真是太搞笑了，真怀疑她韩剧是不是看多了。

对于这种称呼方式，鲁伊直接表示，“不用客气，直呼名字就好”。她认为，既然在一起共事，有名字叫名字，有职位就叫职位，没必要叫哥哥、姐姐。

同样，刚毕业的庞帆习惯叫其他同事“老师”，反而令人反感，部门经理甚至直接说：“不用叫老师，进了职场就是对自己负责，大家只是同事关系，一旦你在工作中出错，没人需要负指导不力的责任。”

称呼的烦恼不仅新人有，而且老职员也经常遇到。职场称呼作为一种相互之间交往的礼节，已越来越引起人们的关注。究竟以什么样的方式来称呼他人最合适呢？对此，职场资深人士认为，不同组织内有不同的“称呼文化”，恰当的职场称呼也是个技术活儿。不同的职场称呼可以反映出职场关系的亲疏，的确需要好好琢磨琢磨。

第1章 把话说到人心里：纵横社交场，会说话才讨人喜欢

1.弄清职位好张口

新人报到后，首先应该对自己所在部门的所有同事作一个大致了解。自我介绍后，其他同事会一一自我介绍，这时，如果职位明确的人，可以直接称呼他们“刘经理、王经理”等，对于其他同事，可以先一律称“老师”，这一方面符合自己刚毕业的学生身份，另一方面，表明自己是初来乍到，很多地方还要向诸位前辈学习。等稍微熟悉之后，再按年龄区分和自己平级的同事，对于比自己大许多的人，可以继续称“老师”，或者跟随其他同事称呼。对于与自己年轻相差不远甚至同龄的同事，如果关系很好，就可以直呼其名。需要注意的是，在喊人的时候，一定要面带微笑，语气温和，表现要有礼貌。

2.私人关系不要带入工作

小张从学校毕业后，正式成为了一名职场新人。很快，小张就发现，公司的很多同事、领导都是财大毕业的，有的甚至是他的直系学长、学姐。有了这层关系，他开始主动上前与同事、领导套近乎：“学长，没想到我们是一个导师带出来的”、“师姐，当年在学校就久仰大名，现在终于一睹芳颜”……

然而，小张不知道的是，公司一向忌讳拉帮结派，看他这么“亲切”地称呼领导，不少人揣测起他是不是有什么背景。而被他称作“学长”的领导，也颇为尴尬，又不好明说。

不久，小张发现，部门主管跟别人经常有说有笑，但一跟自己说话，态度就变得一本正经，除了工作上的事，其他话题很少交流。

“我究竟哪里做错了？”小张百思不得其解，他向一位前辈请教，前辈指点说：“你的问题就在于没分清私人关系与工作关系。大公司历来就有派系之争，私下越是有关联的，在工作中就越要避嫌。主管这么对你，也许就是被你那句‘学长’搞怕了。”

3.称呼他人应因“地”制宜

职场新人到底应该怎么称呼同事和领导？专家建议，应根据所在单位的性质，因“地”制宜地采用合适的称呼。

在欧美企业中，彼此一般直呼英文名字，即使对上级也是如此。而在

等级观念较重的政府机关、企业单位，最好能以姓氏加级别来称呼同事及领导，如“石经理”、“于总”等。

在由学者创办的企业里，大家可根据创业者的习惯，彼此以“老师”称呼。这个称呼还适用于文化气氛浓厚的单位，比如报社、电视台、文艺团体、文化馆等。

在注重团队合作的企业、学习型企业里，等级观念比较淡化，大家以行政职务相称的情况比一般企业要少，互称姓名的情况较多。

在私下里，同事之间的称呼可以随便一些。女孩子可叫她的小名，如小丽、小燕；对男性可称“老兄”、“老弟”等。不过，使用昵称要注意把握分寸，切忌不看对象、不分场合地乱叫。

要做到称呼得体，还要看场合。在办公室、会议室、谈判桌上等正式场合，要用正式的称谓；而在聚餐、晚会、活动等娱乐性的场合，则可以随意一些。

总之，你在称呼上得体，就是在别人面前尊重对方。这样的人，容易赢得他人的好感与信任。

恭维是最简单而有效的投资

俗话说：“良言一句三冬暖。”我们每个人都希望能得到别人的肯定与赞美。喜欢听好话受赞美是人的天性之一。大文豪萧伯纳曾说过：“每次有人吹捧我，我都头痛，因为他们捧得不够。”可见，恭维话是人人都爱听的。

当我们听到他人对自己的赞赏，并感到愉悦和鼓舞时，不免会对说话者产生亲切感，从而使彼此之间的心理距离缩短、拉近。人与人之间的融洽关系就是从这里开始的。人与人之间，互相赞美是必不可少的。为了使人际关系更融洽，使自己更多地得到他人的帮助，我们应该学会说一些得体的夸赞他人的话。

比恩·崔西是美国的一位图书推销高手，他曾经说：“我能让任何人

买我的图书。”他推销图书的秘诀只有一条：非常善于赞美顾客。

一次，他出去推销书籍，遇到了一位气质非凡的女士。当那位女士得知比恩是推销员后，脸一下子阴了下来：“我知道你们这些推销员很会奉承人，不过，我不会听你的鬼话的。你还是节省点时间吧。”

比恩微笑着说：“是的，您说得很对，推销员专挑那些好听的话来说，把别人说得昏头胀脑的，像您这样的顾客我很少遇到，特别有自己的主见，从来不会受别人的支配。”

这时，细心的比恩发现，女士的脸已由阴转晴了。她问了比恩很多问题，比恩都一一作了回答。最后，比恩开始高声赞美道：“您的形象给了您高贵的个性，您的语言反映了您敏锐的头脑，而您的冷静又衬出了您的气质。”

女士听后开心得笑出声来，很爽快地买了他一套书籍。后来，她又在比恩那里购买了上百套书籍。

用诚恳的态度，热情洋溢的话语来直接赞美对方，不仅能表现自己的涵养、友善，迅速博得对方的好感，而且能使对方感到自我价值被人赞同、认可，认为自己内心深处有与这个陌生人相通的地方，从而产生共鸣，渴望与其拉近关系，深入交往。

赞美是对别人的尊重，也是搞好人际关系的有效投资。当你在与他人进行交谈时，对于你所了解和知道的情况，一定不要吝啬赞美，要给予真诚的肯定和赞美；真诚而得体的赞美，就像投资，送出赞美，你收获的将是友谊和赏识。

小程大学毕业以后想进入某公司，但他没有盲目地去应聘，而是花费了很多精力，广泛收集该公司经理的有关信息，详细了解这位经理的奋斗史。那天见面之后，小程这样说道：

“我很愿意到贵公司工作，我觉得能在您手下做事，是最大的光荣。因为您是一位依靠个人奋斗取得事业成功的人物。我知道您10年前创办公司时，只有一张桌子和一部电话机，经过您的艰苦奋斗，才创下了今天的事业。您的这种精神令我钦佩。我正是冲着您这种精神才接受您的挑选。”

但凡事业有成的人，几乎都乐于回忆当年奋斗的经历，这位经理也不例外。小程的一番话一下子就触碰了他的心，引起了他的共鸣。因此，此经理乘兴谈论起他曾经的创业经历。小程始终在一旁认真聆听，不时以点头来表示钦佩。最后，此经理向小程询问了一些情况，终于拍板：“你就是我们所需要的人。”

恭维话人人都爱听，关键是赞美的人能不能抓住被赞美人的“闪光点”。赞美别人要抓住其最重视、最引以为豪的东西，将其放到突出的位置加以赞美，这样才能够最大限度地满足对方的心理需要，从而达到自己的目的。真正善于恭维者懂得恰到好处地赞美别人，这是与他人交往时的“润滑剂”，使用得好就能赢得他人的好感与青睐。

在赞美中，应当注意交际对象的年龄、文化、职业、性格、爱好等，因人而异，把握好分寸。年长者总希望别人不忘记他“想当年”的业绩与雄风，同其交谈时，可多称赞他引以为豪的过去；对年轻者不妨语气稍为夸张地赞扬他的创造才能和开拓精神；对于领导者，可称赞他为国为民，廉洁清正；对于知识分子，可称赞他知识渊博、宁静淡泊；对于商业人员，如果你说他学问高，品德好，博闻强识，他不一定高兴，你应该说他才能出众，手腕灵活，满面红光，发财在即。现实生活中，还有不少有识之士喜欢“直言不讳”，你越指出他的不足，他越喜欢你，而你越恭维他越讨厌你。同这类人交往时，恭维是需要慎之又慎的。

总之，要恭维，就必须找到可赞美之处。而要找出别人的可赞美之处，就要努力去发现、去挖掘，只要用心，我们就能够在最短时间内获得。

言辞真诚才能打动人心

要将话说好，关键在于如何拨动对方的心弦。白居易说：“动人心者莫先乎情。”在说话的过程中，唯有真情，才能使人信服。一句良言，一段饱含真情的话语，会有非常大的魔力。因为它缘于说话者的内心感受，当它直达人们的内心深处时，那些认同的人们，自然会被拨动心弦。只有

用一颗真诚的心与人沟通，才能换来彼此的心灵相通，双方坦诚相待。在各种交往中，无论对朋友，对顾客，说话时都要以心换心，这样你就有了朋友，你就赢得了信赖，你就拥有了成功。

在当代中国，吴士宏无疑是极富传奇色彩和个性魅力的成功女士。吴士宏从一个未受过正规高等教育，没有任何背景的普通人，到IBM、微软两个巨型跨国公司的地区负责人，她的成功除了拥有过人的胆识外，还跟她有过人的好口才密切相关。

吴士宏初入微软作简短致词："各位，第一次见面，我不多讲，因为我以后会有很多机会讲和听大家讲。我本来准备的致词是谦虚的外交辞令，临时决定最好从一开始就把真实的我交代给大家。我接受微软中国公司总经理的职位是为了一个理想：那就是想把微软中国做成中国微软。我和在座的大多数人一样，是土生土长的中国人，我希望能有更多的本地员工更快地成长起来。"

接着，她谦虚地说："我前面十二年多的经验都是IBM的，我在微软的经验比在座任何一位都少。我会努力学习做一个真正的微软人，努力做一个合格的总经理。我需要大家的帮助，我不打算'带自己人来'，想和大家一起做这番事业，拜托各位！"吴士宏的这番话情真意切，将自己的理想公布于众，令每一位在微软的中国人为之动容，报以一阵热烈的掌声。

可以说，充满感情，融入真情的语言最能打动人心。以情动人是赢得朋友的关键所在。要想使你的表达与人产生共鸣，需要来自你内心深处的声音，先要感动自己，然后才能感动别人，不要为说话而说话，应以心灵的沟通为主要，即可动人以情，并产生强烈的共鸣。

巧妙地运用充满真情的话语，可以促使说者与听者产生情感上的共鸣；可以促进交流双方的关系融洽，从而形成良好的沟通氛围；充满情感的话语可以使人赢得广泛的人脉关系，为人生的成功创造有利的条件。美国著名主持人拉里·金告诉我们 "谈话时必须注入感情，表现你对生活的热情，让人们能够体验并分享你的真实感受。然后，你就会得到你想要的回报。"

推销大师乔·吉拉德总是设法让每一个光顾他生意的顾客感到他们似

乎昨天刚见过面。

“哎呀，比尔，好久不见，你躲到哪里去了？”他微笑着，真诚地招呼一个走进展销区的顾客。

“嗯，你看，我现在才来买你的车。”比尔抱歉地说。

“即使你不买车，也可以顺道进来看看呀，比尔，从现在起，我邀请你每天都进来坐坐，哪怕是一小会儿也好。现在请你跟我到办公室去，告诉我你最近都在忙什么。”

当一位满身尘土、头戴安全帽的顾客走进来时，他就会说：“嗨，你一定是在建筑业工作吧？”很多人都喜欢谈论自己，于是他尽量让别人主动地打开话匣子。

“您说的对。”工人回答道。

“那您负责什么？钢材还是混凝土？”他又提了一个问题想让对方谈下去。

对方回答说：“我在一家螺丝厂上班。”

“噢，那很棒，那你每天都做什么呢？”

“造螺丝钉。”

“真的吗？我还从来没有见过怎么造螺丝钉呢？方便的话我真想上你们那儿看看，欢迎吗？”

乔·吉拉德只想让对方知道自己是多么重视他的工作。或许在这之前，从未有人真诚地问过他这些问题。相反，一个糟糕的谈话者可能会嘲弄他说：“在造螺丝钉？你大概把自己也拧坏了吧，瞧你那身皱巴巴的脏衣服。”

无论何时，乔·吉拉德都真诚待人，赢得了众人的信任与支持，从而为他的事业发展赢得了人际助力。

真诚，不论对说话者还是对听话者来说都非常重要。如果你能够用得体的话语表达出你的真诚，你就赢得了对方的信任，对方就可能由信赖你这个人进而喜欢你说的话，最终喜欢你的一切。

站在对方角度考虑，更易打动对方

在日常沟通中，我们有时会与他人发生许多误解和分歧，处理不好矛盾会激化，甚至反目成仇，令我们困惑的是：他怎么会那样说我？其实，如果我们能站在对方的立场上考虑问题，误解也许就会很快地消除。

一个人站在对方的立场上去考虑问题，是理解对方的基本方法。生活中，我们总是抱怨别人的冷淡不调和，为什么不去反思一下自己的行为？也许一切的原因都源于自己。换个角度，站在对方的角度去思考，一切就会变得不一样。

松下电器公司创始人松下幸之助在做生意的过程中，与谈判对手往往有许多分歧。松下希望缩短与对方沟通的时间，提高会谈的效率，却一直因为双方存在不同意见、说不到一块儿而浪费了大量时间。最后，他意识到如果自己站在对方的立场看问题，不就能知道对方在想什么、想得到什么、不想失去什么了吗？

这使松下从中领悟到一条人生哲学：站在对方的立场来考虑问题。凭借这条哲学，他与合作伙伴的谈判突飞猛进，人人都愿意与他合作，也愿意做他的朋友。在他的领导下，松下电器公司迅速成长为世界著名的大公司，这一切与他懂得换位思考有很大关系。

站在他人的立场上分析问题，能给他人一种为他着想的感觉，常常具有极强的说服力。如果要使他人信服你，那你首先要尽力站在对方的立场上去想问题，站在他人的立场去说话，有理解和认同作为沟通的基础，很多问题都会迎刃而解。

著名人际关系专家戴尔·卡耐基每季度都要租用纽约的某家大旅馆的大礼堂20天，用以讲授社交训练课程。有一个季度，他刚开始讲课时，忽然接到通知，房主要他付比原来多三倍的租金。而得知这个消息之前，入场券已经印好，而且早已发出去了，其他准备开课的事宜也已办妥。很自然，他要去交涉。

卡耐基找到经理说："我接到你们的通知时，有点震惊，不过，这不怪你。假如我处在你的位置，或许也会写出同样的通知。你是这家旅馆的经理，你的责任是让旅馆尽可能地多赢利，这点我非常理解。假如你坚持要增加租金，那么让我们来合计一下，这样对你有利还是不利。如果你把我赶走了，我势必再找别的地方举办训练班。这个训练班将吸引成千上万的有文化、受过教育的中上层管理者来听课，对房主来说，这难道不是起了活广告的作用吗？事实上，假如你花5000元钱在报纸上登广告，你是不可能邀请到这么多人亲自来你的旅馆参观的，可我的训练班为你邀请来了。这难道不合算吗？”

讲完，卡耐基就告辞了：“请仔细考虑后再答复我。”

第二天卡耐基收到了一封信，通知他租金只涨50‰，而不是300%。

从对方的立场出发，为他分析出事情的利弊，对方便会主动地按照你的思路走下去，从而达到你的目的。卡耐基之所以能取得成功，就在于当他说“如果我是你，我也会这样做”时，已经完全站到了经理的角度。接着，他站在经理的角度上算了一笔账，抓住经理的心理：赢利，使经理改变了初衷，决定支持卡耐基。

无论在什么情况下，要想获得对方的认同，就必须为对方着想，关怀对方的利益，关注对方的兴趣。如果你对别人指手画脚，有时会激起他们的逆反心理，导致事情向相反的方向发展。而如果能站在对方的立场说话，往往更容易达成自己的心愿。

李哲是一家贸易公司的职员，他不是那种特别会说的人，所以更多的时候他只是兢兢业业地工作。

一天，领导安排他做一个报表，他认真仔细地完成了。领导对他的报表非常满意，称赞说：“看你平时言语不多，做起事情来还真让人放心。”他笑着说：“因为我觉得只有我做好了，您才能少分点心，这样才能有更多的时间去处理其他事情。”领导欣慰地笑了。

他对于每个领导都是如此，兢兢业业做好自己的分内事，让他们少操点心。其实这就是一种换位思考的方式，自然会得到领导的重用。

在人际沟通中，倘若你能先行一步，转换一下立场，考虑一下对方的需要和感受，以对方期待的方式同他说话，那么，你不仅掌握了一个高明的人际关系的沟通原则，而且还掌握了一项通往成功的诀窍。

有些话拐弯儿说效果才好

时下有不少人视“心直口快”为美德，即使因言语不当而产生矛盾，他们也每每以“我不会拐弯抹角”为自己开脱。殊不知，这直言直语是一个人致命的弱点，喜欢直言的人常常只考虑到自己的“不吐不快”，而没有考虑到他人的感受。直言直语不论是对人或对事，都会让人受不了，于是人际关系就出现了阻碍，周围的人都离你远远的，生怕一不小心被你的直言直语灼伤。

直言直语后患无穷，如果我们能够区别不同情况，该直说的时候则直说，该婉言的时候则婉言，不但可以消除许多不必要的烦恼，而且还可以增进友谊和团结。

小玲是一个比较爽快的人，说话总是很直接，从来不会拐弯抹角。上大学的时候有人问她：“我这件衣服怎么样？今天刚买的。”她觉得好就说：“挺好的！”如果觉得颜色不好，她就会说颜色不好看，要是换成其他颜色就好了。每每这时候，她就会看到发问者眼中掠过一丝失望，之后就不会再来问她第二次。渐渐地，她和同学们的关系变得疏远了。她当时就很纳闷，不好就是不好嘛，何必要那样子。

有几次同宿舍的人听到她这样说话便提醒她：“你说话太直接了，人家听着多不舒服！”小玲仔细想想也确实是这个理儿，别人新买的衣服，肯定是自己满意了才买的，她却给人泼冷水，换作谁都会觉得不舒服。后来再有人问她类似的问题时，她这样回答：“这件衣服你穿挺好的，不过颜色再深点会更好！”

在人际交往过程中，必须懂得在说话时巧妙地拐个弯儿，千万不要信口直说。直来直去，会使对方心中不快，以致造成双方关系破裂，甚至反目成仇。为了使人际关系更和谐，直话不能直说。有时与客户或上司等人说话，需要懂得一点转弯的艺术。聪明的人总是看准对象，直话不直说，说话会拐弯儿，委婉地表达自己的意图。

北京有一家著名的大酒店，一天，一位外宾在宴席散了之后，将一双制作精美的景泰蓝筷子悄悄放进了自己的提包。服务员小黎看到后，觉得这件事情太难办了，如果实话实说，采取直接要回的方法，必然会使对方十分尴尬，想了半天，她终于想出了一个好办法……

只见小黎走到外宾的身边，用流利的英语礼貌地说："先生，我们发现您在用餐的时候，对我国的景泰蓝筷子特别感兴趣。非常感谢您对中国工艺品的赏识。为了表达我们的感激之情，我代表我们酒店，将一双制作精美并且经过严格消毒的景泰蓝筷子送给你，这是装筷子的小匣子，请您收下，并且我们将按照酒店的规定，以'优惠价格'记在您的账上，您看可以吗？"

外宾听了这番非常有礼貌的话，当然明白了其中的弦外之音，于是他为自己找台阶说："真是不好意思，我刚才多喝了几杯，头脑有点发晕，居然将筷子放进包里了。""没有关系，先生，我们知道您确实喜欢，但是根据酒店的规则，筷子应该经过严格的消毒和包装以后，才能送给朋友。"

"既然是这样，那么，我就以旧换新了。"外宾顺势从包里取出筷子放在了餐桌上，大家同时笑了起来，好像是在做一次平常的交谈，根本没有发生什么不愉快的事情。随后，外宾愉快地接过了小黎递过来的小匣子，不失风度地向付款处走去。

如果小黎实话实说，采取直接要回的方法，必然会令场面十分难堪。而和善地"绕弯儿"说话，对方通常都能够心领神会，借机了事而又不失面子。

由此可见，采取绕圈子说话的方式会达到意想不到的效果。无论是在生活中还是工作中，对于某些不能直说而又不得不说的事情，不妨采取绕圈子的方法，这样既不得罪人，又达到了自己的目的，是智慧做人的表现。

在公共场合和人交谈时，要特别讲究方式和分寸。此时为了不失礼仪，可以采用"弯弯绕"的方式，有意绕开中心话题和基本意图，从相关的事物、道理谈起，让听者感到你是为他着想，或者感到合情合理，这就容易达到自己预期的目的。现代著名诗人柳亚子才华出众，吟诗作文皆受人欣赏，只是他的书法虽流畅奔放，但有些潦草，不易被人所识。于是，

书画家辛壶不直说柳亚子的字迹潦草，却委婉地说他的字是“意到笔不到”，这话含蓄、风趣，使柳亚子立时醒悟。在交往中，委婉含蓄的语言往往意蕴更深刻。婉言既能让对方听出弦外之音，又不伤彼此和气，我们何乐而不为呢?

说话不一定要直来直去，委婉含蓄地表达，不仅可以避免陷入僵局，而且让人容易接受，还可深得人心。所以，在与人交往的过程中，我们要学会“绕弯儿”说话，这样才不至于冲撞别人，讨人喜欢也就情理之中了。

用幽默语言表现说话的智慧

幽默是人际交往的“润滑剂”，一句幽默语言能使双方在笑声中相互谅解和愉悦。心理学家凯瑟琳说过：“你能使周围的每一个人甚至是整个世界的人，都对你有好感。只要你不只是到处与人握手，而是以你的机智、幽默去传播你的信息，那么时空距离就会消失。”幽默的确能够引发喜悦，带来欢乐。

幽默能以一种愉悦的方式让别人获得精神上的快感。善于使用幽默的人，他们常常能将窘迫的情境化为乌有。幽默可以帮我们减轻自身的压力、缓解紧张情绪，它能化干戈为玉帛。英国思想家培根说过“善谈者必善幽默。”幽默的语言，能使社交气氛轻松、融洽，有利于交流。

在与人相处时，往往会遇到令人尴尬的处境，要想从难堪的境地中解脱出来，可以急中生智地使用幽默语言，建构起特有的幽默氛围，就能巧妙得体地摆脱尴尬场景。就像富兰克林·罗斯福所说的那样：“幽默能使激化的矛盾变得缓和，从而避免出现令人难堪的场面，化解双方的对立情绪，使问题得到更好地解决。”在与人交往中也难免会发生一些不必要的摩擦。如果在这些情况下从容地开个玩笑，紧张的气氛就能消失得无影无踪，而且他人还会被你的魅力吸引，最后真正接受你。

幽默的谈吐无论在任何场合都不可缺少。它能使严肃紧张的气氛变得轻松、活泼，它能让人感受到说话者的温厚和善意，使其观点变得容易让人接受。正如莎士比亚所说：“幽默是智慧的闪现。”那么该怎样说幽默的话呢?

1.使用双关语言

所谓双关，即利用语音或语义上的联系，有意使某一词语牵涉两个事物，从而具有双重意义，造成一种言在此而意在彼或亦此亦彼的效果，营造活跃气氛，使对方心悦诚服地接受你的要求。

传说李鸿章有一个远房亲戚，胸无点墨，却一心想捞个一官半职。他在考场上打开试卷，竟无法下笔。眼看要交卷了，便灵机一动，在试卷上写下“我乃李鸿章中堂大人的亲妻（戚）”。主考官批阅这份考卷时，发现他竟将“戚”错写成“妻”，提笔在卷上批道：“所以我不敢娶你。”“娶”与“取”同音，主考官针对他的错字，来了个双关的“错批”，既有很强的讽刺意味，又极具幽默感。

2.正话反说

说出来的话，所表达的意思与字面完全相反，就叫正话反说。字面上肯定，而意义上否定；或字面上否定，而意义上肯定。这也是产生幽默感的有效方法之一。

3.有意曲解

所谓曲解，就是歪曲、荒诞地进行解释，以一种轻松、调侃的态度，对一个问题进行广泛的解释，将两个表面上毫不沾边的东西联系起来，造成一种不和谐、不合情理、出人意料的效果，从而产生幽默感。

经理见一个“烟鬼”总是在工作时抽烟，便想了个办法，在墙上写下几个大字：“工作时不准抽烟！”谁知这“烟鬼”依然如故。经理只好当面指着墙上的字对他说：“先生，呶。”“看见了，经理。”“烟鬼”说，“您瞧，我从来都是在抽烟的时候放下工作的。”

4.夸张

将事实进行无限制的夸张，造成一种极不协调的喜剧效果，也是产生幽默的有效方法之一。

马克·吐温有一次坐火车到一所大学讲课。可是火车却开得很慢，

于是当列车员过来查票时，马克·吐温递给他一张儿童票。这位列车员很幽默地说：“真有意思，看不出您还是个孩子哩。”马克·吐温回答：“我现在已经不是孩子了，但我买火车票时还是个孩子，火车开得实在太慢啦。”这里便是将慢的程度进行了无限制的夸张，产生了特殊的幽默效果，令人为之捧腹。

总之，幽默不仅是一种说话技巧，更是一种智慧，这种智慧中蕴含着一种宽容、谅解以及灵活的人生姿态。当你掌握了幽默这门艺术时，就会发现，它可以让你在任何场合都与人愉快沟通，并能发挥意想不到的作用。

第2章 倾听比说更重要：

不着急说话，多听听别人的想法

交谈过程中，听和说是不能分开的两个环节，除了会说，还要会听。这就需要我们提高倾听的素质，机动灵活地理解别人的话语，领会对方的“言外之意”。善于倾听是对他人的理解与认同。能够用心地听人说话，彼此的感情会更融洽，才更容易赢得他人的好感与善意的回报。所以，如果你希望受人欢迎，做一个有耐心的听众是最大的诀窍。

认真聆听比口若悬河更讨人喜欢

一个时时带着耳朵的人远比一个只长着嘴巴的人更讨人喜欢。著名的访问者伊萨克·马克森认为，“许多人不能给人留下很好的印象，原因是不注意听别人讲话，他们太愿意诉说，而不愿打开耳朵。人们喜欢善听者胜于善说者，善听的能力非常重要。”与人沟通时，如果一味诉说，根本不管对方是否有兴趣听，这是很不礼貌的行为，极易让人产生反感。

在与人交谈中，许多人总将自己放在主要位置，自始至终喋喋不休地推销自己，滔滔不绝地诉说自己的故事。信口开河、放连珠炮，都是不正确的说话方式。信口开河并不表示你很会说话，相反，显得你说话缺乏热诚，不负责任。至于说话像放连珠炮，那只会令人厌烦，因为你一开口，别人就没有机会启齿了，结果当然是自讨没趣，令人生厌。

在一次推销中，推销大师乔·吉拉德与客户洽谈顺利，正要签约时，对方却突然改变了主意。当天晚上，乔·吉拉德找上门去求教。客户见他满脸真诚，就实话实说：“这是因为你不能耐心听我讲话。就在我准备签约前，我提到我的独生子即将上大学，而且还提到他的成绩和他将来的抱负。我是以他为荣的，但是你当时却没有任何反应，而且还转过头用手机和别人通电话，我一恼就改变主意了！”

此番话重重提醒了乔·吉拉德，使他领悟到“听”的重要性，让他认识到如果不能自始至终倾听对方讲话的内容，认同对方的心理感受，就会失去自己的客户。

其实，很多人人际关系失败，不在于他说错了什么，或是他应该说什

么，而是因为他听得太少，或者不注意听。一位心理学家曾说："以同情和理解的心情倾听别人的谈话，我认为这是维系人际关系、保持友谊的最有效方法。"

谈话投机，有一半要靠倾听，倾听是一种艺术，不倾听就不能真正交谈。很多人无法给他人留下良好的印象，只因为他们不能专心倾听对方说话，一味思考自己下一句该说些什么。其实，一个健谈的人同时也是个耐心的倾听者。所以，如果你希望受他人欢迎，做一个有耐心的听众，鼓励别人畅所欲言是最大的诀窍。

于勇是某企业人事部门的职员，令他自豪的是，在企业里他差不多是人缘最好的员工，但是过去的情形并不是这样。在他初到人事部门的头几个月，一个朋友也没有。为什么呢？因为每天他都使劲吹嘘自己在工作方面的成绩，以及所做的每一件事情。他发现，在他对领导及同事不停地倾诉他的诸多引以为豪的事情时，他们显得极不高兴。

于勇渴望领导和同事们能够认可他，但是他却找不到自己的问题出在哪里。妻子对他说："你想让别人听你说话，那么你何不先去听听他们想说什么呢？这样也许他们会慢慢地接纳你。"

于勇听了妻子的忠告，在与领导和同事闲聊的时候，开始少谈自己，而是认真倾听他们说话。他发现原来他们也有很多事情要说，他们在诉说自己成就的时候，比在倾听别人说话时要兴奋得多。慢慢地，同事有了什么话都喜欢告诉他，大家几乎成了无话不谈的朋友。

由此可见，如果你希望成为一个受欢迎、人见人爱的人，那就先做一个懂得倾听的人。倾听是对别人最好的尊敬。专心地听别人讲话，是你所能给予别人的最有效，也是最好的赞美。不管说话者是什么人，倾听的功效都是同样的。任何人都渴望他人能对自己感兴趣，即使不发表言论，安安静静地听，他也会觉得心满意足。

哈尔在一个晚宴上，见到了一个著名植物学家。哈尔发现他很博学，于是专注地坐在椅子上倾听他高声谈论大麻、印度花草以及室内花园。他还给哈尔讲了有关马铃薯的一些惊人故事。哈尔在这次晚宴上什么也没说，只顾专心地听那位植物学家谈话，一听就是几个小时。

最后临别时，植物学家向所有的人宣布“哈尔是最有意思的谈话家”。这似乎让人感到奇怪，哈尔自始至终只是一个倾听别人讲话的人，却被说成是“谈话家”。这就说明倾听也是一种交流，也是一种对话。

善于倾听是各行各业里成功人士最重要的一项人格特质。“喜欢说，不喜欢听”是人的弱点之一。在与他人交谈时，我们如果能够掌握这一人性弱点，让对方畅所欲言，就能赢得他人的好感与青睐。

先听懂对方说什么再进行沟通

在人际交往中，要尽可能少说而多听。但随着工作频率的加快，更多的人愿意用“说”作为唯一的沟通方式，因为它更快、更直接。实际上，听和说是不能分开的两个环节，只听不说的人不能成功，只说不听的人也不能成功。在工作中每个人都需要和别人沟通，但是听的多还是说的多，就要看我们拥有怎样的态度。

人际关系大师戴尔·卡耐基曾经说过：“当对方尚未言尽时，你说什么都无济于事。”这句话告诉我们，无论是想和他人进行良好的沟通，还是想有力地说服他人，首先我们要学会积极地倾听别人的话语。听比说做起来更需要毅力和耐心，但只有听懂别人话语中的意思才能沟通得更好，事情才能解决得更圆满。倾听是说的前提，先听懂别人的意思，再说出自己的想法和观点，才能更有效地沟通。

有一位顾客在某商店购买了一套西服，由于衣服掉颜色，要求退货。售货员便和他争执了起来。商店经理张源听到争吵声，连忙赶过去。

张源经验丰富，非常懂得顾客心理，他三言两语便使被售货员气得发疯的顾客恢复了平静。

原来，张源赶到后，先是微笑和诚恳地听完顾客的抱怨和发泄，然后才让售货员说话。当彻底了解清楚争吵的来龙去脉后，他真诚地对顾客说：“真是十分抱歉，我不知道这种西服会掉颜色。现在怎么处理，本店完全听从您的意见。”

顾客问：“那么，你知道有什么法子可以防止西服掉颜色吗？”

张源说：“能否请您试穿一周，然后再做决定？如果到时候您还不满意，那么我们无条件为您退货。好吗？”

结果，顾客穿了一周后，西服果然不再掉颜色了。

怎么去做一位“听话”的高手呢？张源应该给出了一些启示。他能够使暴跳如雷的顾客很快平静下来，关键在于他认真地倾听了顾客的不满。我们要成为一个受人认可的人，就应该学会去倾听别人说话。显然，仔细认真地倾听对方的谈话，是尊重对方的前提，能够耐心地听别人诉说，无形中，说者的自尊便得到了满足。于是，说者对听者就会产生极大的转变，认为“听话者”能理解自己。这样，彼此心灵间的交流就使得双方的感情距离缩短了。

交流的特征就是有说有听。除了会说，还要会听，这就需要我们提高倾听的素质，能动、灵活地理解别人的话语。良好的倾听素质可以从以下几方面来培养。

1.善于运用体态语言

倾听时，要注视对方，表现出全神贯注的神情。身体要向对方微微前倾，适当地运用一些表示恳切的微小动作，如点头、微笑、轻声附和，避免呆若木鸡的神情。这个时候，千万不要做无关的动作，如看表、修指甲、打哈欠、伸懒腰等都是不合时宜的。

2.专心倾听，能动理解

听者在采取专心倾听的态度后，还要对谈话内容进行能动理解。所谓能动理解，就是对谈话内容自觉努力地去接受和处理，即一方面用自己具有的科学知识、人生体验、实践经验，正确而全面地理解；另一方面以谈话背景为参照，有重点有取舍地理解。

3.听取关键词

所谓的关键词，指的是描绘具体事实的字眼，这些字眼透露出某些信息，同时也显示出对方的兴趣和情绪。透过关键词，可以得知对方喜欢的话题。找出对方话中的关键词，可以帮助我们决定如何响应对方的说法。我们只要在自己提出来的问题或感想中，加入对方所说的关键内容，对方就会感觉到你对他所说的话很感兴趣或者很关心。

4.忽略方式，注意内容

一般来说，谈话方式和谈话内容是相辅相成，具有内在联系的。作为听话者首先要注重谈话内容，不要太计较别人的谈话方式，有时甚至要有意识地忽略一些不恰当的方式。

有的人喜欢以主观猜测的方式说出客观事实。例如，某领导对文书说："你不想在我这儿干了吧？所以将文稿写得这样糟糕。"如果计较这种情绪化的批评方式，文书就会反唇相讥，这不仅于事无补，而且会增加相互的误解。反之，对领导的话忽略，注重文稿不合要求这一事实，主动采取措施弥补，不仅能获得谅解，而且能使情况好转。

留心别人对自己批评的语言，努力完善自己

生活中，一个人无论多么优秀，也总会存在一些这样或那样的缺点，因此，被他人指责批评是很平常的事情，关键要看怎么样对待批评。

人在职场，被批评是最窝火不过的事：批评对了，也有满腹委屈；批评错了，更是怒火万丈。嘴巧的，还能回赠对方一些理由；嘴笨又胆小的，只有频频点头，灰溜溜逃走的份儿。被批评真的如此难堪吗？一个明智的人，应如何对待他人的批评呢？

小苏和小陈大学毕业后在同一个企业同一个部门工作。有一次，领导给他们安排了一项工作，几天后，领导问起这项工作的完成情况，当得知工作还没有完成的时候，就对他们进行了严厉的训斥。领导认为他们做事拖拉，没有把心思用在工作上。小苏感觉非常委曲，就辩解说："我们一直很尽力，没有像您说的那样。况且您又没说什么时候完成这项工作。"领导一时语塞，竟然不知说什么好了。小陈赶忙说道："对不起，都是我们的错！下次不会再有这样的事情了。"

两位年轻人面对批评表现出了截然不同的态度，那么，领导对待他们的态度也就截然不同了。主动承认错误的小陈常常会接受一些重要的任

务，一年后就升任为部门的业务主管。而小苏却由于不被重用，最后主动要求调走了。

批评是提醒我们改进不足，提高能力的一种方式。如果你对此不加注意，将很快遭遇人际关系破裂、机会尽失的危机。所以，善于对待批评并从中找到改进自己的方法，是一种智慧的生存哲学。受到批评时，最需要表现出诚恳的态度，从中学到东西。面对批评，有的人耿耿于怀，不思悔改，不接受批评，最终节节败退；有的人则虚心包容，善意改过，最终使自己更加优秀。

1999年11月1日，王朔在《中国青年报》刊出了《我看金庸》一文，挑了金庸的很多毛病，说金庸的小说不值得一读，文章水准不高等，总之，就是说金庸不值得大家那么喜欢和尊敬。而金庸的表现呢，则体现了大度和包容。同年的11月5日，《文汇报》刊登了金庸的回复。他说："……有时会得到意料不到的赞扬，有时候会遭到过于苛求的诋毁。这都是人生中的常事，不足为奇……王朔先生的批评，或许要求得太多了些，是我能力所做不到的，限于才力，那是无可奈何的了……上天已经待我太好了。既享受了这么多幸福，偶然给人骂几句，不会不开心的。"金庸的豁达和宽容体现了长者之风，的确令人钦佩。

其实，批评不仅仅是对人或事情的指责，更多的是爱护和责任，更多的是鼓动和帮助，没有人会和你过不去，所以，要善待批评。清朝大理寺卿王昶曾经告诫儿子说："别人抨击我们，我们应当退而反省自身。对方批评得当，则对自身有益处，对方妄语，则对自身也没有伤害，我们又何必去报复呢？所以忍辱的要害是自我反省。"

事实上，能正确看待别人对自己的评价，对一个人的成长是很有好处的。想想看，如果一被别人捧就高兴，一被别人骂就生气，那张艺谋将情何以堪？有一次，某主持人问张艺谋"你怎么看待一些对你的微词"，张艺谋说他把批评他的文章单独裱糊出来，经常提醒和鞭策自己。如果我们只听得见赞誉，多半会因为不思进取而失败；如果我们能听得进批评，则可能奋发而更加成功。我们堵不上别人的嘴，但是可以捂上自己的耳朵；我们可以捂上自己的耳朵，却不能控制住内心的思想，因此最重要的还是

要修炼心性。很多人成功，也有很多人失败，其中一个很重要的原因就是能不能听得进批评。

想成功就不要怕批评，要端正自己正确对待异声的态度。比尔·盖茨经常对全公司的员工说：“客户的批评比赚钱更重要。从客户的批评中，我们可以更好地吸取失败的教训，将它转化为成功的动力。”可见，善于主动听取别人的批评，才能不断改进自己的工作。别人的批评是对你最好的礼物，可是，如果没有足够的涵养，你可能会丧失这个成长的好机会。

错误并不可怕，批评也不可怕，关键在于我们怎样去认识它们、对待它们。从自己的错误中吸取教训，从他人的批评中汲取营养，这样，你就会逐步走向成熟，走向成功。

广泛听取周边意见，让事情做得更顺利

古人有“听君一席话，胜读十年书”之说，善于听的人可以通过听别人的议论，获取经验，增长见识，这是自我完善的有效途径，有利于事业发展。

人只有听得进不同意见，广纳群言，才可以吸收好的建议，哪怕是逆耳之言，也要虚怀若谷，从反面吸取经验教训。古往今来但凡事业有成者，无不是胸怀宽广的从善如流者。他们不但有志向，而且能够礼贤下士，倾听逆耳忠言。宋代著名大文学家苏东坡在评论“楚汉之争”时就曾说，汉高祖刘邦之所以能胜，关键在于他能够“从善如流”。

楚汉战争之前，有个叫郦食其的读书人想要投奔刘邦。刘邦平日不喜欢读书人，就派人回话说：“现在是战争时期，不见儒生。”郦食其生气地对管事的人说：“老子是高阳酒徒，不是儒生。”管事的人立刻进去报告，于是刘邦就把郦食其请进去了。当时刘邦正在洗脚，没有站起来迎接。郦食其向刘邦作了一个揖，劈头就问：“你究竟要不要推翻秦朝，夺取天下？你为什么轻视长者？”刘邦听了，赶紧趿拉上鞋，站起来给郦食

其陪礼让坐。郦食其见刘邦态度端正，就贡献了一条重要的计策，建议刘邦去进攻陈留。刘邦采纳了这个建议，带兵攻下了陈留。结果得到了许多粮食，解决了军粮不足的问题。

与刘邦纳谏的态度相反，项羽则刚愎自用，自以为是，他甚至连身边的亲信范增的话也不听，结果错过了鸿门宴杀刘邦的机会，最后气走范增，导致了失败。在“楚汉之争”中，刘、项就因态度的不同，一个转劣势为优势，最终取胜，另一个则截然相反。可见，心平气和地接纳意见对于在激烈竞争中取胜是多么重要。

能正确对待别人对自己的建议，是智者的表现，也是一种胸怀。现实生活中，我们千万不要自认为智商高、能力强，对他人给予的意见或建议视而不见。而应该保持清醒的头脑，克服自己盲目自信的缺点，进行积极的理性分析，这样才能使自己走在正确的道路上。

大学毕业后，洪伟想开一家服装店。母亲知道他这个创业计划后，鼓励他说：“你伯伯以前做过好多年生意，现在不做了，经验还在，你不如去向他请教请教。”

洪伟心想，伯伯那点老经验拿到网络时代来用，只怕过时了。他决定按自己的思路进行。

他租了一个临街的门面，这周围只有几家食品店和百货店。他想，在这儿开服装店，没有竞争对手，生意肯定红火。没想到，开业后他店的生意十分冷清，买主很少。他以为这是刚开业的缘故，谁知过了半年，生意仍没见多大起色。眼看熬不下去了，宣布倒闭又不甘心。正此时，母亲替他请来了伯伯，帮忙分析生意不景气的原因。伯伯观察了一下说：“这地方开服装店不行，你看周围一家服装店也没有，不招客。”

洪伟奇怪地问：“为什么？”

“你的店面小，品种有限，对顾客的吸引力本来就不大，加上没有竞争对手，价格没有比较，顾客怎么能愿意上门呢？”伯伯说得头头是道。

洪伟觉得伯伯说的还是很有道理的，这地方不行，那就不如另选地方。后来，在伯伯的指点下，他在另一个地点新开了一家服装店，这回生意很红火，后来扩大成了服装超市。

善于听取各方面意见的人，都是聪明的，他们可以从别人的意见中吸取经验教训。一个人的经历有限，即使时刻留意，见识也有限。如果有一双谦逊的耳朵，愿意听听别人的见解，那么，你就能将别人的见解变成自己的见识，帮助自己获取成功。

实际上，每个人的知识、经验和能力都是有限的，只有博采众长，广泛地听取意见，才能不断完善决策，确保其正确可行。思考一个问题时，如果觉得自己的思路有局限，不妨多听听他人的看法，向他人请教一下。英国戏剧大师萧伯纳说过："假如你有一种思想，我也有一种思想，而我们彼此交流这些思想，那么，我们每个人将会有两种思想。"别人的想法对你可能有点拨作用，也可能会使你深受启发，从而得出更好的结果。广泛地听取意见具有无限的潜力，因为它集结的是大家的智慧和力量。充分发挥集思广益的力量，就能取得非凡的成就。

生活中，我们要端正态度，主动去征询不同的意见。只有虚心听取别人的意见，才会有更多的人愿意指点和帮助你。这样，我们的人生将会更加成功，事业也会有所发展。

听出弦外之音，说话投其所好

中国人的性格特点是含蓄，要表达的意思一般都包含在了话里，也就是人们常说的"话里有话"。这种现象很普遍，在与人交往的过程中，你更要领会对方的"言外之意"，这样才对自己有好处，容易捕捉到发展机遇。

他人对你的期待，不会每次都率直地表达出来，有时嘴上说"这样做"，心中却要 "那样做"。也就是说，对方有时因为碍于情面，会用委婉暗示或其他曲折隐晦的方式把自己的要求说出来，因而，他所说的和他内心所想的并不完全一致。如果不经过仔细揣摩，就无法正确地理解其意图，在具体操作过程中，就容易发生偏差，甚至与对方的想法完全背道而驰。

第2章 倾听比说更重要：不着急说话，多听听别人的想法

主管让董航就全年的工作写份总结报告，并且嘱咐说“越详细越好”。董航花了几个星期的时间调查情况，把一年的工作事无巨细都写了出来。主管看完报告，摇头表示不满。原来他的意思是，希望总结得详细一些。可是董航不理解详细是指产品质量及生产方面，而在事务上“详细”写，连公司组织了几次会议，搞了几次聚会都写得清清楚楚。主管对这份报告非常不满，董航受到了指责。

董航对于上级的意图，实际上并没有揣摩透，只限于机械简单地理解执行。看来，心领神会至关重要。为了领会上级意图，当你接受上级的指示或吩咐时不妨问得再清楚些，不要有太多的顾忌心理，而模棱两可地去执行，那样以后受指责的还是自己。切忌上级说了什么，就想当然地认为完全理解了。因为上司有时不会把自己的想法直截了当地表达出来，而是需要下属仔细揣摩。

如果有一天，上级忽然问你：“这个决定怎么样？”或是“你觉得我这个人怎么样？”你千万不要就事论事，无论你和对方的私交多好，你在公司的业绩多棒，你都不要“直抒胸臆”，那样只会给自己制造包袱，好事也会变成坏事。与领导打交道，首先要做的是少说，多听。当领导向你征询意见的时候，你要从他的“话里”、“语气里”听出其真正的意图：是要真的诚恳的听你一言，还是只顺嘴一问。

小纪随老板一起到国外出差。一天，老板对一位客户提到的商品明显表现出很感兴趣，但是在价格上，总觉得偏高。于是他小声地问小纪：“你觉得怎么样？”小纪想了一下，微笑着对老板说：“我看挺不错的，值得购买。”老板一副很高兴的样子，随后与这家公司签了合同。

这个老板真的是询问小纪的意见吗？实际上，他心里早就打好了算盘，就算小纪说“贵”他也会签的，但是如果小纪真的那样讲了，他的兴致就会大减。看来小纪还是聪明，老板在兴头上，只有附和才是最好的回答。

我们如果能准确地领会他人的意图，就有可能增进情谊。作为一个会听的人，除了应将对方所说的话照单全收之外，还要听出其言外之意，尽可能地收集相关的信息。要从说话者的言语中听出背后隐含的信息，把握住说话者的真实意图。这就要求你在平时应深入观察，仔细揣摩，熟谙对

方的习性，这样才能正确地理解其意图。

准确领会他人意图需要长期练习，应注意一定的方法、讲究必要的技巧。这类途径和方法很多，常用的有以下几种：

1.从平时的言谈中捕捉

他人的设想、主张，有的是通过文字形式表达出来的，有的则是通过言谈阐述出来的。我们一定要做个有心人、细心人，留心观察他人的言谈。无论是与对方一起工作、参加会议，还是一起就餐、散步、闲聊，对其言谈都要用心记住，即使是平时的一些零碎的看法、意见，也要“善闻其言”，注意收集。长期坚持，积少成多，积零为整，联系起来分析，连贯起来思考，就能准确把握对方意图了。

2.弄清楚各种暗示

很多人都不习惯直接说出自己真正的想法和感觉，他们往往会运用一些叙述或疑问，百般暗示，来表达自己内心的看法和感受。所以一旦听到暗示性强烈的话，就应该用心琢磨、品味，了解其话语的真正用意。

3.暗中回顾，整理出重点

当我们和他人谈话的时候，通常都会有几秒钟的停顿，此时我们可以在脑海里回顾一下对方的话，删去无关紧要的细节，整理出其中的重点。我们必须把注意力集中在对方想说的重点和对方主要的想法上，并且熟记这些重点和想法。这样我们才能轻松地从对方的观点了解整个问题。

听懂他人的“弦外之音”是一种职场功力。职场人应了解他人的语言习惯和表达方式，只有这样你才能准确地掌握其心思，才能加快发展的步伐。

沉默是一种奇妙的语言艺术

西方有一句著名的话叫：雄辩是银，倾听是金。中国人则流传着“言多必失”和“讷于言而敏于行”这样的济世名言。

可见，说话是一门艺术。在某种情况下，不说比说更好，这时，选择沉默便是最佳谋略。善于倾听的人，往往又善于沉默。沉默并不是简单地

不说话，而是一种成竹在胸、沉着冷静的姿态，尤其在神态上更要显现出一种胜券在握，从而逼迫对方沉不住气，先亮底牌。

在法国路易十四的宫廷里，贵族和大臣总是日夜不休地争论，为的是能推选出各自的代表去觐见国王。有了人选之后，他们还会继续争论应该如何陈述议题，如何打动路易，如何避免惹恼他……

正式觐见之日，代表们只是喋喋不休地陈述各自的意见，路易十四则永远只是静静聆听。待双方分别陈述完毕后，他不动声色地说："我会考虑的。"然后就走开了，自此在他作出最后的决策之前，绝不会有任何人再从他口中得到关于这个议题的任何意见。

其实路易十四并非一直如此，年轻时他以滔滔雄辩而闻名。沉默寡言是他后来自我克制的结果，他常常用此策略令别人惊慌失措。没有人确切地知道他的立场，人们无法预测他的反应，更没有人能以投其所好的话来欺骗他，因为根本没有人知道他喜欢听什么话。在他们面对沉默的国王滔滔不绝地表达自己的想法时，无形中将自己的底牌显露出来，路易十四将这些底牌紧紧地握在自己手中，需要的时候就抽出来狠狠地打击他们。

如果你说的比实际需要的少，必定会令你看起来更有威望。如果能小心翼翼地控制要吐露的思想，他人就无法洞察你的真实意图，从而将自己的弱点暴露在你的面前。在人生的绝大部分领域内，说得越少，就越能掩藏自己的真实意图，越能控制别人。

在我们的生活工作中，有些时候确实沉默胜于雄辩。在说话时机未到的时候，保持沉默，有时候是一种最好的选择，会收到"此时无声胜有声"的效果。许多擅长心理战的高手经常会利用"沉默"来打击对手，达到自己的目的。

在一次谈判中，卖方对买方提问："你能在本月底以前决定成交吗？"买主沉默。

卖方又问："本月底以前，你如果订一大笔货的话，我可以保证为你提供一定的优惠，有兴趣吗？"买方若有所思，但仍缄默不语。

卖方沉不住气了，说："我们公司计划在近期内大幅度地涨价，如果本月底之前不成交，就恕我爱莫能助了。"

这样，买者一言未答，一举未动，获得了宝贵的信息，一项谈判就成功了。高明的谈判者懂得利用沉默来获得优惠的价格，取得最大的利润。

有些时候，适时的沉默常常比雄辩更有效力，也更有威慑力。可以说，不同的沉默方式，如果运用恰当，会收到不同的效果。适时保持沉默，是一种智慧的表现。在实际生活之中，如果能够灵活运用，将会大有益处。

那么什么时候应该保持沉默，什么时候又应该及时出击呢？这个时机一定要把握好，不妨注意以下几个方面：

1.不了解情况时要保持沉默

有时候，不了解对方的情况就盲目地乱说，往往会给对方造成可乘之机，使自己遭受到莫大的损失。在最常见的讨价还价中，沉不住气的人总是不等对方发言，就迫不及待地提出建议价格，最后让别人钻了自己的空子。所以，在不了解对方的情况下，不要轻易地把话说出口，保持沉默是上策。

2.自己做不了主时要保持沉默

有时候，自己往往不能够做主，这时候也不能乱说。如果不慎把不该答应的事情答应下来，到时候所有的责任只能由自己来承担了，所以这时候也要保持沉默。

3.不方便反驳时要沉默

有些人态度积极，但发表意见时不免有些偏颇。此时，直截了当地驳回容易挫伤其积极性；循循善诱，又费时间和精力，最好的办法便是保持沉默。

4.正在气头上时要保持沉默

当你自己或对方的情绪正在气头上时最好保持沉默。如果你跟他人发生争吵，你们两个人的情绪都很激动，那就等你们都冷静下来，能够心平气和地讨论问题的时候再交谈，只有在那时你们才能进行有实质意义的讨论，而不是相互指责。

适时保持沉默，是一种智慧的表现。在实际生活之中，如果能够灵活运用，将会获得更多的成功机会。

第3章 把握言辞的分寸：

流言易伤人，玩笑话也要点到为止

社交场合是非矛盾很容易滋生，说话不小心就有可能惹祸上身。在各种社交场合中，一定要明白哪些话该说，哪些话不该说。在人际交往中，随意嘲笑、贬低别人，轻则会使交谈不愉快，重则会令对方动怒变脸，甚至招致祸害。对于有短处的人，要学会说“长话”，管牢嘴，能说好话时就别说坏话，如果能这样去做，那你一定会收获更多。

不要揭人短处，没人喜欢被人看到伤疤

俗话说，当着“矮子”别说“短话”。每个人都会有缺陷、弱点，这也许是生理上的，也许是隐藏在内心的不堪回首的经历。我们切勿拿对方的缺陷来开玩笑，因为对任何人来说，被击中痛处，都会引起不快。

其实，世上的每一个人都有自己的忌讳，也就是常说的“短处”，连帝王将相也不例外。史书记载：明太祖朱元璋曾当过红巾军，被官家称作“红巾贼”。所以，朱元璋对“贼”字和与“贼”同音的“则”字最敏感，也最忌讳。一次，大臣赵伯宁的一篇文章中有“垂子孙而作则”一句话。这本来是吹捧朱元璋的谄词，无非说他可做后世的楷模。不料朱元璋因对“则”字过敏，见到“则”字，便以为别人在骂他为“贼”，于是竟把此人杀掉了。当然，朱元璋的所作所为过于极端，但是它所留下的教训却是深远的。

总公司的市场经理郭云初次来办事处指导工作，中午请部门同事一起吃饭，席间谈起了刚刚离职的副总唐素。入职不久的小兰说唐素的脾气不好，很难相处。郭云说，是不是她的工作压力太大导致了心情不好？小兰说，三十多岁的女人既没结婚也没男朋友，剩女都是这样心理变态。

闻听此言，刚才还争相发言的人立刻都闭上了嘴巴。因为，除了小兰，那些在座的老职员都知道：这位市场部的经理郭云也是剩女一个！

事后，小兰为自己当时的一番话后悔不已，但自己在郭云心目中的形象也难以挽回了。

人们对于自己的忌讳，通常都极为敏感，正所谓“说者无意，听者有

心”。如果在交谈中不了解、不尊重对方，有意或无意触动了一些缺憾、隐私、伤疤之类，轻则会使交谈话不投机，不欢而散；重则会令对方动怒变脸，甚至招致祸害。

人们之所以有忌讳，怕别人揭自己的短处，说到底是自尊心问题，怕脸面上过不去。所以，你如果想获得朋友，就一定不要触动他们的忌讳之处。说话要给人留面子，不要揭人的短处，免得对方由多心而伤心，继而对你失去好感。

美莲长得很胖，吃了很多减肥药也不见效，心里很苦恼，她最怕别人说她胖。有一天，她的同事小娜对她说：“你吃了什么呀，像气儿吹的似的，才几天工夫，又胖了一圈儿。”美莲立马恼羞成怒：“我胖碍着你什么了？不吃你，不喝你，你真是多管闲事呀！”小娜顿时尴尬极了。此例中，小娜明知对方的短处，还要去揭，这自然犯了对方的忌讳，引起对方的憎恶也就不足为怪了。

人们对于自己的忌讳，通常极为敏感。由于心理作怪，往往会把别人的无意当成有意，把无关的事主动与自己相联系。有时，你随便讲一件什么事，也很可能被视为对他的挖苦和讽刺。因此，我们不仅应避免谈论别人的忌讳之点，同时也应注意不要提及与其忌讳之点相关联的事物，以免造成对方的误会，致使其自尊心受到无谓的伤害。那么，该怎样避讳呢？

1.深入了解交往对象的长短处

深入了解你所交往的对象，无论优缺点，或是长短处，都要做到心中有数，才能谨慎地避开对方的忌讳之物，以免触痛对方。慎言相避的关键是在得意时切忌自我吹嘘。自我吹嘘，很可能会无意中犯忌。

2.婉词相代，不使人过于难堪

有时无法避开交谈对象的忌讳之物，则不妨以婉词相代，尽量不使人过于难堪。例如，小刘因择偶屡屡受挫而灰心丧气，而你有意为他牵线搭桥。“假如你还没有找到对象，我想为你介绍。”如此直言相告必定犯其忌讳，令对方不高兴。“假如您对个人问题还没有考虑成熟，我愿意提供一位较合适的人选，您意下如何？”这样以婉词相代，使对方产生“主动权在我手中”之感，自尊心得到充分尊重，有关介绍对象的交谈就能顺利

进行。

3.用巧妙的语言岔开话题

说话再谨慎的人也难免有冒犯别人忌讳之时。如果突然发觉自己因失言而冒犯了别人，该怎么办？这时，切忌慌乱之中作说明，因为越想说明，结果必定越说不明，弄巧成拙。最明智的做法是用巧妙的语言岔开话题，使双方及时从困境中解脱出来。

总之，在别人面前不妨多说些好听的话，尤其是当着那些有短处的人，更要专门找“长话”来说，毫不吝啬地赞扬对方的长处和优点，巧解对方的心结。这样，谈话才会投机，人际关系才会和谐融洽。

嘲笑易伤人，别做贬低自己的事

生活中，有些人总喜欢嘲笑别人，随意贬低别人，觉得别人什么都不好。贬低嘲笑别人的程度越厉害说明其内心越虚荣、越自卑。越自卑的人往往嘴巴越厉害，为了防止别人说自己，所以自己先说了，让别人无从下口。

为了引起别人的注意和重视，一味贬低别人，只会让人心生厌恶。所以，在与人交往的过程中，要善于表现自己，但别用贬低别人的方法来抬高自己。

肖云结婚几个月了，她一直觉得丈夫各方面都十分优秀，只是喜欢嘲笑别人、贬低别人。尤其是如果有人在他面前说××比较优秀，他一定会嘲笑说，××其实有某种缺点。丈夫开车的时候，如果前面的车启动稍微慢点，他就会说人家“愚蠢”。一天，他去理财顾问那里想换一种基金，咨询的时候他说：“我可不想被麦道夫类似的人骗啊。”他开户的银行是一个特别大的银行，不存在“麦道夫骗局”的问题。他后来跟肖云说，他其实也不是这个意思，但是理财顾问的脸色马上变得阴沉了。

肖云觉得丈夫愿意跟她说这方面的想法，她也愿意听，于是就引导他说，下次碰到这种情况，你可以说“过去两年这个基金收益率虽然不错，

但是我的心理素质好，可以承担更多风险，我想持有高风险高收益的基金，你有什么推荐的品种吗？”

在肖云的引导下，丈夫有所改变，学会说话之前有所思，如果对方不愿意听，就不说，不再以嘲笑别人来显示自己了。

生活当中，我们身边总是存在一些喜欢嘲笑、贬低别人的人，这是由于他们的修养还不够。也许他们身上也有值得学习的地方，但这样的人最需要学习、提高自己的修养，改掉缺点，避免这样的不良品性在自己身上出现。

我们在社交中适当表现自己是可以的，但是不可清高自负、贬低别人。有些人总认为自己高人一等，事事比别人强。于是，他们就喜欢把得意挂在嘴上，无所顾忌地嘲笑别人，完全不顾及别人的感受，总以为这样就能得到别人的敬佩与欣赏。事实上，这样做往往适得其反。人际交往中，一言一行都要考虑对方的感受，学会安抚对方的心灵，不可以由于自己的原因使对方心理失去平衡，给对方造成伤害。

美国著名作家杰奎琳·苏珊所写的《恋爱机器》一书在一段时间里，曾与菲力浦·罗斯的《波特诺伊的抱怨》一书竞争过。有人就此问苏珊对罗斯的看法，苏珊回答说，“他是一个非常优秀的作家，但我不想谈他的作品。”她这样的回答是得体的。人有一定的表现欲是无可厚非的，但那些时时、处处、事事都想出头露面，置他人于不顾，甚至以贬低他人来抬高自己的人，最终不但不能抬高自己，反而会让人看低。

社交中，要防止大谈自己的得意之事，过分突出自己，切勿使其他人心理失衡，产生不快，以致影响了相互之间的关系。随意自夸、口无遮拦几乎是骄傲自满者的通病。这种致命的弱点不仅暴露了自己的内心情感和意图，而且会使很多人心怀不满或恼恨不已。试想，如果别人的不舒坦是因你而出现的，你还会得到好处吗？

一般来说，他人听你谈论了你的得意后，觉得自己受到了讽刺，他们普遍会有一种恼恨心理。这是一种藏到心底的对你的不满。你说得唾沫横飞，不知不觉已在对方心中埋下了一颗敌视的种子。他人对你的怀恨会透过各种方式来发泄，例如说你坏话，扯你后腿，故意与你为敌，而最明显的则是疏远你，避免和你碰面，以免再见到你，于是你不知不觉就失去了一个朋友。

然而，表现自己是人的天性。不当众说话是不可能的，但同样是说话，不妨说得艺术一点，至少在未弄懂别人的意思之前，自己先不要开口。聪明的人总先促使对方发表得意之事，并给予衷心的赞赏，然后再若无其事地穿插自己的得意之事，这样效果就会好得多。

说话要看场合，不该说的绝不说

生活中，有些人看似伶牙俐齿，口若悬河，想什么就说什么，完全不看是什么场合，结果无意间冒犯了他人，破坏了交际氛围。这完全是缺少场合意识的结果。

正因为受特定场合的制约，有些话只能在特定场合说，换一个场合就不行。同样一句话，在这里说和在那里说也会产生不同的效果。因此，在人际交往中，说什么，怎么说，一定要顾及场合、环境，才有利于沟通。不顾及场合的心直口快是令人厌恶的。

赵雅正在主持婚礼。新郎新娘在众人的簇拥下入席，盛满喜糖和糕点的金色塑料盘，由一个帮忙的小伙子端了上来。可是就在小伙子把盘子放在喜桌上的时候，只听“咔嚓”一声，盘子破裂了。宾客们听到刺耳的声音，目光全部集中了过来。端盘子的小伙子吓了一跳，慌了神，脱口而出：“怎么是个破货？”这句话就像一声惊雷，被在场的人真真切切地听到了，气氛一下子紧张起来。赵雅见此情景灵机一动，高声说：“大喜、大喜，这叫做破旧立新、岁岁平安。”一句话使得本来十分紧张的气氛顿时变得轻松起来。

在一个喜庆吉祥的日子，由于说话人水平有限，致使欢乐喜庆的气氛一下子被破坏，如果不是主持人巧打圆场，场面将会多么尴尬！这提示我们，在庄重严肃的场合，说话应注意分寸。

有些人在思想上没有场合意识，不管什么场合都习惯从主观意识出

发，心里怎么想，嘴上就怎么说，丝毫不考虑别人的感受，这样往往会冒犯别人。比如，在寿宴上对着寿公寿婆大谈人寿保险的好处；对着孕妇说这年头养孩子没什么好处，翅膀长硬就飞了；对新郎新娘说今天喜宴的菜好吃极啦！下回记得再请我，我一定捧场；别人准备出远门旅行，却对他大谈今年发生了多少飞机失事事件……这样的人是冒失鬼，走到哪里都会令人反感。

有些人说话之所以容易惹恼人，并不是他们不会说话，而是场合意识淡薄。说话必须要讲究场合，不注意这点，说一些不适宜场合、气氛、情境的话，往往会适得其反。对于这些人来说，当务之急在于加强场合意识，懂得不同场合对说话内容和方式的特定限制和要求，时时不忘视场合说话。

在不同场合中，人们对他人的话语有不同的感受、理解，并表现出不同的心理承受能力。比如，在小场合和大场合，家庭场合与公众场合，人们对于批评性说法的承受能力有明显的差异。因此，在和人沟通时，不同场合、不同时机，就应该以不同的方式说不同的话。这就需要我们对一些场合有正确的认识。一般而言，说话的场合有以下几种。

1.正式场合与非正式场合

在正式场合说话应严肃认真，事先要有所准备，不能毫无逻辑。在非正式场合，则可以随便一些，像聊家常一样，这有利于促进感情交流，谈深谈透。有些人说话文绉绉，有人说话俗不可耐，就是没有分清正式场合与非正式场合的界限。

2.自己人场合和外人场合

我国传统文化讲究对“自己人”可以无话不说，自己人指的是亲戚、朋友等关系比较近的人，在他们面前即使说些出格的话，也都能包涵。而在外人面前，则应小心提防。遵循内外有别的原则说话，是恰当得体的，违反这一原则，便会被认为是“乱放炮”。

3.喜庆场合与悲痛场合

一般来说，说话应与场合中的气氛相协调。常言道：“人逢喜事精神爽”。在他人喜事临门时，我们上门与其交谈，对方会不计前嫌，而且会认为是对他人人格的尊重，从而也就乐意接受你的话。在对方心情不好时，你说什么话对方都听不进去，反而会认为你这个人太不懂事了。

有位记者曾去采访同一支著名足球队刚交过锋的某球队领导。一进门，他发现休息间气氛沉闷，一位球员铁青着脸，圆睁着眼，他赶紧退了出来，取消了这次采访。后来，这位记者才知道，这支球队打了败仗，情绪十分低落。倘若该记者当时不看对方脸色，硬不知趣地采访，非挨骂不可。这位记者就很有经验，懂得采访看场合。

4.适宜多说的场合与适宜少说的场合

对方很忙，时间很紧，说话就得简明扼要，如果跟他长篇大论，啰啰唆唆，主观愿望虽是好的，但一定会引起对方反感，甚至会被对方下逐客令。

说话看场合，是做人成熟的表现，同时，它也是一种自我保护手段。这样说话是一种可以变通的说话方式，要求你看清所在的环境，再选择说什么话，这样你就会成为一个受人欢迎的说话“高手”。

说话别触碰他人隐私，易遭人反感

世上的每个人都有自己的隐私，不管这些隐私是美丽的，还是丑陋的，人们都把它深深地隐藏起来。所谓隐私，就是一种与公共利益、群体利益无关，当事人不愿让他人知道或他人不便知道的个人信息。人际交往中，如果你知道了别人的隐秘，最恰当的处理方式是即刻把它全部忘记。因为贸然揭开他人的隐私，很可能会触痛他人的心灵，这种行为所带来的后果，轻则被人所唾弃，重则失去饭碗，甚至身败名裂。

传说光绪六年，慈禧太后染上了奇症，两江总督推荐了一位江南名医进京医诊。这位名医寻思着：“京城名医有的是，慈禧所患之病恐怕非同寻常，否则，断不会下诏征医，我得小心应付才是。”

进京后，这位名医先通过关系从服侍太后的太监那儿偷偷了解到慈禧患病的真实起因。经过细细分析后，发现慈禧太后之病是小产的后遗症。

这一分析，使他大吃一惊，要知道，慈禧已寡居多年，如何能小产？后来他想了一个计策……

第二天，这位名医在太监的带领下，走进了皇宫。看见里面已经有四五个来自各地的名医，在为太后跪诊切脉。诊毕，他们又各自开方立案。轮到他时，因为他对太后的病心中已经有数，诊切之后，他在立案上只字未敢提及产妇的病机，只作心脾两虚诊治，而在药方上声东击西，用了不少调经活血之药。

慈禧本来就对医药有所了解，见了这位名医的方案，甚合心意。因为医生开的药方要抄送朝中大臣，所以，必须既能治好病，又可塞口遮私丑。这位江南名医的药方完全符合了这些要求，而另几位名医虽然切中了病机，在医术上无可挑剔，但不合她的心意。

后来，慈禧服用了这位江南名医开的药，奇病渐愈，慢慢康复。自此以后，对江南名医十分器重，给了他许多好处。而他也深缄其口，从未把这个秘密透露给他人。

其实，每个人的内心都有不想被人窥见的隐私。一旦隐私这个“堡垒”被攻破，他便会因缺乏安全感而慌乱，甚至会对窥见其隐私的人施加报复，以维护自身的尊严。所以，有时候，我们无意中得知了别人的秘密，也要学会“装聋作哑”。

每个人都应该尊重别人的隐私。如果你发现自己对别人的隐私产生浓厚的兴趣时，就要好好反省了。窥探别人的隐私向来被认为是个人素质低下、没有修养的行为。如果你偶然知道了他人的隐私，并无意间说了出去，就容易对人造成伤害，破坏你们之间的友谊。

你谈论同事的隐私，最多只是同事不和；你窥探下属的隐私，下属最多暗中抱怨；你议论上司的隐私，那无疑是在为自己的发展之路增阻添塞。为了维护自我尊严与个人权威，上司往往会更加看重个人空间，他们对那些试图对自己隐私加以指指点点的人最为厌弃。

小曼与男朋友到一家餐厅吃饭，她刚一落座，便惊讶地发现，对面的男人竟然是自己的上司！此时，上司没有了上班那一本正经的神色，而是充满了柔情蜜意。上司的对面则坐着一位美丽的女士，这位女士明显不是上司的妻子——小曼曾经见过上司的老婆，那是一个非常普通的持家女人。小曼立即拉起男友，走出了餐厅。

虽然当晚小曼并没有被上司发现，但是第二天，她忍不住向周围的同事打听起了上司的感情生活。原来，上司与老婆长期感情不和，正在闹离婚。看着茶水间里大家都频繁爆猛料，小曼忍不住将昨晚所见说了出来。毫无疑问，她立刻成了焦点人物。

几天后，小曼被上司叫到了办公室，上司坐在对面，神情严肃地告诉她："如果不想干了，可以尽快走人，办公室里不需要多嘴的'八哥'！"此时小曼才意识到，肯定有人将自己爆料的事情告诉了上司。

人人都有隐私，如果你不想让自己的职场生涯走得很艰难，就应该以过眼云烟的态度看待他人的隐私。在职场上，不要去窥视别人的隐私，更不要到处宣讲，尤其是你的领导或者你的上司。

如果你在偶然的情况下得知了他人的隐私，一定要装作不知道，千万别当众谈论。唯有如此，对方在与你相处时，才不会觉得尴尬，更不会对你产生敌意。否则，说不定在什么时候，对方就会给你难堪，或者给你制造困难，你将很难在职场上立足。

玩笑话要把握好分寸，言语同样可伤人

有人说：玩笑是生活中的"清醒剂"和"润滑剂"，因为有了玩笑，生活才变得有趣和生动。工作场合，友人之间相互开个善意的、恰当的玩笑，可以调节、活跃气氛，缓解紧张生活带来的压力，增进彼此间的感情。但开玩笑一定要把握好分寸，不能太过火，否则，会引出许多的麻烦，会使原本深厚的友谊顷刻破裂。

一次老同学聚会上，大家见面分外亲热，聊得十分高兴。这时，姜浦对一位女士信口开河说："你当初可是主动追求过我的，现在还想我吗？"按理说，在老友重逢的气氛中，这些话虽然有些不妥，但也无伤大雅。但这位女士当时心情不好，竟然脸色一变，气呼呼地说："你神经

病！谁会追求你这种心理龌龊的人。”她的声音很大，在场的人听了都觉得很尴尬，场面一下子变得很尴尬。这时，另一位女士站了起来，笑着说：“我们小妹的脾气还没变啊，她喜欢谁，就说谁是神经病，说得越厉害越让人受不了，就表明她越喜欢。小妹我说得对吧？”一番话，让大家都想起了大学时的美好生活，不由得七嘴八舌，互相开起玩笑来，一场风波就这样被平息了。

开玩笑原本是一件好事，恰到好处的玩笑可以让大家开怀一笑，拉近彼此之间的距离。但如果把握不好开玩笑的分寸，就会适得其反。即使偶然开个玩笑，也不能过于随便，应注意以下几个问题：

1.有些人不能开玩笑

每个人的性格都是不一样的，有些人喜欢开玩笑，你越跟他开玩笑，他越觉得你把他当朋友，和这样的人可以适当开开玩笑。有些人正好相反，天生严肃认真不苟言笑，说笑稍微过了他就当真，所以，你最好不要和他过火的玩笑，万一他没笑，反而较真起来就麻烦了。

2.把握好玩笑的内容

不能拿人的缺点开玩笑。不要以为你很熟悉对方，就可以随意取笑对方，这样会伤及对方的人格、尊严，违背开玩笑的初衷。生活中不是对任何事或任何人都可以开玩笑的。凡有损他人形象、触及他人缺陷、侵犯他人隐私等的玩笑都是不应该开的。所以，开玩笑要了解对方，千万不要随意开玩笑。

3.分清楚时机和场合

开玩笑时一定要注意场合，要弄清楚自己该不该说，如果拿不准，最好别说。有些人平时很爱开玩笑，但是在特定的时期，比如说生活上、工作上、感情上遇到了挫折时，你和他开玩笑，会使其恼火。还有一些场合本身就不适于开玩笑，比如庄重严肃的场合。还有某些特定的时期，比如发生某种灾难了，大家心情都很悲伤，也不适合开玩笑。

4.要选准开玩笑的对象

开玩笑要考虑自己的身份地位和对方的身份地位以及双方间的亲疏关系。玩笑一般宜在平辈、同级、熟悉者之间开。与异性、长辈、领导或初

交者相处时，最好别开玩笑，否则容易得罪人，使自己陷入窘境。

总之，在开玩笑之前，一定要设身处地地考虑一下对方的感受。如果你肯定对方会和你一样开心，不妨说出来大家一起分享快乐；如果你认为对方会生气或者伤心，还是免开尊口吧。这样，大家才能笑口常开。

说出去的话泼出去的水，开口之前要三思

身在职场，学会言之有物，言之有“度”，是重要的原则。每个人都应该给自己的嘴上加把锁，防止说话时不留分寸，把不好口风，结果给自己带来灾祸。

一个人总是滔滔不绝地说话，说得多了，言语中自然而然会暴露出许多问题，例如，你对事物的态度，你对他人的看法，你今后的打算等，被他人所了解、闲传，容易造成误解、隔阂，甚至形成仇恨。总是对身边的人和事评头论足，容易惹怒他人，从而埋下灾祸的隐患；今天道东家长，明天说西家短，这种缺少修养的言谈，很容易遭到报复的。

隋朝名将贺敦立有大功，他因为对朝廷赏赐不公心怀不满，便口出怨言，结果被权臣宇文护传给了皇上，皇上令其自杀。临死前，他叫来儿子贺若弼说：“我因口舌而死，你不能不记住！”说完用锥子将贺若弼的舌头刺出血来，以此告诫他慎言少说。

贺若弼开始还能记住，经常以“遇事三缄其口”来提醒自己，可随着他功劳日大，地位日高，便把父亲的告诫忘到脑后去了。同父亲一样，他也因对朝廷封官不满而大发牢骚，结果被免去了官职；他不接受教训，反而怨言更多，于是被逮捕下狱，继而被处以死刑，重蹈了父亲的覆辙。

职场是最容易滋生是非的地方，千万不能信口开河，否则容易惹祸上身。做人如果喜欢津津乐道，传递小道消息，喜欢谈论东家长西家短，乐于神侃吹牛，都不是一种好现象，这种现象若不及早纠正革除，总有一天，会自食苦果。我们身在职场，要尽量少说话，稍不注意就有可能自毁前程。

第3章 把握言辞的分寸：流言易伤人，玩笑话也要点到为止

有“未来总理”之称的37岁政治家约翰·布洛戈登，因为在酒会上的失态举动，被迫宣布辞职，自毁大好前程。此前，布洛戈登被澳大利亚各方看好，认为他最有可能成为澳大利亚未来的总理。

布洛戈登之所以痛失良机，是因为没能“管好自己的嘴”。之前，他在参加澳大利亚的一次酒会时，不小心喝多了，不胜酒力的他立即丑态百出：先是跟几个金发女郎乱调情，然后笑称巴尔的马来西亚裔妻子海伦娜是“邮购新娘”（是指透过婚姻中介挑选男性，并借此出嫁的女性。这是一个带有贬义的用语，具有冒犯性）。巴尔对布洛戈登的言辞十分不满：“我没法接受他的道歉，因为他的话给我的妻子造成了非常大的精神伤害。”海伦娜17岁时从马来西亚到澳大利亚求学，毕业于悉尼大学，后来成为成功的生意人，并且在澳大利亚政界声誉颇佳。

澳大利亚前总理霍华德强烈谴责布洛戈登的言论：“那样说真是大错特错了。我跟海伦娜熟悉，她是一个非常大方热情的人，那样的言论怎么也不应该说。”

后来，布洛戈登在当天匆忙举行的记者招待会上神情尴尬地表示，他对自己的失言表示道歉，这意味着他丧失了成为澳大利亚总理的机会。

人际交往中，我们都有许多话要说。说什么、怎么说，什么话能说，什么话不能说，都应该有讲究。可以说，说话也是一种艺术。很多时候，有些人吃亏就是因为没能管住自己的嘴巴。

我们常说“三思而后行”，实际上，在和人交流的过程中，同样要做到“三思而后说”。少说，并不是让我们不说，而是让我们说该说的，恰如其分地说，绝不可胡说、乱说。孔子在《论语》里说：“敏于事而慎于言，君子三缄其口。”身在职场，如果你不能够确定自己要说的话对人、对事是否有益无害或者利多害少，那就不如不说。有的人说话常常不加思考，只顾自己把话说完，而忽略了“听者”闻后所想，结果无意中得罪了别人，却浑然不自知。有时候，说话欠考虑往往会给我们造成难以挽回的损失。

“舌头”最能给自己搬弄是非。说得太多，最终吃亏的只能是自己。除了不搬弄是非外，很多时候我们也需要闭口不言，不要抱怨。抱怨对你

的工作于事无补，还可能将你送上绝路。自己不要抱怨，也不要去干预别人的抱怨，少说或不说有可能危及到自己的话，不要轻易冒险。

该沉默的时候闭上嘴巴，是一种智慧的体现。少说多做，正是聪明人的表现。你如果能够做到少说多做，那你一定会收获更多。

第4章 给别人留点面子：

来往不交恶，成全他人也是给自己留退路

中国人最大的特点就是爱面子，我们无论做什么事都要考虑到他人的面子。无论是做人还是做事，都要学会留有余地。话不可说满，事不能做绝，即使你有理，也要做到得理饶人。遇到矛盾冲突时要有度量，别那么斤斤计较。给人足够的面子，维护好他人的自尊，他人自然会对你加倍友好，这样也就为自己铺就了一条阳光大道。

人情留一线，日后好相见

对于中国人来说，面子非常重要。一个人如果失去了少许金钱，尚不至于恼羞成怒，而一旦面子受到损害，就无法预测他的行为了。有时候，我们本身并无伤人之意，可是却会因为某句无意的话伤害到别人，甚至可能因此为自己树立一个敌人。下面的这个故事，对我们应该有深刻的启示。

春秋时期，郑国的大臣子公在上朝的时候，食指突然动了起来。他便以开玩笑的口吻对其他大臣说："我的食指一动，就能尝到非同一般的美味。"这话被国君郑灵公听见了。正巧楚国献给了灵公一个特别大的鳖，灵公准备用它来大宴群臣。结果灵公听到子公的话后，在鳖宴上故意不分给他鳖肉。子公羞愤交加，就径直走到烹鳖的大鼎前，把手伸到汤里捞肉。这就让灵公十分难堪，结果双方都感到丢了面子，只好翻脸，灵公欲杀子公，而子公抢先发动政变，杀死了灵公，这足以让灵公永远没有面子。

这种君臣之间为面子而起的争斗近乎荒唐，但不能不说明，"面子问题"正是这种倾国覆权的重大事件的导火索。面子代表着尊严与荣耀，"面子"是一个人在众人中立足的"根本"，所以你若当面羞辱某人，某人因此觉得很没"面子"，他很有可能为此和你绝交。

在人际交往过程中，每个人都希望给他人留下良好的印象。当他们遭遇窘境甚至误入歧途时，其自尊心就会严重受挫，变得异常敏感。如果这时候又有人使其下不了台，就会引起他们最为强烈的反感，甚至仇视心

理。所以，在人际交往中，我们必须懂得放下自己的面子，给他人留有面子。美国前总统富兰克林说："保留他人的面子和自尊，是人际交往的底线。"维护他人的自尊，不仅是对他人的肯定与维护，也能为自己赢得尊重与理解。

一天，富兰克林和其助手一道外出办事，当走到办公楼的出口处时，他们看见不远处有一位妙龄女郎。也许是她步履太匆忙，突然脚下一个趔趄，一下子跌坐在了地上。

助手见状，准备上前去扶她一下，却被富兰克林一把拉住，并示意他暂时回避；于是，两人很快折回到走廊的拐角处，悄悄地关注那个女职员的动静。面对助手满脸困惑的神情，富兰克林只轻轻地告诉他："不是不要帮她，而是现在还不是时候，再等等看吧。"

很快地，那个女职员站了起来，她环顾一下四周，掸去身上的尘土，恢复了常态，若无其事地继续前行。

等那个女职员渐行渐远，助手仍有些不解；富兰克林淡淡一笑，反问道："年轻人，你难道愿意让人看到自己摔跤时那副倒霉的样子吗？"

助手听后，顿时恍然大悟。

行走在人生的旅途，谁都会有"摔跤"的时候，此时人最需要的是有一个独自抚平创伤、恢复自尊的时间和空间。我们应用大度给人以包容。给人面子，正是一种宽容大度、胸襟坦荡的表现，可以避免不必要的尴尬、难堪；还可以赢得友谊，赢得信赖，而他人的友谊和信赖往往能助你一臂之力。

在与他人交往的过程中，明智者总会巧妙地给别人保留一份颜面。对于尴尬难言的事，不必当众宣布，更没必要撕破脸皮，弄得不欢而散；不方便说的话要学会暗示，使其做好心理准备，一切都在私下进行，既维护了别人的面子，也加深了双方的感情。

在社交中，有时会参加一些竞争性的文体活动，比如下棋、乒乓球赛等。有经验的人，在自己胜券在握的情况下，往往不会把把对方搞得太惨，而是适当地给对方留点面子，让他也胜一两局。你若穷追不舍，让对方狼狈不堪，有时可能会引起意想不到的后果，让你无法收拾。再比如，

与人发生争论时，以严密的辩论将对方驳倒固然很好，但却没必要将对方批驳得体无完肤。这样做不但对自己毫无好处，甚至会自食其果，遭到对方的反击。可见，我们做事情千万不能太过分，不能因此而伤别人的心，要给对方留有余地。这一点在处理人际关系时非常重要。

人都爱面子，你给他面子就是给他一份厚礼。有朝一日你求他办事，他自然要把这个人情还给你。所以，最明智的做法是时时给别人留点面子，事事预留点分寸。这样你在给他人留面子的同时，也为自己铺就了一条阳光大道。

为别人指出不足时，先赞美几句

在实际生活中，往往有许多人喜欢在众人面前口气严厉地训斥他人，甚至发出威胁，完全不顾及对方的自尊心，这是一种十分错误的做法。不讲批评方式，在公众场合，得理不饶人，居高临下地指责、批评对方，往往事与愿违。因此，在交际中，为了顾全他人的面子，当你准备指出别人的过错时，最好掌握技巧。

有时，过分严厉的批评不但不会改变事实，反而只能招致愤恨，使情况进一步恶化。但当对他人的优点加以称赞之后，再去批评，情形自然就会有很大不同，对方心里自然会觉得好受一些，更容易接受批评。

麦金尼在1896年竞选美国总统时，共和党有一位重要人物替他写了一篇竞选演说，他自以为写得高明，便大声地念给麦金尼听。可是，麦金尼听完之后，却觉得有些观点很不妥当，可能会引起批评的风暴。显然，这篇讲稿不能用。但是，麦金尼并没有直接指出这篇演说词的不足。他说：“我的朋友，这是一篇精彩而有力的演说。在许多场合中，这些话完全是正确的。不过目前这种特殊的场合，是不是也很合适呢？我不能不以我的观点来考虑它将带来的影响。请你根据我的提示再写一篇演说稿吧，然后交给我看一下，怎么样？”

对方很高兴地照办了。最后，麦金尼依靠那篇新的演说词为自己拉了

不少选票。

在表达否决之前，先对对方见解的优点或可行性进行肯定，然后再适时地陈述自己的见解。这样既不损伤他人的自尊心，又使自己的想法很容易被接受。戴尔·卡耐基说过：“当我们想改变别人的时候，为什么不用赞美代替责备呢？纵然别人只有一点点进步，我们也应该赞美他，只有这样才能激励别人，不断地改进自己。”

美国著名的女企业家玛丽·凯在对待员工工作中出现的问题时，采取的就是“先表扬，后批评，再表扬”的批评艺术。这就是说，无论批评什么，必须找点值得表扬的留在批评前和批评后说，决不可只批评不表扬，这是玛丽·凯严格遵循的一个原则。

玛丽·凯公司里的一位推销员，虽然很有能力，但由于她经验不足，因此在两次展销会上都没有卖出什么东西。在第三次展销会上，她终于卖出了35美元的东西。虽然在大多数人看来，这数目少得可怜，但玛丽·凯反而表扬她说：“你卖出了35美元，比前两次强多了，真是了不起！”老板诚恳的赞扬，令这位推销员心里热乎乎的。通过自己的努力，她终于成为了一名著名的推销员，财富与名望都不断地增加。

要想矫正某人的缺点，不妨先赞美对方的其他优点，他才会乐于迎合你的期望，自我矫正。要想在批评中加入赞美的成分就需要掌握以下技巧：

1.用称赞打开对方的心扉

过分严厉的批评不但不会改变事实，反而只会招致愤恨。给予他人亲切的言词和称赞，对建立彼此的友好关系大有帮助。如果你真想批评人，不妨用这样的话开始：

“小李，你所提出的建议很好，我们从中受益许多。不过，有一点……”

“小张，自从你进入公司以来，你的业绩一直非常优异，大家都是有目共睹的，只有一点请你改善，相信你会做得更好！”

2.批评和表扬相结合

对于每一个人来说，批评的同时别忘记表扬，表扬是批评的“润滑

剂”。表扬是激励，而批评更重要的是引导。有位棒球教练在纠正选手动作时，不说“不对，不对”，而说“大致上不错，但如果再纠正一下……结果会更好”。他并非否定选手，而是先加以肯定再修正。也就是说，先满足对方的自尊心，然后再把目标提高。如果仅仅纠正、警告，只能引起选手的反感，不会产生什么实际效果。

3.当众赞美，私下批评

每个人都喜欢听赞美的话，而且如果是当众听到的，就会更加觉得有面子。反之，有关批评的话要私下说，这样除了能照顾到对方的面子外，也利于维护本身的形象。

4.以褒扬的方式结束批评

不能在友好的气氛下结束的批评，算不上真正的结束。在批评即将结束的时候，你可以笑着说：“我知道你是信得过的人。”或“我相信你能抓住要领，好好干下去。”千万不要这样说：“我教你之后，不可以再犯错。”或“我希望很快就能看到你好的表现，不然的话……”

拒绝时要委婉，适当用点小策略

现实生活中，很难做到有求必应，每个人都难以避免地要拒绝他人。但如果别人微笑着请求你时，你冷冰冰地说出“不”字，会让对方非常受挫，感觉没有面子，还会伤了彼此之间的感情，所以在说“不”时一定要讲究策略。

有一次，人际交往大师戴尔·卡耐基不得不拒绝一个演讲邀请，但是这个邀请于情于理都应该接受。于是卡耐基冲他亲切地笑了笑，带着歉意说：“对你的邀请，我感到非常荣幸，可是我正忙于准备讲稿，实在无法脱身，十分抱歉！”“不过××先生讲得也相当好，说不定他比我更适合你们。”卡耐基向邀请者推荐了一个目前有实力解决这个问题的同行，使邀请者或多或少地获得了心理补偿，减轻了因遭拒绝而产生的不满和失望。

做人要敢于拒绝他人，同时也要善于拒绝，要做到既能够拒绝别人，

又不让对方太尴尬和难堪。不论是哪种要求，都不宜明确直言地拒绝别人，否则会损害他人的面子。那么，怎样才能尽量地减轻因拒绝而引起的不快呢？这就需要我们在拒绝对方的时候，巧妙地采用委婉含蓄的方式，这既可以达到目的，又不影响彼此之间的关系。

所谓婉言拒绝，就是用温和与曲折的语句，来表示拒绝的意思。和直接拒绝相比，它非常容易被对方接受。因为它在一定程度上，顾全了被拒绝者的自尊心。比如一位男士送内衣给一位关系一般的女士。如果这位女士反唇相讥："这是给您妈买的吧？"那就变成泼妇了。不如婉言相拒，说："它很漂亮。只不过这种款式的我男朋友送我好几件了，留着送你女朋友吧。"这么说，既暗示了自己已经"名花有主"，又提醒对方注意分寸。

拒绝对方，你可以委婉含蓄地表明自己的立场，这样既可以达到拒绝的目的，又可以使双方摆脱尴尬处境，活跃气氛。

在人际交往的过程中，善于拒绝者，既可以使自己掌握主动权，进退自如，同时又可以给对方留足"面子"，搭好台阶，进而使交际双方都能免受尴尬之苦。

1.先肯定后否定

对对方的请求不要直言"不行"，而要表示理解、同情，然后再据实陈述无法接受的理由，获得对方的理解，自动放弃请求。

如果你的一位同事想把本应由他完成的工作转给你，你千万要避免这样说："哎呀，你的事我可干不来。"为了慎重起见，你不妨这样对他说："我非常愿意帮你的忙，但事不凑巧，我手头的那份工作还没干完。依我看，你的能力和素质完全可以胜任，不妨你先干着，或许我还能帮你干点别的？比如说，今天我要上街买东西，顺便可以为你带点什么。"这种带有相反建议的拒绝，既合情又合理，对方还能说什么呢？

2.转换话题

在不便正面拒绝的时候，只好采取迂回的战术，转移话题是个好办法。对方提出某件事情的请求，你却有意识地回避，把话题引到其他事情上。这样，既不使对方感到难堪，又可逐步减弱对方的企求心理，达到委婉谢绝的目的。

一位精明的家庭主妇，能够做到让任何推销员都心服口服地“打退堂鼓”。她会说：“哎呀，真不巧，我的儿子也是推销杂志的啊……”这么一说，推销员就会知难而退。

3.推托其辞

在不便明言相拒的时候，推托其辞的“敷衍式拒绝”是一种比较好的办法。敷衍是在不便明言回绝的情况下，含糊回避请托人。敷衍是一种艺术，运用好了会取得良好的效果。

有关人士的个人经验是“一拖二推三找理”。一拖：把事情往后拖，这样回答：“好的，我来做，不过这会儿我手上还有其他事情，这事可能要耽搁一下……”二推：把事情推给别人，这样回答：“好的，我可以做，不过，我对这事不是很熟悉，以前一直是小高做的，要不您看还是他牵头来做，我配合他，再学习一下……”三找理：找制度、规范、责任等进行拒绝，这样回答：“我做没问题，但是按岗位划分，这不属于我的事情，我担心出错后主任怪罪下来，对您不利……”

对方听到这样的话，一般都会知难而退，会说：“那好吧，既然这样，我也就不难为你了，以后再说吧！”

得理也饶人，日子就要一团和气

身在社会，由于每个人的智慧、经验、价值观、生活背景各不相同，因此与人相处，摩擦是难免的，不管是利益上的摩擦，还是是非的摩擦。大部分人一旦陷入摩擦的旋涡，不管是为了面子或为了利益，得了“理”便会不饶人，逼得对方非投降不可。然而“得理不饶人”虽然让你暂时胜利，但这也意味着是下次摩擦的前奏。这样就会造成你与对手之间无休无止的摩擦，甚至对方会加倍地反对你，与你为敌，后果只能是两败俱伤。

所以，即使你占理也要注意说法的态度和方式，语气太激烈不但会打击别人的自尊心，还会惹恼对方，最后非但达不到目的，还容易把事情变

糟。所以，明智冷静地不理会那些充满敌意的问题，这样就不会使自己失去平和的心态，有利于问题的进一步解决。在大事情上要“理直气壮”，小事情上应“理直气和”。

马辛利任美国总统时，一项人事调动遭到了许多政客的反对，在接受代表询问时，一位国会议员脾气暴躁，粗声恶气地给总统一顿难堪的讥骂。但马辛利却视若无睹，不吭一声，任凭他骂得声嘶力竭，然后才用极委婉的口气说：“你现在怒气应该平息了吧？照理你是没有权力这样责问我的，但现在我仍愿意详细解释给你听……”

这几句话把那位议员说得羞愧万分，其实不等马辛利解释，那位议员已被他折服了。也许你以为马辛利总统是个“没有脾气的人”，恰恰相反，他是个脾气极大的人，只是他有一股比脾气更大的自制力，能将脾气暂时压住。

试想，如果马辛利得理不让人，利用自己的职位和得理的优势，咄咄逼人，那对方决不会服气。由此可见，当双方处于尖锐对抗状态时，得理者的忍让态度，能使对立“降温”。

有句话说得好：“得饶人处且饶人”。人在有理的时候不要咄咄逼人，抓住别人的“小辫子”不放，而要有容人容事的胸怀。在得势的情况下饶人，矛盾会立刻缓解。很多时候，人和人之间的相互发火，是因为互不了解、缺乏沟通造成的。这时候得理的一方切不可因对方的错怪而以怒制怒。最好的方式是多加解释，设法沟通或者道歉、劝慰，与对方达成谅解或共识。

“服务员！你快过来！”顾客高声喊道，指着面前的杯子，气愤地说，“看看！你们的牛奶是坏的，把我的一杯红茶都糟蹋了！”

“真对不起!”服务员小嫣笑着说，“我立刻给您换一杯。”

新红茶很快就准备好了，放着新鲜的柠檬和牛乳。小嫣轻轻放在顾客面前，又轻声地说：“我能否建议您一下，如果放柠檬，就不要加牛奶，因为有时候柠檬酸会造成牛奶结块。”顾客的脸一下子就红了，他匆匆喝完茶离开了。

有人不解地问小嫣：“明明是他不懂，你为什么不直说呢？他那么粗鲁地叫你，你为什么不还他一点颜色呢？”

“正因为他粗鲁，所以我要用婉转的方式对待；正因为道理一说就明白，所以用不着大声！”小嫣说，“理不直的人，常用气势来压人。理直的人，要用和气来交朋友！”

小嫣以“和气”对“火气”，表面上“柔情似水”，实际上“力胜千钧”，产生了积极的效果。一个人如果心胸狭窄，为了自己的一点私利斤斤计较，结果只能使矛盾愈加深化，不仅伤害感情，影响友谊，还会破坏和谐。相反，只要我们以谅解的态度、宽广的胸怀去待人待事，就能使矛盾得到缓和。当遇上有人无理取闹或产生误解时，你不必过分冲动，更不要破口大骂。如果能保持忍让的态度，柔言相答，结果自然会“灭火消气”，换来微笑。

生活中，常有一些人特别固执己见，十分容易为些小事情同别人争论，而且“火药味”浓烈。这时候，得理的一方应当有饶人的雅量。遇到矛盾分歧时要有度量，凡事不那么斤斤计较。有句话说得好：“得饶人处且饶人”。不论对方对错，对的不打压不挑剔，错的不讽刺不轻视。佛眼相看，慈心相向，会令人觉得温暖如春，感化内心。

人与人相处，要多为对方着想，即使你有理，也要做到“得理饶人，理直气和”，因为有时候，“和气地饶人”，会让你收到“帮人利己”的效果。

别过度争强好胜，退一步也能海阔天空

在现实生活中，需要具备一种退让的智慧。当你与人发生矛盾或冲突时，只要不是原则性问题，你完全可以舍弃争强好胜的心理，甚至甘拜下风，就可能避免两败俱伤。舌头难免会有碰牙的时候，如果太较真，非要辩出个你对我错，争个你高我低，只能使事件升级，小事变大。

如果能在无伤大雅的小事上谦让一点，就能够从不必要的纠缠中挣脱出来，去争取大局的利益。在处理人际关系上懂得退让的人，是比较洒脱

的人，也是有大智慧的人。

美国总统克林顿的妻子希拉里曾写了一本自传，却遭到了一位脱口秀主持人的嘲讽。她辛辣地评价说："她不可能卖得好，我敢打赌，如果超过一百万本，我把鞋子吃下去。"上天往往喜欢捉弄把话说绝的人，希拉里的自传上市没几个星期，就销售了一百万本。那位主持人该品尝鞋子的味道了。

没错，他的确吃鞋子了。不过，鞋子的质地不同寻常，主持人吃下的是希拉里特意为他定做的鞋子形状的蛋糕。那味道一定棒极了，因为它里面加了一种特殊的调料——宽容，蛋糕鞋子因宽容而更加美味可口。

面对主持人的嘲讽，希拉里并没有给他猛烈的回击或等着看他吃鞋子，而是用一种幽默宽容的方式巧妙地化解了这场矛盾，她这种做法令人敬佩。

生活并不是平和的，其中隐藏着各种矛盾，矛盾是激化还是平息，宽容之怀是主导。忍让是人生的一种包容，是一个人心胸开阔的重要表现。没有必要和别人斤斤计较，没有必要和别人争强斗胜，给别人让一条路，就是给自己留一条路。在占优势的情况下，放对方一马，给他一个台阶下，他自然会心存感激，来日相见也好说话。争强好胜，使对方下不来台，常常不会有好结果。对于明智的人来说，即使自己做得很好，也绝不逞一时之强，做令他人难堪的蠢事。这一点在处理人际关系时要切记。

1754年，已升为上校的华盛顿率部驻防亚历山大市，当时正值弗吉尼亚州议会选举议员，有一个名叫威廉·佩恩的人反对华盛顿支持的一个候选人。有一次，华盛顿就选举问题和佩恩展开了一场激烈的争论，其间华盛顿失口，说了几句侮辱性的话。身材矮小、脾气暴躁的佩恩怒不可遏，挥起手中的山核桃木手杖将华盛顿打倒在地。华盛顿的部下闻讯而至，要为他们的长官报仇雪恨，华盛顿却阻止并说服大家，平静地退回了营地，一切由他自己来处理。翌日上午，华盛顿托人带给佩恩一张便条，约他到当地一家酒店会面。佩恩自以为华盛顿会要求他道歉，并提出决斗，想必有一场恶斗。

到了酒店，大出佩恩之所料，他看到的不是手枪，而是酒杯。华盛顿站起身来，笑容可掬，并伸出手来迎接他。“佩恩先生，”华盛顿说，“人都有犯错误的时候。昨天确实是我的过错。你已采取行动挽回了面子。如果你觉得已经足够，那么就请握住我的手，让我们做个朋友吧！”

这件事就这样皆大欢喜地了结了。从此以后，佩恩则成了华盛顿的一个热心的崇拜者和坚定的支持者。

人与人相处常常会发生大大小小的矛盾，当我们面对这些矛盾时，不可认为“狭路相逢勇者胜”，因为胜的同时，一份友情也就破裂了。当你同别人发生矛盾并相持不下时，应该学会包容。不该较真的就应该忍耐，该化解的就应该放下恩怨，用真心原谅别人无意的过失。这并不表示你失去了应有的尊严，相反，你在化解矛盾的同时又在别人心中埋下了你宽容与大度的种子，对方会对你产生敬佩与尊重之情。

一个人有时能容忍他人的无意伤害，却很难容忍对自己的恶意污辱和故意打击。但唯有持一种“退后一步”的宽容态度，才能少一分仇恨，多一分祥和。有一颗体谅他人的心，就仿佛获得了一把钥匙，它能开启未来紧闭的大门。

主动化解干戈，朋友感情需要经营

人与人之间难免会产生各种隔阂和裂痕，有了裂痕就要及时主动地去缝合和补救。在生活中，难免会出现这样或那样的失误与差错，产生各种矛盾。这时，如果你不让我，我不让你，恶语相向，针锋相对，甚至大打出手，结果只能激化矛盾、两败俱伤。

曾看过这样一则消息：某校的两个大学生在宿舍听歌曲，因喜好不同，评价歌曲时起了争执，竟然打骂起来。在舍友的劝说下，其中一位同学被推回了宿舍。本来以为事情就此结束了，没想到该生回到宿舍越想越气，顺手操起一把水果刀，径直闯入另一同学的宿舍，朝其胸部狠狠捅了两刀，令其当即毙命。他自己呢，也在狱中背上了灵魂枷锁。

无可否认，在我们的生活工作中，难免会遇到一些不顺心的事，如

果你一味地锱铢必较，哪怕是一点小事，也会因为你的任性而一发不可收拾。不过，要是你用一颗宽容的心去对待，就能大事化小，小事化无，化干戈为玉帛。

其实有摩擦有矛盾，只要不是恶意攻击，就不是不可调和的敌我矛盾，应该设身处地替对方想想，主动承担责任，说一声“对不起”，这样，剑拔弩张，急风暴雨就会化作微笑握手，和风细雨。

主动采取摒弃前嫌的言行，不仅有利于化解已有的矛盾，而且有助于塑造自身的良好形象，营造良好的人际环境氛围。比如你与他人积怨已久，双方都存有戒备甚至敌对心理，都不愿主动示善和解。这时，如果你能主动退让，或给对方传递一个善意的信息，或为对方做一件友善的事，则很可能化干戈为玉帛，但是这一步往往很难迈出。

从实际情况看，要做到不计前嫌并不是一件容易的事情。因为人们一旦结仇，彼此之间就会心怀怨恨，并不是轻易就能化解的。这需要当事人有足够的勇气，较高的思想修养，还要善于说服自己，才能奏效。

美国第三任总统杰斐逊与第二任总统亚当斯从交恶到和解就是一个不计前嫌的生动例子。

杰斐逊在就任总统前夕，去白宫想告诉亚当斯，他希望针锋相对的竞选活动并没有破坏他们之间的友谊。但据说杰斐逊还未来得及开口，亚当斯便咆哮起来：“是你把我赶走的！是你把我赶走的！”从此两人没有说话达数年之久，直到后来的一天，杰斐逊的几个邻居去探访亚当斯，这个坚强的老人仍在诉说那件难堪的事，但接着脱口说出：“我一直都喜欢杰斐逊，现在仍然喜欢他。”邻居把这话传给了杰斐逊，杰斐逊便请了一个彼此皆熟悉的朋友传话，让亚当斯也知道他的深厚友情。后来，亚当斯给他回了一封信，两人从此开始了美国历史上最伟大的书信往来。

这个例子告诉我们，宽容是一种多么可贵的精神，高尚的人格。宽容别人对我们来说并不容易，但也不困难。关键要看自己如何选择。假如你想化敌为友，就得迈出第一步。当你和别人之间发生矛盾的时候，要主动示好，采取寻求和解的行动，这样才能赢得和谐的人际关系。

我们与他人在不同的场合中交往接触，总免不了有意见相左、磕磕碰碰的时候，但只要不是原则性问题，各自都应主动退让、多担待一点、少计较得失。其实每个人原本都可以很轻松、很潇洒，前提就是主动示好，少一些苛求计较。

生活就是这样，如果有了隔阂和缝隙不及时缝补，缝隙就会越来越大，隔阂就会越来越深，矛盾就会越积越重，最终难以弥补、无法挽救。如果能及时弥补，把矛盾和隔阂消灭在萌芽状态，不但可以和好如初，还能拉近心理距离、增进彼此感情。

在与他人产生矛盾和裂痕时，我们一定要及时化解，主动示好，反之，我们要加强和巩固人际交往，这才是真正的交往之道。

第5章 试着接受不喜欢：也该成熟了，不能胡乱地任性而为

社会是现实的，鱼龙混杂，面对其中的一些人和事，必须学会适应。面对现实，越牢骚满腹，越消极无奈，越容易变得无路可走。明智者能调整好自己的心态，心平气和地做事，接纳看不惯的人，把这些都当成一种磨炼。学会适应现实，就能把怨气变成干劲，把消极变成自觉，从而赢得更多的发展机会。

少些幼稚，懂点人情世故

对于很多职场新人来说，由于长期受校园文化的熏陶，社会经验较少，往往持有很单纯的想法。这种学生气的外在表现就是不通人情世故，以学生的视角感知周围的一切，有时对社会还存有一种对抗心理。这个社会自有它的规则，如果你不留意，而是贸然冲撞，就会时时受阻、处处碰壁。如果不能尽快褪去学生气，就会与新环境产生摩擦、碰撞，工作也难以取得成绩与突破，从而影响到自己的未来。

所以，进入社会后，我们需要做的就是尽快成长和成熟起来，处处锻炼自己，尽早褪去学生气。步入社会后，要少以自我为中心，先别强调自己有多么聪明的头脑和响亮的文凭，而要多考虑他人的需要和感受。有位教授在给学生的毕业致辞中这样写道："社会和学校很不一样。在校园，个人努力起作用，但作用更大的其实是天分。老师不要求你们的物质回报；只要你考试成绩好，人格没有问题，基本就会获得老师的欢心，获得以分数表现的奖励。从这个意义上来说，大学基本上更像家庭；评价体系基本由老师定，以中央集权的方式，奖励你的智力。社会很不同。社会更多的是世俗利益的交换场所，是市场，评价标准主要不是你的智力高低，而是你能否拿出什么别人想要的；这个标准不是由老师确定的，而是由消费者确定的。你可以批评它短视，但它通常不会等待你成长和成熟。它把每个进入社会的人都视作平等，不考虑你刚毕业，没有经验。如果失去了一次机会，你就真正失去了；不像学校，会让你补考，或者向老师求情，改个分数。"

第5章 试着接受不喜欢：也该成熟了，不能胡乱地任性而为

每个在校的学生毕业总会步入社会，面临着人生新的洗礼和考验。当我们明白了社会和校园有不一样的规则和标准时，就要调整好自己的角色定位，让自己尽快适合新的环境，这不管是对于个人的成长还是职业生涯的发展都有着很重要的作用。以下几点仅供参考。

1.克服落差感，尽快适应角色

步入社会，意味着学生角色向职业角色转化的真正开始。大学生初入职场，被人认可的愿望十分强烈。但从业之初，往往被指派做一些技术含量较低的工作，或频繁轮岗；曾经是学校里的优等生，如今却是一名普通员工；学的是热门专业，却没有获得期望的薪酬和机会。评价标准的差异，期望值的跌落，让许多优秀大学生无所适从。

适应角色阶段的心理调适重点在于了解职业角色定义，安心工作岗位，克服心理上的落差感。在这一阶段，应当尽快地从以往的学习生活模式中解脱出来，全身心地投入到工作岗位中去。要动态地看待就业，不论是高才低聘，或是期望值跌落，都不会是一成不变的。真正的人才决不会被永远埋没。一定要有不怕吃苦肯做小事的勇气和毅力，用坚实的努力提升自己。

2.克服工作压力，尽快进入角色

毕业生在校期间学习到的东西毕竟有限，很多知识和能力需要在工作实践中去学习、锻炼和提高。可以说，解除工作上的压力是进入角色必不可少的一环。

这一阶段心理调适的重点在于适应工作节奏，提出合理性建议和构想，展示自己的潜能，为承担重要工作做好准备。要虚心向有经验的人学习，不断丰富自己的专业知识，提高专业技能；运用自身掌握的知识去努力解决问题，培养自己的独立见解，逐步具备独立开展工作的能力，更好地承担角色责任；融入集体，建立良好的人际关系；为单位创造效益，作出贡献。

3.克服盲目感，尽快完成角色选择

熟悉工作，熟悉环境，熟悉行业之后，有必要对目前的工作进行审视。要客观分析自己对工作的适应情况，对自己的能力进行正确估价，

对以后的事业进行规划。在对主客观因素分析的基础上，选择既适合自己的个性特点、能激发兴趣爱好、有助于实现人生理想抱负，又能胜任的职业。

选择角色这个阶段心理调适的重点在于：不轻易跳槽，保持平和的心态，切忌攀比，承认个人能力的大小，承认个体差异。如果目光短浅、眼高手低，稍不如意就一走了之，受损失的不仅是用人单位，更是本人。另外，要善于抓住机遇，只有兢兢业业、踏踏实实工作，才能迈向成功。

内心的不喜不要随便表现在脸上

现实生活中，很多人并没有把控制情绪当成一件重要的事，总觉得情绪化是一种率直的表现，他们都信奉“做真实的自我。”于是在生活中，这些人从不掩饰自己的喜怒，开心的时候就笑，难过的时候就哭，烦躁的时候就发脾气。这些做法，在表面看来当然没有问题，甚至还是某种教育所推崇的。可如果你身体力行了，时间一久就会发现，自己已陷入泥沼。

小玲毕业后，来到一家中型企业工作。刚来那几天，她充满了好奇，充满了骄傲。可是没过几天，就开始不喜欢这个企业了，觉得与自己理想中的企业相差太远，好多事情都与自己设想的不一样。说管理正规吧，明显还有好多漏洞，说不正规吧，劳动纪律抓得又太严，自己觉得很不舒服。于是，她心态动援，感到不愉快，向同事发牢骚：“这个企业怎么这么多问题，干着真没意思。”这话不知怎么传到了上司的耳朵里，还没等小玲对这个企业真正有所认识，就被炒了鱿鱼。开始小玲还满不在乎，觉得反正自己也没看好他们，走了无所谓，可是，当她在求职大军中奔波了三个月，还没找到好于之前企业的时候，她才感到有些后悔，心想如果下次再有类似的企业接纳自己，一定接受教训，好好干。

对情绪不加掩饰，经常把率直写在脸上的人，很容易受制于人。如果让这种率直一直跟随自己不去控制的话，最终只会一败涂地。其实，很多刚毕业的大学生都会遇到和小玲一样的问题。比如，一些刚参加工作的新

人，进入一个新的环境后，看这个不顺眼，看那个也不喜欢，认为老板没多大本事，认为同事都不如自己，对公司的制度不满意，对一些潜规则更是不屑一顾。如果这种不满的情绪时常表露出来，肯定对自己的发展非常不利。

人应该学会保护自己，心里有什么想法，不要轻易地表露出来。如果你的喜怒哀乐表达失当，有时会招来无端之祸。人多少都有察言观色的本事，他们会根据你的喜怒哀乐来调整和你相处的方式，进而顺着你的喜怒哀乐来为自己谋取利益。你也会在不知不觉中受到别人的掌控。因此，为了保护自己免受伤害，我们一定要学会控制自己的情绪，不要轻易地把自己的情绪表露出来，以免伤害自己和得罪别人。

清代重臣曾国藩深谙控制情绪之道，他不仅常常检点自己的表现欲是否太强，而且对有这一倾向的下属也及时教诲。

清代重臣曾国藩做两江总督时，下属李鸿裔来到他的幕府中。曾国藩特别喜欢他，对他像对待自己的儿子一样。一天，李鸿裔翻看茶桌上的文本，看到一首诗，是某一位老儒所写。这老儒，即是当时十圣贤中的一个。诗文后边写有这样一段："使吾置于妙曼娥眉之侧，问吾动好色之心否乎？曰不动。又使吾置于红蓝大顶之旁，问吾动高爵厚禄之心否乎？曰不动。"李鸿裔看到这里，拿起笔在上面戏题道："妙曼娥眉侧，红蓝大顶旁，尔心都不动，只想见中堂。"写完，扔下笔就出去了。

曾国藩看到了所题的文字后，费了很大的周折才把李鸿裔找了回来，然后指着李鸿裔所写的说："这些人都是些欺世盗名之流，言行一定不能坦白如一，我也是知道的。然而他们之所以能够获得丰厚的资本，靠的正是这个虚名。现在你一定要揭露它，使他们失去衣食的来源，那他们对你的仇恨，岂是平常言语之间的仇怨可比的，杀身灭族的大祸，隐伏在这里边了。"李鸿裔很敬畏地接受了教诲，从此以后便懂得控制情绪，不敢再胡言乱语了。

人要懂得控制情绪，别轻易表现喜怒哀乐。在复杂的社会环境中，为了避免不必要的灾祸，必须严守"深藏不露"的原则，也就是说，不乱发议论，不显露你的企图，不结党结派，不让别人窥出自己的底细和实力，这样他人就难以钻空子了。为了使自己得到他人的信任与重托，为了保护自己免受伤害，我们一定要学会控制自己，不要轻易地表露情绪，这样更容易掌握竞争的主动权。

收敛一下你率真的性格吧，别让情绪随便显露出来。在人际交往中，要时刻保持警惕，做到喜怒不形于色，不让自己的喜怒哀乐成为别人利用的对象。如果你不想被别人控制，先学会控制自己的情绪，在必要时伪装自己，深藏不露。

接纳不同的人，不带有色眼镜看人

“物以类聚，人以群分”，一般的人都愿意同自己看得惯的人相处，这是无可非议的。但在日常生活中，我们总会遇见一些让自己心生厌恶的人；当见到这类人、听到这类人的声音时，我们自然会产生心理反射作用。但是，我们要明白，这是非常不理智的，这样容易造成互相敌对的局面，对自己害处多多。所以，为了不因对某人毫无理由的厌恶而到处树敌，我们应试着和自己不喜欢的人交朋友。

主动与人交往，真心与人交往，这是结交朋友的最可靠最必要的途径。在交往的过程中受益最大的其实还是自己，对方或许恰好可以弥补你身上的缺点。假如一直抱着冷漠的态度，那你将会错过许多对你来说非常重要的人，纵然像盖茨和巴菲特这样杰出、聪明的人物，也有可能与真正值得交往的人失之交臂。

世界首富比尔·盖茨和世界第二富翁沃伦·巴菲特曾经是两个互不相干的人，两人之间甚至还存在很深的偏见：盖茨认为巴菲特固执、小气，不懂时代先进技术；巴菲特则认为盖茨不过是运气好，靠时髦的东西赚了钱而已。但是，后来他们却成了商场上的知心好友。

在1991年的一天，盖茨收到了一张邀请他参加华尔街CEO聚会的请帖，主讲人就是巴菲特，他不屑一顾，随手丢到了一旁。盖茨的母亲微笑着劝儿子：“我倒是觉得你应该去听听，他或许恰好可以弥补你身上的缺

点。”母亲的话让盖茨清醒了许多，决定去见一下这位大他25岁的前辈。

在聚会场所，同样对对方抱有偏见的巴菲特见到盖茨后，傲慢地说：“你就是那个传说中非常幸运的年轻人啊。”盖茨是以一颗真心来结交巴菲特的，因此他没有针锋相对，而是真诚地鞠了一躬，“我很想向前辈学习。”这出乎巴菲特的意料，不由得对盖茨产生了好感。

离会议开始还有一段时间，巴菲特和盖茨有意坐到了一起，一个讲述，一个倾听，两人惊异地发现，他们有太多的共同点，都是白手起家，热衷冒险，不怕犯错误……不知不觉中，时间过去了一个多小时，意犹未尽的巴菲特被催促着来到演讲台上，他的开场白竟然是：“在开始讲话之前，我想说的是，今天我第一次和比尔·盖茨交谈，他是一个比我聪明的人……”

随着交往的深入，盖茨逐渐了解了巴菲特：他对金钱有着超凡脱俗的深刻见解；他不但支持妻子从事慈善事业，而且身体力行，计划在自己离世后，将全部遗产捐献给慈善事业；他助人为乐，对待朋友非常真诚、信任，他的人格魅力经常打动每一个与之交往的人……

人与人之间存在偏见，不能接纳，往往是彼此没有真心交往、主观臆测的后果。假如先入为主，抱着冷漠和过分警惕的态度，就会与真正值得交往的人失之交臂，终生留下遗憾。如果我们能学会和各种不同的人打交道，工作起来就能相互协调，这样才会对自己有帮助，有好处。

在现实社会中，新人刚进入公司时，免不了会把学生时代的观念带进来，尽量避免与自己兴趣不同、印象不良的人做朋友，有的人只跟同时进公司且谈得来的人做朋友，或是只和年轻的同事交谈。如果一直这样，即使本人没有什么坏念头，也会使对方误会，使得大家对你产生不满。

其实，人与人是有差异的，你不能强求别人都和你一样。认识到这一点，就会在内心减少一些反感和厌烦的情绪，就可能容忍相互间性格上的差别。人与人相处贵在包容。知道自己要的是什么，也能尊重对方不同的想法，彼此相处的空间才能扩大，这就要求我们，不必要求对方事事要如自己的意，符合自己的标准，要学会从喜欢的角度来欣赏对方。

跟不同性格的人相处，还要注意了解别人。你应更多地了解对方，并努力去寻求对方的亲近和认同。这样，你就会理解他、体谅他、帮助他，慢慢地，彼此就会增进了解，甚至还可能成为好朋友。

求同存异、携手共进，才是一种成熟的处世方式。每个人都有自己的处世原则、做事风格，不要试图去改变别人，要让自己学会适应，从内心里接纳。这样才能减少一些反感和厌烦，增加一些亲近和认同，从而拥有更和谐的人际关系。

第6章 要适度隐藏自己：

大事不糊涂，小事更不必太算计

为人处世，许多时候装得傻一些，往往比一味精明更有利。与其事事较真、逞强，倒不如“糊涂”一些。因此，处境优越时，聪明人总会想方设法掩饰自己的实力，力图以假装的愚笨获得他人的认可与赏识。不懂伪装的人只能明里吃亏，暗里受气，甚至祸及自身。许多时候装得憨厚一点，“笨”一点，反而有利于自身的发展。

大事不糊里糊涂，小事不过分计较

生活中，人与人之间相处难免会有矛盾纠葛，究竟应该怎样处理呢？答案是，大事与小事相对，精明与糊涂并用。意思是说，对于大事不能糊涂，而对于那些与原则无关的小事，则应该睁一只眼闭一只眼。

俗话说“水至清则无鱼，人至察则无徒”，世间并无绝对的真理，而且正邪善恶交错，所以我们立身处世的基本态度，必须有清浊并容的雅量。与人相处时，难免会有各种差异，难免会有诸多矛盾，对这些不要太在意，千万不要做一个小肚鸡肠的人，否则你会失去人际助力。

宋朝的吕蒙正不喜欢和人斤斤计较。据《宋稗类钞》记载：吕蒙正初入朝堂时，有一位官员在帘子后面指着他对别人说：“这个无名小子也配参政？”吕蒙正假装没有听见，大步走了过去。其他参政为他愤愤不平，准备去查问是谁敢如此胆大包天，吕蒙正知道后，急忙阻止了他们。

散朝后，那些参政还感到不满，后悔刚才没找那人算账。吕蒙正对他们说：“如果知道了他的姓名，恐怕一辈子也忘不掉。这样耿耿于怀，多么不好啊！所以千万不要查问此人的姓名，其实不知道他是谁，对我并没有什么损失啊！”当时的人都很佩服他气量大。正是凭着这种气量，吕蒙正后来终于成为了北宋的宰相。

不过分斤斤计较，凡事皆留有回旋的余地，不注重细枝末节的小事，这其实是明智者的处世信条。人一生要经历的事情不计其数，如果事事都要认真盘算，势必会使自己筋疲力尽。所以，对一些不重要的小事最好忍得一时之气，糊涂处之，尤其是涉及个人名利问题，更应该如此。其实

第6章 要适度隐藏自己：大事不糊涂，小事更不必太算计

“大事精明”者怎么可能“小事糊涂”呢？所谓小事糊涂，只是装糊涂而已，因为真正的智者不屑于在小事上浪费时间和精力。

小事糊涂、大事清醒，就是告诉我们在小事上不妨糊涂些，而真正遇到大事需要保持清醒的头脑，关键时刻表现出大智慧。人一生不应对什么事都斤斤计较，该糊涂时糊涂，该聪明时聪明，关键时刻要表现出大智大谋。

清代名臣左宗棠在为人处世时始终保持着清醒头脑。他认为，“精明”与“糊涂”是一对矛盾的字眼，人们又比较倾向于“精明”一词，这当然是再正常不过了，谁不首先考虑自己呢？但是有些时候，如果你把糊涂融入自己的处世之道中，或许就会游刃有余。

左宗棠有句话：“凡小事精明，必误大事。”这种认识无疑是一种大智慧。与左宗棠“共事日久，相知最真”的杨昌浚对左宗棠的一生曾作过这样的评价：“凡有利于国家之事，知无不言，言无不尽；见无不为，为无不力。”也就是说，在国家大事上，左宗棠特别认真，从未糊涂过。另外，在教育子女这样事关门风能否光大的大问题上也从未糊涂过，而在一些小事上，左宗棠却很少去计较。比如，在他一生的交往中，胡雪岩是一个特殊的人物。如果大事小事一概计较的话，胡雪岩的许多行为都是左宗棠所不能容的。但是左宗棠从未计较这些，而是只关注粮饷的筹集，其他的则一概不过问，从而既维持了自己与胡雪岩的朋友关系，又保证了部队的供给。

小事糊涂能使人集中精力干事业。一个人的精力是有限的，如果一味在小事上浪费精力，或把精力白白地花在勾心斗角、玩弄权术上，就不利于工作和发展。但是，遇到大事的时候，我们却不能再糊涂，要明白小事与大事的界限，遇到大事时要保持清醒，才不至于错失良机。

总之，“糊涂”与“精明”的关系非常微妙，要分清场合用之。我们在办一件关系全局的事时，要用精明成大事，相反，对有些生活中的细碎事情，宜糊涂为之，不必斤斤计较。该糊涂的时候一定要糊涂，而该聪明、清醒的时候，则一定不能含糊，要坚持原则，这才是真正的聪明。由聪明而转糊涂，由糊涂而转聪明，可以让你赢得一片崭新的天地。

太过精明会给人吝啬的印象

历史的经验告诉我们，做人不要太精明，太精明露骨会祸及自身。在生活中，有一些貌似非常精明的人，他们处处显得比别人更加神机妙算，更加高人一筹。这类精明人往往才华外露，锋芒毕现，好算计，好要小聪明。实际上，这类人徒然具有一副聪明的外貌，却没有聪明的实质，他们小聪明、大糊涂，机关算尽，竟办出一件件蠢事来。道理就是这么简单，一个机关算尽的人最终会算计到自己身上。

南宋时期的奸臣秦桧有个下属，为了讨好秦桧，特意从远方买来一张毛毯送给他。秦桧很喜欢，回到家就命人把它铺上。铺好毛毯后，居然正合适，一寸不多，一寸不少。秦桧当时就犯嘀咕了，心想：这人实在是太精明了，居然连我屋子多大都丈量出来了，还有什么事情能瞒过他呢？此人留不得啊！结果可想而知。看来，过于精明只会适得其反。

在表现自己的聪明时，不要表现得过于“精”。这样，不但不会受到人的喜欢，反而还让人生出防备之心，把原本的一件好事变成坏事。对人，不必心机重重，刁钻奸猾；对朋友，应该纯朴真挚，“傻点”更好。过于精明容易把本应纯朴真挚的关系，人为地弄复杂，使人感到其刁钻奸猾，从而对其敬而远之。这样精明的结果，只能成为“孤家寡人”一个。

爱耍小聪明的人爱卖弄自己的才华。聪明一过头便会目中无人，便会不知天高地厚、忘乎所以，这个时候看似很聪明的人其实最傻。古今得祸者绝大多数都是精明的人，现在的人唯恐不能精明到极点，这是愚蠢的。

三国时代的杨修，就是因为“聪明”过了头，结果引起了曹操的忌恨，最终被杀。

刘备率军攻打汉中，曹操亲自率领40万大军迎战。曹、刘两军在汉水一带对峙。曹操屯兵日久，进退两难，适逢厨师端来鸡汤。他见碗底有鸡肋，心存感慨，正沉吟时，有将官入帐询问夜间号令。曹操随口说：“鸡肋！鸡肋！”将官便把这当作号令传了出去。行军主簿杨修即令随行军士收拾行装，准备归程。众将大惊，把杨修请到帐中仔细盘问。杨修解释说：“鸡肋者，食之无肉，弃之有味。今进不能胜，退恐人笑，在此无

益，来日魏王必班师矣。大家认为这番话有道理，营中诸将纷纷打点行李。曹操知道后，怒斥杨修造谣惑众，扰乱军心，便把杨修斩了。

后人有诗叹杨修，其中有两句是："身死因才误，非关欲退兵。"这是很切中杨修之要害的，杨修恃才放旷，数犯曹操之忌。杨修之死，植根于他的聪明过度。

杨修自然有他的聪明之处，但他的愚蠢之处就是不知道耍小聪明会惹来灾祸。这样的人显然不算真正的聪明。曹操固然聪明多疑，但是，换作谁，作为上级也不大愿意让下属知道自己全部的心思、用意。显然，杨修最终非丧命不可，这可算是"聪明反被聪明误"的典型。杨修的才华太外露了，他不懂得掩饰，不知道保护自己。那么，除了灾祸降临，还会有什么后果呢？

明代大政治家吕坤以自身的丰富阅历和对人性的深刻洞察，在他的《呻吟语》一书中写道："精明也要十分，只须藏在浑厚里作用。古今得祸，精明人十居其九，未有浑厚而得祸者。"他的意思是说，人还是需要精明的，但关键要在浑厚中悄悄地运用。古往今来得祸的绝大多数都是自恃聪明、卖弄聪明的人，喜欢外露的人，没有因为心里绝顶聪明而表面上又深藏不露的人会得祸的。

做人要精明，但最好不要表现得淋漓尽致。这就是说，真正聪明的人会使用自己的聪明，那主要是深藏不露，不轻易使用，貌似浑厚，让人家不嫉妒你。也就是说，做人要精明，但不要过于精明，甚至精明到露骨。

表面糊涂心里明白才是做人的高境界

为人处世，一个人在非原则性问题上不要计较，在细小问题上不必纠缠，对不便明说的问题可装作不懂，对危害自身的询问可假作不知，以"装糊涂"平息可能发生的矛盾。"装糊涂"的意思是说，把自己对人和事的真正看法隐藏起来，让人感觉好像很笨，什么都不明白。

明明自己心里很清楚，那为什么要装糊涂呢？装糊涂不是"留一

手”，不是等“日后算账”，而是为了给对方留点面子，给矛盾的缓解留一些余地，有时还会成为增进情感的一个契机。糊涂，而且是佯装糊涂，是一般人很难做到的，但是，它的确是成功做人的一种方式。而且，有时候，表面糊涂也是迷惑他人的一种手段，能给自己减少麻烦。揣着明白装糊涂是一种洒脱，一份人生的成熟，一份人情的练达。其实，很多事自己心里明白就行，没有必要算得清清楚楚，在有些事上，我们需要揣着明白装糊涂。

齐国一位名叫隰斯弥的官员，住宅正巧和齐国权贵田常的官邸相邻。田常为人深具野心，后来欺君叛国，挟持君王，自任宰相执掌大权。隰斯弥虽然怀疑田常居心叵测，不过依然保持常态，丝毫不露声色。

一天，隰斯弥前往田常府邸进行礼节性的拜访，以表示敬意。田常依照常礼接待他之后，破例带他到邸中的高楼上观赏风光。隰斯弥站在高楼上向四面观望，东、西、北三面的景致都能够一览无遗，唯独南面视线被隰斯弥院中的大树所阻碍，于是隰斯弥明白了田常带他上高楼的用意。隰斯弥回到家中，立刻命人砍掉那棵阻碍视线的大树。当工人开始砍伐大树的时候，隰斯弥突然又命令工人立刻停止砍树。家人感觉奇怪，于是追问原因。隰斯弥回答道：“现在田常正在图谋大事，就怕别人看穿他的意图，如果我按照田常的暗示，砍掉那棵树，只会让田常感觉我机智过人，对我自身的安危有害而无益。不砍树的话，他顶多对我有些埋怨，嫌我不能善解人意，但还不致招来杀身大祸，所以，我还是‘装糊涂’的好，以求保全性命。”

俗话说“知渊中鱼者不祥”，意思就是能看透别人的秘密，并不是好事。看透了别人的心意，有时反而会招祸，保持常态，不动声色，是一种自我保全之策。

对于有些事情，即便你已经看到了，也要装作没有看见、不知道，故意让自己蒙在鼓里。倘若你说自己知道了，那你就是聪明过头了。不懂得装糊涂，难免会为此而付出代价。

宋岩曾在私企和外企工作过，由于观察力强，他经常能提前猜到老板的想法，因此深得器重。后来他跳槽去了某机关单位，依旧处处揣摩领导

的心思。开始时领导似乎很认可，夸他脑子转得快，会来事。于是他变本加厉，经常与身边的同事交流领导的想法，预测领导下一个行动，并提前做好准备。但结果出人意料，他逐渐发现领导对自己越来越冷淡，不但不再夸奖，而且经常挑刺，没多久，他被领导随便找个理由，打发到了一个“空闲”的职位上。他很困惑，不是职场人士都要懂得揣摩上司意图，以得其欢心吗？

懂得揣摩上司意图是件好事，但过分解读上司的意图却是致命的“自杀”行为。其实从领导的角度来说，对下属保持一定的距离和神秘感，避免他们摸清自己的底细。如果一举一动都被这些下属看得一清二楚，就会令自己无所遁形，这种感觉非常不好受。另外，如果下属都知道上司的思想，也会给上司带来威胁感和挫败感。所以，想安全地在职场里生存，一定要分清哪些事情是能说不能做，哪些事情是能做不能说，还有哪些事情能说也能做。知道得太多会惹祸，有时“装糊涂”也是聪明人的一种明哲保身之策。

人生在世，不可能不遇到争斗，但很多时候要揣着明白装糊涂。假如两个恶语相对的人，不去分解别人的话语，让那些话随风而逝，也许他就不会气到自己，也不会绞尽脑汁地去攻击别人，揣着明白装糊涂是对别人的宽厚，同时也是对自己的善待。

如果一对夫妻，妻子对丈夫的晚归能揣着明白装糊涂，不加以责难，如果丈夫对妻子的唠叨，喋喋不休，能揣着明白装糊涂，给予包容和理解，那夫妻之间就不会有那么争吵，世间就不会有那么分分合合了。

为人处世，许多时候装得糊涂一点，往往比过于敏感更有利。我们表现得对一切都明白，精明过人，有时并不是好事。所以，有时装装糊涂，凡事别那么较真，反而有利于做事，同时也能使场面圆满，使自己受益。

故意犯点小错，让人觉得你容易亲近

宋代大诗人苏轼才华横溢，却一生多灾多难，他经历了官场的大起大落，对聪明与愚钝有着深刻的体会。他认为聪明是一种天赋，但是“愚钝”一点能使人保持心胸坦然、精神愉快，还可以消除心理上的痛苦和疲惫。一个人如果过分认真，那么必将一事无成。为人处世，许多时候装得迟钝一点，傻一点，反倒容易赢得人心。

从心理学上来说，对这种现象的解释是：通常情况下，人们喜欢有才能的人，但是，什么事情都应该有一个限度，如果一个人的能力过强，过于突出自己，强到足以使对方感到了自己的卑微、无能，事情就会向相反的方向发展。没有一个人喜欢总是提醒自己无能和低劣的对象。相反，一个犯小错误的能力出众者则降低了这种压力，缩小了双方的心理距离，因而也就赢得了更多人的喜爱。

这就不难理解为什么在朋友圈中，最有才华的人往往不是最受欢迎的人。也就是说，我们每个人喜欢有才华的人都是有一定的限度的，在我们可以接受的限度内，越有才华就越有吸引力，我们就越喜欢。可一旦超过这个限度，我们更倾向于逃避或拒绝，那么，他对我们的吸引力就会下降。而当他偶尔犯错误的时候，他的吸引力会增强，因为这使他更接近于普通人，与我们的距离拉近了。

1961 年，美国总统肯尼迪试图在猪湾侵入古巴，结果计划惨遭失败。消息传来，全国一片哗然。可是令人大惑不解的是，“猪湾事件”非但没有使肯尼迪的声望降低，相反，他的声望却大大提高了。心理学家的解释是：过去新闻媒体把肯尼迪描述得过于完美，无可挑剔，让人感到他不是凡人，无法和他相提并论；一旦大家知道他也会像常人一样犯些低级错误，反而让人们对他产生了亲近、体谅的感觉，无形中因祸得福，靠“犯错误”拯救了自己。

这提示我们，如果你是一个强者，请不要过于表现自己，处处凌驾于他人之上，适度地暴露一点“瑕疵”，反而会赢得更多人的亲近和喜欢。为人处世，要使别人对你放松警惕，营造亲近之感，只要你很巧妙地、不露痕迹地在他人面前暴露某些无关痛痒的缺点，出点小洋相，表明自己并不是一个高高在上、十全十美的人物，这样就会使原有的那种紧张化为乌有，并使对方产生“接纳”的心理倾向。

第6章 要适度隐藏自己：大事不糊涂，小事更不必太算计

美国的一位报社记者，奉命采访一位政要，想探知某“丑闻”内幕。当记者兴致勃勃地发问时，那位政界人物立刻打了岔，说：“有的是时间，咱们慢慢地聊吧！”然后不慌不忙地坐下来。他这种态度令那个记者感到气势被挫。不一会儿，女佣端来咖啡。就在这时候发生了一个小小的插曲，这位政要好像害怕喝烫的东西，仅啜饮了一口咖啡就直嚷“好烫”！这一嚷，竟把咖啡杯打翻在地。等到女佣跑出来擦拭干净，两人才聊了几句，这位政要拿起香烟往嘴里送，由于没看清楚香烟竟然拿反了，记者连忙提醒他，他竟在慌张中把烟灰缸碰落在地。这位在国会上曾一向叱咤风云的政要，竟这般窘态百出，使记者心中暗自发笑。

这个事实，不但使原本打算刨根问底的记者失去了挑战意愿，甚至对他产生了一种亲近感。其实，只要是处世经验丰富的人都知道，这位政要的这些举止，是心有所图之下的一种故意露丑，是一种巧妙的表演。

在现实生活中，这种表演确实能够得到他人的认同，从而产生一种接纳对方的心理。假如你是有心人，可以利用这种心理倾向，故意暴露自己的窘态，使对方消除戒心，甚至使对方接纳你，成为朋友。

一次，有位记者在采访世界垒球王史蒂夫·加夫时，突然提问说“你哭过吗？”这位记者在众目睽睽之下提出这个问题，是想探知对方更多的内心隐秘，但似乎也有点儿触犯个人隐私。那么，史蒂夫·加夫如何回答呢？他坦诚地回答说：“哭过，”他说，“我觉得在某种场合掉眼泪更像个男子汉，因为这表现了你是个实实在在的人。”如此坦率地将自己的隐私暴露于众，结果如何呢？观众们更加喜欢这个实实在在的球王了。

在职场上，一定要有缺点，这样会使他人更愿意接近你。所以聪明人会故意暴露一些缺点，尤其是无关痛痒的缺点，让人以为你有亲切感，反而会愿意和你进一步交往。但缺点绝不可致命，不能是你真正的短处，只能是无关痛痒的小缺点、小毛病，和人套近乎有余，想以此要挟则没门。

残酷的现实面前要懂得保护自己

人生最大的悲哀，就是在严酷的现实面前，过于天真单纯。社会环境复杂，要想在社会上立足，就要懂得伪装自己，以防被人欺诈被人骗。这是处世和生存的基本条件。

中国古代善于伪装自己的人有许多，明成祖朱棣就是一位精通此道的智者。

明太祖朱元璋开创大明基业之后，为了加强宗族势力，他把自己的十四个儿子全部加封为王。明太祖驾崩后，因皇太子朱标早死，就由长孙允炆即位，即建文帝。建文帝一登基，即感到了十多位皇叔的威胁。于是他开始了大规模的“削藩运动”，把各位皇叔一个个剪除羽翼，有的流放，有的借机杀掉。最后只剩下燕王和宁王两个，因他们情况特殊，又因一时尚未找到借口，便暂时存留下来。

燕王朱棣是朱元璋的四子，为人骁勇善战。他也颇感自危，决意伺机行动，只是力量不足，只好暂时忍耐。建文帝也顾虑朱棣拥兵在外，又勇悍多谋，也不敢轻易下手。

朱棣为使皇帝不疑他有变，便诈癫扮傻，甚而溜出王府，在街市上奔走呼号，抢夺酒食，说话颠三倒四，有时竟仰卧街头，整日不醒。建文帝派遣谢贵前去探病，当时，正逢盛夏天气，只见朱棣穿起皮袄，围炉而坐，还直喊天气太冷。

朱棣用这种“装”的方法瞒过了他人，见再也无人来问疾，便着手准备，加紧实施自己的计划。

一天，葛诚却密报朝廷，说燕王实是诈病，切勿被他瞒过。于是建文帝决定立即采取行动，密令燕京守将张信下手捉拿朱棣。

张信一直是燕王的亲信，接到密令后十分为难。经过一番思忖后，他觉得做人不可忘恩负义。他就去见朱棣，风朱棣仍在装疯。他急忙说：“殿下快别这样。有什么，便对老臣直说无妨。”朱棣说：“我已经病得

不行了。”张信便把建文帝的手谕拿出，以实相告。

于是，朱棣急召军师道衍入室，共商救急之计。当晚设宴，预作埋伏，将内奸谢贵及葛诚一并擒住。燕王朱棣愤愤地说：“如今在籍的普通百姓，尚且知道兄弟、宗族互相体恤；我身为皇叔，性命却朝不保夕。朝官如此待我，遍天下还有何事干不出来？”他扔掉手中拐杖，长叹一口气说：“我哪里有病，都是你们这帮奸臣逼出来的！”于是令人把谢贵等人斩首。朱棣随即起兵，直向南京讨伐建文帝。经过四年征战，终于获胜，登上皇位，定都北平。这就是历史上的明成祖。

在上则故事中，朱棣装成衰弱得不堪一击，使敌手受了麻痹，既保护了自己，又消灭了敌人，一举两得，不失为把握分寸的应变招法。强者装弱，由于在幕后的策划常常不为人所知，在前台的对手也就无法知道你的真实意图和具体打算。以暗处攻击明处的目标，可以说，几乎是百发百中，屡试不爽。

对于精明的处世“高手”而言，他们能以掩饰真相而达到自己的目的。怎样才能给别人制造一番假相呢？那就要看你对自己境况的估算，并采取什么样的方略了。

“装疯卖傻”是一种临危之时，收敛锋芒，韬晦待机的应变战术。它既能有效地隐藏自己的真实意图，又能出人意料地获得成功。运用这种战术的分寸在于“装假”必须“成真”，必须做到天衣无缝，才能真正起到欺瞒对方，保护自己的作用。

在对方对信息颇为迷惑的时候，可以声东击西，制造假象，故意发布一些让对方上当的信息，发布信息要做到“假做真时真亦假”，这样假相便被认为是真的了。

诈死和装败也是很好的战术。若诈得像，装得真，则可以干扰对方的认知，使其放松警戒，并作出错误的判断而坠入陷阱。

做人应该懂得伪装自己。不懂伪装的人只能明里吃亏，暗里受气，结果一无所获。要想保护自己，发展自己，就要懂得适度地伪装。做人表面可以单纯，但内心一定要存有“心机”。

以不变应万变，智者往往以静制动

把自己当成最聪明的人，往往是最笨的。在职场上，真正聪明的高手，是大智若愚，该精明时精明，不该精明时大智若愚。

大智若愚在《词源》里的解释是这样的：有大智慧的人，不显山露水，不卖弄聪明，表面上看起来很愚笨，其实却很聪明。可见，这里的“若愚”只是一种表象，只是一种策略，而不是真正的愚笨。对于那些不情愿去做的事，可以以智回避之。本来有大勇，却装出怯懦的样子，本来很聪敏，硬装出很愚拙的样子，如此可以保全自己的人格，同时也可不做随波逐流之事。

装傻不等于真傻，装傻的人实际上很多是极聪明的。也许他们比那些公认的聪明者不知要高明多少倍，但他们深知不必要的锋芒毕露有害无益，因此也就深藏起自己，装起傻来。说装傻不是真傻，在于一个“装”字。他们这种“表面傻内里精明”的手段，实际上是一种麻痹对手的计谋。其原因在于，自己相对弱小时，如果挺身而出与对手直接决战，往往会失败，甚至血本无归。而让别人以为自己软弱可欺，对自己放松警惕，便于耐心地寻找对手的弱点。只有装得自然、装得自如、装得跟真的一样，才会产生预想的效果。

与王曾同朝的宰相丁谓一手遮天，排除异己，将宋仁宗孤立起来，不让他和其他的臣僚接近。凡是不附和自己的大臣，丁谓一律把他们从朝中赶走。

副宰相王曾，把这一切看在眼里，记在心里。他整天装作迷迷糊糊的憨厚样子。在宰相丁谓面前总是唯唯诺诺，从不发表与丁谓不同的意见。日子久了，丁谓对他越来越放心，以至于毫无戒备。

一天，王曾哭哭啼啼地向丁谓撒谎说：“我从小失去父母，全靠姐姐抚养，恩情有如父母。老姐只有一个独生子，他身子弱，受不了当兵的苦。被军校打过好几次屁股。姐姐多次向我哭泣，求我设法免除外甥的兵

役……”丁谓说：“这事很容易办吧！朝会后你单独向皇上奏明，只要皇上一点头，也就成了！”王曾装作犹豫不决的样子嗫嚅地说：“我不便为外甥的小事而擅自留身……”丁谓爽快地说：“没关系，你可以留身。”王曾听了，非常感激，而且还掉了几点眼泪。此后，丁谓不知是真动了同情心，还是想借此施恩，表示对王曾的关心，竟一再动员王曾明天朝会后独自留身，向皇上奏明外甥的困难，请求皇上免除外甥的兵役。

第二天散朝后，副宰相王曾请求留身，单独向皇上奏事。宰相丁谓当即批准他的请求，把他带到太后和仁宗面前，自己退了下去。但是他还是不太放心，便守在阁门外不走，想探听王曾究竟向皇上说了什么。

王曾一见太后和仁宗，便充分揭发了丁谓的种种罪恶，一边说，一边从衣袖里拿出一大叠书面材料，都是丁谓的罪证，王曾早已准备好的，今天当面一件件呈给太后和宋仁宗。太后和仁宗听了王曾的揭发，大吃一惊。太后气得五内生烟，下决心要除掉丁谓。至于仁宗呢？他早就嫉恨丁谓专权跋扈。只是丁谓深得太后的宠信，使他投鼠忌器，不敢出手。今天和王曾沟通了思想，又得到了太后的支持，自然不会手软。

飞扬跋扈、不可一世的丁谓竟然被外表懦弱、看似迂腐的王曾所扳倒，这是丁谓从未想到的事情。

大智若愚，实乃养晦之术。“大智若愚”，重在一个“若”字，“若”设计了巨大的假象与骗局，掩饰了真实的野心、权欲、才华。这种甘为愚钝、甘当弱者的权术，实际上是精于算计的隐蔽。大智若愚，不仅可以将有为示无为，聪明装糊涂，而且可以装作若无其事的样子，然后静待时机，把自己的过人之处一下子表现出来，打对手一个措手不及。

职场中，如果你的能力确实超过了上司，就有必要装装糊涂，不让领导感到不如你。在更多的时候，上司需要提拔那些忠诚可靠但表现可能并不那么出众的下属，因为他认为这更有利于自己的事业。因此当你对某项工作有了可行的办法后，不要直接阐发意见，而应在私下里或用暗示等办法及时告知领导。久而久之，这会使领导对你倍加欣赏和器重。有时装装糊涂，要要滑头，凡事别那么较真，反而有利于自身的发展。

即使再聪明，也要显得笨一点；即使再明白，也要装得糊涂一点；即使再有能力也不激进，宁可以退为进，这才是立身处世的妙招。因此，处境优越时，聪明人总会想方设法掩饰自己的实力，以假装的愚笨来反衬他人的高明，力图以此获得他人的青睐与赏识。若愚才是大智，如果只是精明能干，半点亏都不肯吃，无形中就可能吃更大的亏。

第7章 聪明者低调做人：枪打出头鸟，不露锋芒才安全

做人需要露锋芒，但不能过分张扬及表现，否则就会给自己增添重重阻力，甚至导致失败。当今社会，生存竞争愈加激烈，即使你真的高人一筹，也要懂得谦卑。在生活中保持低姿态，这既能有效地保护自己，又能充分发挥自己的才华。不露锋芒，懂得“低头”，这不仅是有修养的表现，也是生存发展的策略。

强者大都明智地选择低调为人

民间有句谚语："低头的是稻穗，昂头的是稗子。"越成熟越饱满的稻穗，头垂得越低。只有那些稗子，才会显摆招摇，始终把头抬得老高。越是真正有内涵和能力的人，越是低调、沉着。纵观古今，那些有所作为者，他们所信奉坚持的往往是一种低调的处世原则。事实上，相对于高调的行事方式，低调处世更保险。

华人首富李嘉诚经商多年却始终立于不败之地，这是什么原因呢？当有人向他请教成功的诀窍时，李嘉诚回答说："低调，低调，再低调！"李嘉诚曾这样说过："保持低调，才能避免树大招风，才能避免成为别人进攻的靶子。如果你不过分显示自己，就不会招惹别人的敌意，别人也就无法弄清你的虚实。"正是因为李嘉诚深知树大招风的道理，所以他才能够始终坚持低调做人的作风，甘于平凡，赢得了别人的尊敬。

生活中，李嘉诚从不摆架子，容易相处而又无拘无束，他可以亲自开车载一个陌生人到市区，他甚至为客人打开车的后备箱并亲自将行李放进去，然后让司机坐在驾驶座上。大家都上了车，他对汽车的冷气、客人的住宿，都一一关心到，他坚持打电话到希尔顿酒店问清楚房间订好了没有。当然，这家世界一流的酒店也是他名下的产业。加拿大的记者约翰这样评价李嘉诚："李嘉诚这个人不简单。如果有摄影师想为他造型摄像，他是乐于听任摆布的。他会把手放在大地球模型上，侧身向前摆个姿势。"

做人低调，甘于平凡，李嘉诚一直是这么做的。不仅如此，他还教育

自己的孩子要低调做人。在李泽楷自立门户去创办企业时，李嘉诚就曾赠予他一句箴言："树大招风，保持低调。"

低调做人既是一种姿态，也是一种修养，一种胸襟。低调做人就是用平和的心态来看待世间的一切。低调做人才能有一颗平凡的心，才不至于被外界所左右，才能够冷静务实，更容易被人接受。这是一个人成就大事的最起码的前提。

低调是成功者必备的品格，具有这种品格的人，在待人接物时能温和有礼、平易近人，善于倾听他人的意见和建议。有自知之明，在成绩面前不居功自傲；在缺点和错误面前不文过饰非，能主动采取措施进行改正。

美国前总统富兰克林年轻时很骄傲，言行举止咄咄逼人，不可一世。后来，有一位朋友将他叫到面前，用很温和的语言说："你事事自以为是，从不肯尊重他人，别人受了几次难堪后，还有谁愿意听你夸耀的言论呢？你的朋友将一个个远离你，你再也不能从他们那里获得学识与经验，而你现在所知道的事情，老实说，还是太有限了。"

富兰克林听了这番话后，很受震动，他决心痛改前非。从那以后，他处处注意言行举止，为人谦恭和蔼，慎防损害别人的尊严。不久，他便从一个被人敌视，无人愿意与之交往的人，成为极受人们欢迎的人。

不论你的资历、能力有多出众，在复杂庞大的社会里，你只是一个小分子，无疑是渺小的。当我们取得非凡业绩时，更要在人生舞台上保持低调，在生活中保持低姿态，把自己看轻些，把别人看重些。自认才华满腹的人，往往看不到别人的优秀；处处张扬的人，见识终归有限；只有敢于低头并不断否定自己的人，才能够不断吸取教训，让自己不断地成长与进步。

帕金斯30岁那年就任美国芝加哥大学校长，有人觉得他年纪太轻，好像不能胜任大学校长的职位。他知道后，只说了一句话："一个30岁的人所知道的是那么少，需要依赖他人的地方是那么多。"就这短短的一句话，使那些原来怀疑他的人一下子就放心了。人们遇到了这样的情况，往往喜欢尽量表现出自己比别人强，或者努力地证明自己是个有特殊才干的人，然而一个真正有能力的人是不会自吹自擂的，所谓"自谦则人必服，自夸则人必疑”说的就是这个道理。

人世繁杂，为了不结私怨不招灾祸，就要以低调的姿态入世，于人于己都要留条退路，不过分炫耀自己，这样才能赢得人心。在现代高度竞争的社会中，这样做似乎显得平庸委屈，实际上却是一种极佳的处世方式和智慧。放低姿态，不仅可以保护自己，与他人和谐相处，也可以使人暗蓄力量、悄然前行，在不显山不露水中成就事业。

即便你是“能人”，也不要过于狂妄

在当今社会，张扬仿佛已经成为一种时尚，人们做什么事情似乎都希望引人注目、受人关注。做人需要露锋芒，在适当的场合显露一下既有必要，也是应当。然而物极必反，过分外露自己的才华只会导致自己的失败。才华犹如一把双刃剑，可以刺伤别人，也会刺伤自己。很多时候，锋芒太露会招致他人的嫉恨和陷害。

三国晚期诸葛亮的侄子诸葛恪，在很小的时候就展现出了非凡才华，大家都认为他的才能超过了其父诸葛瑾。但是，诸葛瑾却并不为此感到高兴，反而觉得诸葛恪会给家族带来不幸。原因何在呢？诸葛瑾说：“他太爱表现自己了，锋芒过于外露，终将引来祸端。”果不出父亲所料，诸葛恪长大掌权后，目中无人、独断专行、以才压人，最终引起众怒，被大臣们设计害死，牵连家族也遭到诛灭。

在这个世界上，才华出众却被排挤、打击的人随处可见。才华是一个人成功的基础，一个有才华的人能得到较多的表现机会。但一个有才华的人过于炫耀自我，压制了他人的表现空间，损害了他人的利益，必然会招致众人的一致嫉恨。如果到了这一步，前途和事业就非常危险了。所以，我们没有必要太张扬，锋芒太露，那样只会影响自己事业的发展，甚至会招致不必要的伤害。

通过层层关卡后，黄元应聘到了某行政部门。他自我感觉非常好：学历高，沟通和工作能力都很强。

第7章 聪明者低调做人：枪打出头鸟，不露锋芒才安全

黄元每天工作起来风风火火，工作完成得也很出色，有时对领导的决策也提出自己的看法，他还特别喜欢对外联络以及组织企业大型文体活动，与其他部门混得很熟，可以说是在方方面面都很抢眼。

一次，行政总监召集行政部门开会。会议过程中，当他问到企业年终大会活动的策划要点时，还没等主管发言，黄元就忍不住把自己的想法和盘托出，并说，这些想法已经和人事部门的负责人进行了交流……

还有一次，黄元了解到某部门对行政管理条例发布后的反馈信息，主管恰好不在，他就把意见直接告诉了行政总监，然后由行政总监传达给主管。主管接到总监信息后，很恼火，责怪自己的助理没有及时将信息传达给他，黄元坐在一边不敢说话。

几个月后，领导宣布了人事任命，黄元没被留下。黄元听到这个消息后感到非常惊讶，他想不通为什么被炒了呢？

初入职场，在新人看来，努力把自己最优秀的一面展现出来无可厚非，殊不知，太过锋芒毕露反而会给人留下激进的印象。过多地表现自我，也会形成某些潜在的被动和危险。在错综复杂的社会里，时机未成熟或环境不利于己时，刻意或者是无心地炫耀不仅会招致旁人的嫉恨，并且会被认为是轻浮。过早地暴露自己的实力，同时也会显示出自己的缺陷，以致在竞争中处于被动境地，过早地被淘汰出局。

如果说一个人总是喜欢显露自己的才干，表现自己的优秀，那么他必然会遭受更多的挫折，这是做人不谙世事的表现。在现实生活中，做人应当适当隐藏自己的锋芒，以避开一些明枪暗箭。身处职场，即使你再有能力，你的同事都不会真心地夸赞你。为什么会这样，理由很简单，在学校，你的才华并没有干涉到别人的利益，而在同一单位，你有能力，你表现突出，你的同事势必会显得没有能力，那么他的待遇等都会因为你的表现而受到影响。锋芒太露的人必然会遭嫉妒。所以，作为一个人，尤其是一个有才华有前途的人，要学会隐藏自己。当你刚入职或刚调到一个新部门的时候，你要放低自己的姿态。先熟悉周围的人和环境，不要处处显示自己的能力，等到必要时刻再显示自己的能力，这样反倒会让人高看一眼，认为你是个“不简单”的人。多听、多学对于新人来说大有裨益。

所谓的“才华须隐”不仅是一种生存方式，也是一种竞争方式。在名誉、利益面前，尽量不要表现得过于热衷，以免成为众人嫉妒、排挤的对象。即使有所追求，也应该含而不露，通过为人与处世的技巧去赢得他人的认同。

傲慢自大的人往往会摔得很惨

初入社会的新人年轻气盛，接受新知识新观念快，富有开拓创新精神，这是一种难得的竞争优势，但如果把这种优势误作为恃才傲物的资本，就很容易走入狂妄自大的误区。

身在职场，当你在工作中取得一些或大或小的成绩时，你是否会产生一种优越于人的感受？是否会随着成绩的增长，总感觉自己与众不同，甚至高人一等？如此的高姿态，即便你是无意的，也容易威胁伤害到别人。所以，我们要懂得隐藏自己，不要恃才傲物、咄咄逼人，否则只会弄巧成拙，甚至招灾惹祸。

王凯长得高大帅气，更让人佩服的是，他还才华非凡，大四那年，他很顺利地出了一本诗集和一本小说。

毕业后，他很自信地去省里一家最好的日报社应聘，他直接去了总编的办公室。还没等总编张口，他便口若悬河地介绍起自己，最后又把自己的两本书很骄傲地拿给总编看，他以为总编一定会被自己的才华所吸引。

只是，总编看了一眼包装精美的作品集之后淡淡地笑道：“上学期间就能出书，真的不错。你先去参加我们报社组织的笔试，只要你有真才实学，这份工作，你是不会错过的。”

王凯听了总编的这些话，就像吃了一颗定心丸一样。据说那场分数占60%的笔试，他没怎么准备便去参加了。他本以为，可以毫不费力地将这份工作谋到手。

两周后，王凯又去了总编的办公室。对方似乎已经把他忘记了，语气淡淡地问他有什么事。

王凯提醒道："您应该记得我的，我是那个大学期间就出过作品集的毕业生，我想您应该把我的书看完了吧，不知您觉得，我是不是最合适的人选？"

总编这才抬头看了他一眼，说道："笔试成绩出来了，如果你已经接到了面试通知，可以两天后再来。至于你送给我的书，很抱歉我想不起来放哪儿了，你可以去隔壁问问我的助理。"

原本高傲的他，那一刻失望至极，因为气愤，他说话的语气明显带着激动。他抑制不住地质问道："凭我的成绩，难道我在这些应聘者里，还不算优秀吗？我的那些书，还不足以说明我的实力吗？"

总编放下手中的工作，等他说完才慢慢解释道："我们当然需要很多出色的记者，但是也请你一定要记住，你最引以为荣最看重的东西，在别人眼里，或许并不那么重要；每个人都有自己的优点，你没有理由要求别人将你手心里的宝贝奉若明珠。我欣赏你的自信和才气，但我不喜欢你的骄傲和自大。在我的眼里，任何一个应聘者，不管能力大小，最重要的就是谦虚。毕竟，在别人那里，你只不过是一个没有任何工作经验的学生。"

现实生活中，总是有一些人喜欢用清高来标榜自己，处处都觉得自己比别人优秀，直到碰得一鼻子灰之后才幡然醒悟，原来自己根本算不上什么"牛人"。很多时候，你太把自己当回事儿，觉得自己所拥有的东西在别人看来也同样重要，假若带着这种心理处世，免不了磕碰和失望。

《菜根谭》中有句话："聪明乃障道之藩屏。"自作聪明、目中无人是前行路上的阻碍和屏障。自负实质是无知的表现，有时就表现为狂妄。有些人天生骨子里就有一股清高，凡事有自己的一套行为标准，一旦别人的举动不在自己的标准之内，就开始疏远、鄙视他人，处处和人家作对，结果，只能给自己招惹麻烦，甚至给自己酿造悲剧。因此，我们要善于看轻自己，这其实是一种高明的人生策略，它需要豁达的胸怀和冷静的思考。

成龙是影视圈中的顶尖人物，美国旧金山市为他定了一个"成龙日"，他还获得了英国皇室颁发的MBE殊荣……

成龙凭着无畏的勇气，拍出了无数脍炙人口的高难度动作镜头；他屡次受伤，仍然坚持冒险，向死神挑战，形成了独一无二的风格，深得广大观众的喜爱。经过风浪，经过转变，成龙进入了成熟期，他更加明白了“脚踏实地”、“自我超越”的重要性。

成龙说：“最大的挑战是挑战自己。以前认为自己是明星，骄傲过，被胜利冲昏了头脑，不可一世。慢慢地，我开始感到自己只不过是这样，电影是自己的事业，做好分内事是应该的。”

一个人无论多么有才华，多么有成就，他的知识和本领也是非常有限的。所以，我们应该谦虚一些，别被胜利冲昏头脑。以谦卑平和的心态，去面对现实的生活，走自己的路，也听听别人怎么说。只有这样，才能不断进步，不断超越自我。正如哲人所说：最谦卑的时候才是最接近伟大的时候。

用低姿态去汲取别人的智慧

古人云：“海不辞其水，所以盛其大。”大海之所以能够容纳众多河流，是因为总能放低自己的位置，所以变得博大而精深。身处职场，我们需要成长，需要不断发挥自身的潜能，去实现自我价值，而他人的经验及智慧又是我们不断向前、尽快实现自我保价值的捷径。因此，我们要虚心地向别人学习，以提高和完善自己。无论怎样，都要找到值得学习的对象，并以开放的心态和受教的态度向这些人学习。

我们需要掌握的知识、技能是无限的，而一个人的聪明才智是非常有限的。所以，应该把自己的姿态放低些，多向别人学习。你可能才华横溢，工作能力卓越，但如果一味高调，可能就会故步自封。因此，不管你能力如何，都应该时刻把自己的位置放低，这样才能博采众长，快速成长。

一天，青年宏志千里迢迢来到法门寺，向主持释圆诉苦：“我一心一意想学绘画，但许多人都是徒有虚名啊，我至今没有找到一个能令自己满

意的老师！”

释圆听了这番话，淡淡一笑说：“老僧不懂绘画，最大的嗜好就是爱品茗饮茶，尤其喜爱那些造型流畅的古朴茶具。既然施主的画技不比那些名家逊色，就烦请施主为老僧画一个茶杯和一个茶壶吧。”宏志一口答应下来。于是他调了一砚浓墨，铺开宣纸，寥寥数笔，就画出了一个倾斜的水壶和一个造型典雅的茶杯。那水壶的壶嘴正徐徐吐出一脉茶水来，注入了那茶杯中。宏志问释圆：“这幅画您满意吗？”释圆微微一笑，摇了摇头。

释圆说：“你画得确实不错，只是把茶壶和茶杯放错位置了。应该是茶杯在上，茶壶在下呀。”宏志听了，笑着说：“大师为何如此糊涂，哪有茶壶往茶杯里注水，而茶杯在上茶壶在下的？”释圆听了，又微微一笑说：“原来你懂得这个道理啊！你渴望自己的杯子里能注入那些丹青高手的香茗，但你总把自己的杯子放得比那些茶壶还要高，香茗怎么能注入你的杯子里呢？只有把自己放低，才能吸纳别人的智慧和经验啊。”

可见，人只有放低自己，才能够发现并把握积蓄自己能量的机会。身在职场，低调与否决定着我们职场能量的积蓄与消耗。当我们放低姿态时，就能够积蓄更多的职场能量。

人要想在学业上有所精进，不仅需要谦逊，还要有雅量，要放下架子，不耻相师。常言说，处处留心皆学问。生活中，我们身边能力强的人有很多，他们的言行举止都是我们所应注意观察和学习的。这就需要我们在为人处世时要虚心向别人学习，以提高和完善自己。

洪堡是德国著名的探险家、自然科学家，是近代气候学、自然地理学、植物地理学和地球物理学的创始人之一，他对生物学和地质学也有很深的造诣，在科学界享有极高的声誉，被当时的人们尊为“现代科学之父”。

尽管如此，洪堡却是一个十分谦逊的人。他尊重别人，从不自满，直到晚年还刻苦学习。在柏林大学的一间教室里，每当著名的博克教授讲授希腊文学和考古学的时候，总是挤满了学生。在这些青年学生中间，人们常常看到一位身材不高、穿着棕色长袍的老人。这位白发苍苍的老人也像和的学生一样，全神贯注地听课，认真地做着笔记。晚上，在里特教授讲授自然地理学的课堂上，也经常出现这位老者的身影。有一次，里特教授在讲一个重要地理问题时，引用了洪堡的话作为权威性的依据。这时，大家都把敬佩的目光投向了这位老人。只见他站起身来，向大家微微鞠了一躬，又伏身课桌，继续写他的笔记。原来，这位老人就是洪堡。

洪堡曾说过："伟大只不过是谦逊的别名。"他正是这样一位谦逊的伟人。

越是有成就的人，态度越谦虚，相反，只有那些浅薄地自以为有所成就的人才自视清高。即使一个才能平平的人，如果能够放低姿态，虚怀若谷，也能提高自己的能力。要想改变自己的未来就要放低姿态。一个懂得谦逊的人会赢得成功；一个放低姿态的人会不断进步。

在职业生涯中，想要得到更快、更有益的成长，就必须放低自己的姿态，抱着学习的态度去接受挑战，这样才能让自己有所成就。

低头一时是为了以后长久地昂起头

我们应时刻学会低头，懂得低头，敢于低头。不管处在什么位置，都要保持低姿态，把自己看低些，把别人看重些。即使"会当凌绝顶"，也要记住低头。因为，在你所经历的漫长人生旅途中，总难免有碰头的时候。

有人问古希腊大哲学家苏格拉底："您是天下最有学问的人，那么你说天与地之间的高度是多少？"苏格拉底毫不犹豫地回答："三尺！"那人不以为然："我们每个人都五尺高，天与地之间只有三尺，那岂不是要顶破天了吗？"苏格拉底笑着说："所以，凡是高度超过三尺的人，要长立于天地之间，就要懂得低头。"

人生要经过无数门槛，洞开的大门并不完全适合我们的躯体。在厚重坚固的"门框" 面前，如果趾高气扬，小觑或无视生活有意或无意设置的

低矮“门框”，结果只能碰得头破血流，成为一个失败者。前行的道路上碰壁并不可怕，可怕的是碰不回头，痛不思变。在厚重坚固的“门框”面前，我们要懂得暂时低头。

在秦始皇陵兵马俑博物馆，有一尊被称为“镇馆之宝”的跪射俑。它左腿蹲曲，右膝跪地，右足竖起，足尖抵地。上身微左侧，两手在身体右侧一上一下作持弓弩状。秦兵马俑坑至今已经出土了大量陶俑，除跪射俑外，皆有不同程度的损坏，需要人工修复。而这尊跪射俑是保存最完整的，仔细观察，就连衣纹、发丝都还清晰可见。

跪射俑何以能保存得如此完整？导游说，这得益于它的低姿态。首先，跪射俑身高只有1.2米，而普通立姿兵马俑的身高都在1.8~1.97米之间，兵马俑坑都是地下坑道式土木结构建筑，当顶棚塌陷、土木俱下时，高大的立姿俑首当其冲，低姿态的跪姿俑受的损害就小一些。其次，跪姿俑作蹲跪姿，重心在下，增强了稳定性。

人生漫长，变幻莫测，在阻碍重重的现实面前，要学会低头，甚至是伏地而行，这样才能顺利跨越，免受无谓的伤害。其实，暂时的低头并不意味着自降人格，更不表明放弃原则和失去自尊，而是一种艺术的处世方式，也是智慧的表现。一时的低头是为了长久地抬头，正如暂时的退让是为了更好地前进。

刘备一生中曾低过三次头，这“三次低头”为他日后的宏图大业奠定了基础。

一低是“结交异己”。与他在桃园结拜的人，一个是酒贩屠户张飞，另一个是被通缉而流窜江湖的关羽。而刘备曾被皇上认作皇叔，却肯与他们结为异姓兄弟，这样一来，刘备犹如添加了左膀右臂，极大地促进了自己的事业。

二低是“三顾茅庐”。刘备肯于降低身价，前后三次登门求见未出茅庐的诸葛亮。不说身份地位，只论年龄，刘备也称得上是长辈，他连吃了两次闭门羹，连关羽和张飞都禁不住咬牙切齿，他却毫无怨言，甘心再次低头。这次的低头，得到了一个千古名相。

三低是“礼遇张松”。张松本来是想卖主求荣，把西川献给曹操。但曹操自从打败了马超之后，志得意满，竟数日不见张松，一见面就要将他治罪，差点将其处死。而刘备派赵云、关羽迎候张松于境外，自己亲迎于境内，大摆宴席招待他，依依不舍送别他，甚至要为他牵马相送。张松深受感动，终于把原本打算送给曹操的西川地图献给了刘备。这次低头，不费吹灰之力便得到了西川。

刘备胸怀大志，却能平易近人礼贤下士，慢慢成就了自己的基业。在为人处世方面，刘备高人一筹，他没有所谓的官威、架子，懂得适时低头，也因此终生受益。

即使你认为自己满腹才华，也要学会低头。当你的事业越大，地位越高时，就越要懂得“低头”的哲学。一个人越懂得谦虚恭敬，就越能拉近与他人之间的距离，而且更易于彼此的沟通与交流，也更容易让对方从心理上接受你。

我们平凡人要做到能高能低，实属不易。如果能懂得偶尔低头，就很不错了。懂得适时地蹲下，就是一种再跃起的预备。学会该低头时就低头，能巧妙地穿过人生荆棘。它既是获取成功的一种策略，也是立身处世不可缺少的修养。

要想走到高处，必须从低处开始

人们常说 “高不成，低不就”，这似乎已经成为如今部分大学生就业的困惑所在，也是职场中人常常会遇到的难题。“高不成”缘于自身能力的不足或现有经验的不够，这是无可厚非的，我们可以通过锻炼提高自己各方面的能力。然而“低不就”却是你心高气傲、对自身评价期许过高的表现，这种人往往大事想做却做不来，小事能做却不愿意做，所以干脆什么也不做，导致一事无成。

事实证明，如果想要获得成功，就必须从小事做起，必须能够“低就”。要想“高成”，必须从“低就”开始。尤其在如今这个竞争激烈的社会中，“高不成，低要就”反而更具有现实的意义，它向我们道出了许

多成功人士取得成功的秘密。他们的低就并不是永远在低处，而是在积累了一定的经验之后就会往高处走，就会发展壮大。

海纳百川，成汪洋之势，是因为它地势最低。身在职场，如果你想登上成功的顶峰，就必须放下身段、放低自己。初出校门，就能做大事、取得非凡成就固然很好，但如果能放低姿态，肯于从小事做起，更加令人佩服。当然，你不必非得去做“低微”的小事，但在必要的时候，确实也应有放低姿态的勇气。

在竞争激烈的社会中，想以高姿态来获取成功，得到的机遇会很有限。但如果能换一种方式，以低姿态进入，你就会发现隐藏着许多希望。比尔·盖茨曾忠告年轻人：当你处在事业的低谷，在高层找不到属于自己的位置时，不妨先耐住寂寞，向下走一走。这一走，说不定还会越走越开阔，最终走出属于自己的路来。

如果想在社会上生存、发展，那么就要放低姿态，也就是：放下你的学历、放下你的家庭背景、放下你的身份，然后做你认为值得做的事，走你认为值得走的路。这样最终能闯出属于自己的一片天地来。

史蒂芬是哈佛大学机械制造专业的高材生，他曾应聘美国著名的维斯卡亚机械制造公司，结果被拒绝。于是，史蒂芬采取了一个特殊的策略——假装自己一无所长。他先找到公司人事部，提出愿意为该公司无偿提供劳动力。公司于是分派他去打扫车间里的废铁屑。一年里，史蒂芬勤勤恳恳地重复着这份简单而劳累的工作。这样，虽然得到了老板及工人们的好感，但是仍然没有一个人想录用他。

20世纪90年代初，公司的许多订单纷纷被退回，理由均是产品质量问题。公司董事会为了挽救颓势，紧急召开会议商议对策，当会议进行了一大半仍毫无进展时，史蒂芬闯入会议室，提出要直接见总经理。会议上，史蒂芬对这一问题出现的原因做了令人信服的解释，随后拿出了自己对产品的改造设计图。

总经理及董事会的董事见到这个编外清洁工如此精明在行，便询问他的背景以及现状。史蒂芬当即被聘为公司负责生产技术问题的副总经理。

原来，史蒂芬在做清扫工时，利用清扫工到处走动的特点，细心察看了整个公司各部门的生产情况，并一一作了记录，发现了所存在的技术性问题并提出了解决的办法。他花了近一年的时间搞设计，获得了大量的统计数据，为最后一展才干奠定了基础。

史蒂芬的做法给我们以深刻的启示：要想“高成”，先要“低就”。低就并不意味着退缩，也不是畏惧，从某种角度来说，低就已经成为了高成的必要条件，暂时的低就是在为前途积攒足够的能量。低就不仅仅可以使人积累工作中的经验，增加各方面的能力，还可以给他人表现才能的机会，这就为日后的成功打下了无比坚实的基础。可见，低就并不意味着无志，也不是气馁的表现，而是一种迂回战术，是在坚持中等待突破。

低不就则高不成，能低就的人自然会达到高成，而不愿意低就的人则永远与高成无缘。身在职场，只有肯于低就，一步一个脚印地走好每一步，才能够真正地走向高处。低就会为你的职场晋升铺平道路。一步登天，只能是空想，唯有脚踏实地从小事做起，才能够一步步垫高自己未来的路。放下你那所谓的姿态才能提高真正的身价，暂时的俯低终会促成未来的高就。

第8章 灵活变通不圆滑：

会随机应变，才能左右逢源

做人要圆通，遇事能灵活变通，积极寻求问题的解决之道。我们要学会随环境改变。遭遇困难时，应该多一点韧性，能够在必要的时候弯一弯，转一转。当无路可走的时候，转换一下方向，也许就可以为自己赢得一片新天地。适时进退是一种弹性的生存方式，是一种生活的智慧。做人方圆兼备，才能左右逢源，无往不利。

圆通的人人缘好，圆滑的人惹人嫌

著名管理大师曾仕强曾说过：做人要“圆通”，但不能“圆滑”。圆通不是圆滑。圆通是一种智慧，是指做人能灵活变通，遇事思虑周详，积极寻求解决之道，不会总钻“牛角尖”，知道该做什么不该做什么，结果总是皆大欢喜。而圆滑是一种世故，是投机取巧。圆滑的人在做人做事方面不诚实、油滑狡诈、有投机心理，他们对待问题的态度是逃避，而不是面对、解决，试图用滑来避开问题。

做人要圆通不要圆滑，一个通，一个滑，体现了两种做人的品质。圆通需要大智慧，看得长远；圆滑用的是小聪明，图的是眼前。圆滑的人外圆内也圆，表面上看是对人一团和气，实际上已丧失了原则立场。

周玄素是明太祖朱元璋的宫廷画师，他曾受命在宫殿墙壁上画一幅《天下江山图》。周玄素不敢画，也不敢不画，便说：“臣不曾遍游九州，不敢下笔。请陛下先起草初创，臣然后进行润色。”朱元璋听他这么说，一时画兴大发，当即挥毫泼墨，不一会儿，草图就完成了，朱元璋一面欣赏，一面命令周玄素：“你现在可以为朕润色了。”周玄素谦恭地回答说：“陛下山河已定，臣怎敢随意动摇？”朱元璋只得一笑作罢。

周玄素的圆滑，巧妙地推掉了很可能惹祸的任务，而又不得罪皇帝。先将朱元璋捧得龙心大悦，尽管知道他要滑头，也无法加罪于他。

也许有人会心存疑问，你看，圆滑乖巧的人这不是混得很好吗？这又如何解释呢？从本质上来说，人们对圆滑的人表面上认可，背地里却会不屑一顾地说“这人滑着哩”。这才是真实的评价。从长远来看，圆滑世故

的人很少与人为敌，但是对事对人没有热情，通常奸险者多，以破坏别人的利益来满足自己的私欲，这样的人，通常可得到眼前的利益，最终却会被人看穿真面目，惹人生厌，遭人鄙夷。

圆滑的人只想设法逃避当前的问题，根本不想将之解决。圆通的人，处世智慧极高，善于利用“推、拖、拉”的短暂时间来充分思考，寻求此时、此地合理的行动方案，以便减少阻力，使大事化小，小事化了。做人必须圆通，唯有圆通才有方法方式可言。

南朝齐代有个著名的书画家叫王僧虔，他的书法造诣深厚，一手隶书写得如行云流水般飘逸。

当朝皇上齐高帝萧道成也是一个翰墨高手，经常在大臣面前显露才能。一天，萧道成提出要和王僧虔比试书法高低。于是君臣二人都认真写完了一幅字。写完后，萧道成居高临下地问王僧虔：“你说，谁为第一，谁为第二？”

如果是一般的大臣，当然立即回答说：“陛下第一”或“臣不如也。”但王僧虔却不愿贬低自己，明明自己的书法高于皇帝，为什么要作违心地回答呢?但他又不敢得罪皇帝，怎么办呢?王僧虔眼珠子一转，竟说出一句流传千古的绝妙答词：“臣书，臣中第一；陛下书，帝中第一。”

他巧妙地把臣子与帝的书法比赛分为两组，即“臣组”和“帝组”，并对之加以评比，既给皇帝戴了一顶高帽子，说他的书法是“皇帝中的第一”，满足了皇帝的自尊心，又维护了他自己的尊严和品格，使皇帝更敬重他的风骨，觉得他不是那种专门拍马屁的家伙。

果真，萧道成听了，哈哈大笑，也不再追问二人到底谁为第一了。

这个故事很有意思，它让我们领悟到了“圆通”的智慧。如果把王僧虔换成其他人，他们的说辞肯定不一样。他们也许会说：“臣的书法怎么能跟陛下的书法相提并论呢？陛下的书法是龙腾深渊，臣的书法是蚯蚓爬泥；陛下的书法是天下独步，臣的书法简直是狗屎一堆！”这是逢迎讨好，是巴结谄媚，是别有用心的大献殷勤，王僧虔不愿这样说。他会机智地选择不得罪人的“圆通”。

做人要圆通，生存于世，建立良好的人际关系需要圆通，将事情办

得顺心如意也离不开圆通。圆通是一种宽厚、融通，是大智若愚，是与人为善，是心智的高度健全和成熟。圆通的人不因自己比别人高明而盛气凌人，不因洞察别人的弱点而咄咄逼人，也不会因坚持自己的主张让人感到压迫……圆通的人在圆滑中存有原则，在坚持中知道变通。

圆通，是一种做人哲学，需要阅历与智慧。要想圆通做人，需要有高素质、高悟性和高技巧，这是做人的一种境界。只有学会圆通，才能在人际交往中游刃有余。

前面没有路了，那就转身再走

一个人当被高山阻隔，被天堑拦截，无路可走的时候，转身也许就是方向。遇到无法直接逾越的极限时，不妨尝试着转一下身。如果我们在前进时碰到了障碍，要想顺利地向前，就必须先撤退。这种做法并非一种失败主义，而是一种以柔克刚，以退为进的策略，就像弹簧缩在一起，其间却蕴藏着巨大的力量。

古人说："退一步海阔天空。"有时候主动向后退一步，反而会获得更多的利益，拥有更加广阔的发展空间。但人们常常把退让和失败、放弃、躲避等这些词联系在一起，似乎退让总带有某种贬义和消极的色彩。然而退让却包含了多层意义，我们可以把它看做积聚能量的过程，退让并不是从此以后就不再进攻，相反地，退让是为了在积蓄足够的力量以后更好地进攻。

事实上，退是另一种方式的进。暂时的退却，是为了养精蓄锐，等待时机，这样的退是为了以后再进，暂时放弃某些利益是为了实现大目标。这"退"本身已包含了"进"，这种退实际上是一种进取的策略。方向的转换，也许可以助你另辟蹊径，从另一个角度取得成功。

在朱元璋开创事业的阶段，起义军领袖陈友谅率领自己强大的军队，从江州水路直指朱元璋的属地应天，船舷千里，战旗招展，气焰十分嚣张。

朱元璋见之心惊，而手下有的主张投降，有的主张转移逃奔，只有军师刘基怒目而视，一言不发。朱元璋见此，便将他召入屋内问道：“猛虎已出，怎么办才好？”刘基气愤地说：“凡主张投降和转移的当斩！陈友谅果然如一只猛虎，如果在山中，我们哪能与之相斗？今既下山，正应乘机猛打，岂能不战而降，不战而溃？”朱元璋问：“话虽这样说，但到底如何迎敌，你快快说来。”

刘基不慌不忙，细说方略，“骄兵必败。陈友谅如此蔑视我们，一定以为我们非降即逃，他的后援必不充分。所以我们应先放弃几个地方，移走兵饷，制造逃跑的假象，再派人诈降，引诱陈友谅全速奔袭，却中途设下伏兵，再派兵断其后路，叫其首尾难顾。哪有战而不胜的道理？

“取胜后我们再乘胜追击，还可以占领他的属地，陈友谅遭此重创，进一步制服他就易如反掌了。帝王之业，在此一举，天赐良机，岂可错过？”

听了这番话，朱元璋顿时感到精神一振，立即命令胡大海出兵牵制陈友谅的后路；命陈友谅的老朋友康茂派人诈降，诱敌深入；命徐达等将领各处设伏，准备截击。

陈友谅果然中计，大败而归，他丢弃战舰数千艘，逃回了西北。朱元璋收复了失地，重创陈友谅，取得了决定性的胜利。而陈友谅则因此大伤元气，从此一蹶不振。朱元璋顺利地拔掉了前进路上的一枚“钉子”。

想做成大事，就要懂得见机行事。在自己力量尚弱，无法直接达成自己的目标时，为防止别人干扰、阻挠、破坏自己的行动计划，表面上要退却忍让。暂时的退让是为了更好地前进。暂时的退让并不意味着卑屈和不顾人格，而是一种智慧的表现。恰当地以退为进，作出适当的让步，能够掌握竞争的主动权，从而取得全局性的胜利。

当遭遇难题时，千万别一味地去撞墙，企图把墙撞倒，而要学会在合适的地方打开一扇门。工作不顺心，要学会“如果当不了船长就当个船员”；困难解决不了，要学会“山不过来，我就过去”；环境不如意，要学会“如果改变不了环境，就去适应环境”等，换一个方向去思考问题，换一个角度去解决问题，所有问题就可能是另外一种结果。

在做事的过程中，不能一味进攻，尤其是身处弱势、客观环境对你不利时，一定要巧妙避开对方的锋芒，寻找以退为进的转机。其实，“退”，不是屈服，也不是逆来顺受，而是一种聪明的变通，是等待时机，一旦时机成熟，便可一跃而起，有如水底的潜龙腾空而起。我们只有练就了能退能进的本领，才能摆脱困境，建功立业。

把自己的强大展示出来

身处复杂多变的社会，“示强”是一条高明的生存法则。如果你遇到恃强凌弱、咄咄逼人的人，那么你就要显露比他“强”的一面，因为如果你此时示弱，容易引起对方的杀机，徒增不必要的麻烦与损失。示强则可使对方望而生畏，知难而退。所以，这里的示强是防卫性的，而不是侵略性的。

小王和小张假期结伴外出，在路上遇到一只野狗挡住了道路，它弓腰低吼，好像随时都就会扑过来的样子。小张非常害怕，小王却镇定地告诉小张：“狼怕说，狗怕摸，你只要往地上一摸，它必然夹尾逃走。”于是小张按小王说的去做，野狗果然迅即仓皇而去。

小张问小王为什么会这样？小王解释说：“这是由动物的弱肉强食、色厉内荏的特性所决定的。在动物世界里，强者为王，一切靠实力说话，它们会装模作样地对进攻对象威逼恫吓，如果不能奏效，心里便已经稍有胆怯，倘若被进攻对象再作反击之状，显得比它们强大，它们只有‘走为上策’了。”

在一定条件下，“示弱”可以避免冲突、保存实力；而在人前显示自己强大的一面，也是一种高明的生存智慧，让他人看到你的强大，你的利益和尊严才能够得到保证。

王德用是宋代名将。他被任命为定州总管后，率兵抗击契丹人入侵。为了打败契丹，他日夜训练士卒，希望他们成为可用之才。过了一段时间，军容整齐，兵强马壮。恰好有个契丹探子来偷偷侦察，有人请求立马把他杀了。王德用说：“不用，让他看一下我们强大的军队，回去据实报

告吧。”接着继续训练士兵，故意让那个探子看到。第二天，王德用又故意举行盛大的阅兵仪式，战士们都生龙活虎，精神振奋。王德用假装公开下令：“准备好干粮，听我的旗鼓行动，去征伐契丹。”那名探子听到后，赶紧回去报告，说汉兵将大举进攻，吓得契丹王赶忙派人前来议和。

遇事要沉着冷静，情况越是紧急，越要表现出强者的姿态，有处险不惊，临危不惧的大将风度；其神态自若本身就能给人以强大的心理影响或是强烈的心灵震撼，从而对你畏服。

人在社会上行走，难免会遇到一些敌视、攻击自己的人，只有让他看到你强大的一面，他才会向你服输。显示自己的强大，并不是让自己在交往中具有攻击性，只是要向人适时表明自己有足够的攻防能力，这样无论是谁，都不敢轻易侵犯你。

日本“三洋”电机公司总经理井植薰16岁进入松下电器工作，20岁因为工作业绩突出被任命为第八厂厂长。他高高兴兴地去上任，准备大干一番。谁知道那些粗野的工人见他长得白白净净、文质彬彬，根本不服从他的领导。井植薰开始不跟他们计较，在对工厂进行了深入了解后，决定实施几项改革措施，但遭到了工人们的强硬抵制。井植薰在大会上三令五申，在私下里谈心说服，总算将改革措施落实。

为了树立威信，井植薰决定首先要震慑几个带头工人。他的酒量比较大，有什么事，他就请工人们在酒桌上谈。他还提前了解了一种喝酒不易醉的方法：饮酒前大量饮水，酒量可大增。而工人们干了一天活，空腹喝酒，比较容易醉。所以，每次比拼酒量，几个人加在一起也喝不过他。渐渐地，那些反对派都被他折服了，对他言听计从。他在管理上再也没遇到过什么阻碍。

想要震慑他人，就应该找到自己的强项，如下棋、唱歌、跳舞、打球等，虽然这些才能跟你在工作中的竞争力没有多大关系，但如果你适时展示，却能让人觉得你不简单，由此会对你产生敬畏之心。

如果你没有震慑他人的强项，必要时可以以正气凛然的气势取胜。对于“吃硬不吃软”的人，要利用其色厉内荏的弱点，据理力争，强化自己的优势和强硬地位，迅速把对方置于被动的境地。如果你畏畏缩缩、矮人一截、不敢和人针锋相对，他就不会把你当成一回事。反之，如果你理直气壮、临危不惧，在气势上压倒对方，对方自然就会接受你和你的意见。

总之，人天生自有恃强凌弱的一面，我们只要了解了这一点，适当地采用一定的手段，让他人看到自己强大的一面，便会为自己赢得有利的局面。

知进退是一种灵活的应变智慧

社会复杂多变，谁都无法随心所欲，所以，适当进退是很有必要的。环境有利时，就积极进攻，环境不利时，就隐藏自己，等待时机。这道出了智者做人的诀窍——隐藏不露。为人处世要善于“隐藏”。明智者都深知此中的奥妙。

当世道不需要改造的时候，就深深地隐居起来，以等待时机；当世道有可以改造的弊端时，对上层可以合作，对下属可以督察，有所依据、有所遵循，这样就成了世上的智者。当时局已经发展到不可收拾的地步时，智者在此情况下是不会迎着风头上的，他们懂得首先要保全自己的生命。在保证自身安全的前提下，静观事态变化，寻找合适的时机。

王猛出生于东晋时期，他为人谨严庄重，胸怀大志，气度非凡。可是当时却没有明主赏识他。公元354年，东晋大将桓温亲自率兵攻打前秦，并节节胜利，直逼长安。东晋军队的出现，让隐居山林的王猛再一次热血沸腾，于是他穿着布衣前往桓温的大营面见桓温。经过一番交谈，桓温深知王猛有盖世之才，于是拜王猛为高官督护，希望王猛能同他一起南归东晋朝廷。面对桓温的邀请，王猛深知只有遇到明君圣主，他的才华才能够得以施展，他治国安邦的雄才大略才能得以发挥。如果对将要追随的人和东晋朝廷的环境不加以分析，而是一味追随，那么终将事倍功半，淹没在历史的洪流之中。正是经过这样的再三权衡，他决定放弃这次出山的机会，因为他考虑到在门阀士族势力强大，政权由谢、庾、王、殷等大族轮流把持的东晋朝廷，连桓温这样的枭雄都备受排挤，更何况他一个桓温的幕

僚，如果同桓温南归，他顶多是桓温倚重的一个幕僚而已。王猛最终谢绝了桓温的美意，没有随东晋大军南归。他的这一睿智判断为他的成功埋下了伏笔，也足以值得我们借鉴。

不久，一个更好的机会出现了，前秦主苻健在桓温退兵后不久就病死了，其子苻生继位。苻生荒耽淫虐，杀戮无道，群臣在他的统治下可谓惶惶不可终日。而前秦宗室中的英才苻坚，正谋划着一场政变，取苻生而代之。就在这期间，王猛经人推荐认识了苻坚。二人一见如故，苻坚把王猛留在自己身边。之后苻坚自立为大秦天王，改元永兴。而王猛则被任命为中书侍郎，参赞军国大事。从这以后，王猛终于有了一展才华的舞台，他满腹的经纶，终于有了发挥的机会。这一年，王猛33岁。

经历了一番励精图治的改革，前秦成为诸国中最有生气的国家，因而也有了与群雄角逐的资本，并且越战越强，十年之间便统一了北方。使中华史上连年战乱、百姓颠沛流离的混乱局面有所缓和。

王猛生活在山河破碎、烽烟四起的乱世之秋，能够隐居华阴山中。然而，他身隐而心不隐，静观时局发展，洞察事态变化，择明君适时而出，从而成就了辉煌人生。

在顺境中，有很多机遇和有利条件，一定要坚决果断地把握机会，大踏步前进；在逆境中，有很多挑战和阻碍前进的不利因素，你一定要懂得进和退的选择。张良是刘邦智囊团中的核心人物，为刘邦出了很多主意，刘邦对他则言听计从。张良深知“狡兔死，良狗烹”的道理，他不但工于谋天下，也善于谋自身，处处表现得激流勇退。因此，在汉初“三杰”中，韩信被杀，萧何被囚，张良却始终毫发未损。

智者知道事物已经发展到很危险的地步的时候，明哲保身才是上策。历史和现实都一再表明，善于退与善于进都是一种谋略。善于急流勇退，不是消极地避凶就吉，而是暂时隐匿踪迹，待机而动。就是说即使退也要做到主动、自觉，不露声色地壮大实力，以便时机成熟时，再度奋进。可见，这种退不是逃跑，而是再次进的准备和前奏。只有这样的退，才称得上是一种谋略。

“退”之道在当今社会，有着不可避免的局限性，但也有其合理的一面。如今，利益是人们追逐的首要目标，为了利益，人们难免会勾心斗角、明争暗斗，在这种情况下，我们不妨借鉴一下“适时进退、明哲保身”的哲学，这对于保存自己、充分发挥才干是非常有利的。

把握好自己的人生目标，认清有利和不利条件，只有这样才能正确判断自己的进退隐显。退是为了更好地进，今天的退是为了明天的进，退一步是为了进两步甚至更多步。所以在人生的路上，一定要捭阖有度，适时进退。这种灵活的选择是一种随机应变的智慧，往往影响甚至改变人生。

有些时候，需要善意的谎言

真诚是人人必备的美德，但它不排除善意的谎言。撒谎固然不好，但善意的谎言，则无可厚非。原则上，撒谎应该站在关怀对方的立场，最起码，说出来的话，不可以伤害到对方。这是谎言得以存在的重要前提，许多谎言明显是与事实不符的，但因为它合乎情理，因而同样能体现我们的善良、爱心和美好。

在人际交往中是不可能杜绝谎言的，有些人宣称他从来不说假话，这句话本身就是假话。当我们得知亲人病重，当我们获知朋友遇难，我们就会说一些与实际情况不相符的话，从这个意义上看，世界上没有不说谎的人。

老陶生性耿直，憎恶在人际交往中有任何虚假。为此，他在几十年的生命旅程中付出了沉重的代价，终于有所醒悟。他痛苦地发现自己竟找不到一个可以倾心交谈的人，连妻子和儿女也都离他而去。老陶只能把自己的想法写在日记里，讲给自己听。老陶这样说：“我到现在才相信，人与人相处是没有绝对诚实的。有时候，假话和假象更能促进友情和爱情。”

老陶的经历是中国人多少年来困惑的缩影。我们倡导人与人之间应该坦诚相待，结果却发现坦诚在许多时候会使我们碰得头破血流。老陶把我们长期以来羞于启齿的隐秘说了出来。很多时候，交际中少不了谎言。

从某种意义上讲，说谎成了人们交往与沟通的一种生活必需。我们都

听过这样一句俗话“会说的媳妇两头瞒，不会说的媳妇两头传”，说的也是同一道理。居家过日子，不能凡事都以较真的态度云对待，有时说一些假话会更好。为了使事情向理想的方向进展，谎言就开始发挥作用了。

善意的谎言不是以利己为目的，这种在适当的时候说出的谎言，饱含着真诚，散发出温暖的光辉。与人交往时要真诚，但不能太死心眼儿，因为很多时候某些人并不喜欢真实，还有一些场合实话实说会把气氛弄僵，这种情况，你就不妨说个善意的谎言，这样一来，大家皆大欢喜，岂不是更好？

铭在一家商贸公司上班，一天下班后，他和同事伟走在一起。伟这些天心里很郁闷，和老板的关系十分紧张。二人边走边聊，伟控制不住自己的情绪，指出老板的种种不公平，还把老板的无知、浅薄及一些丑事信口说了出来，最后，怒犹未尽，忍不住又大骂了一通。

过了些日子，老板在铭面前也谈起了伟，言语之间非常不客气，怒斥伟的不顾大局、平庸无能、不思进取、不善开拓等诸多缺点，最后，老板问铭，可曾听见伟在他面前说过自己什么坏话？

铭是一个诚实的人，此时，他该怎么办呢？

无疑，铭对老板说实话是火上加油，只能促使老板与伟的关系更加紧张，但如果不说实话，撒个小谎或许会是另一种结局。假设铭这样对老板说：“伟这个人挺好的，他从没有在我们面前说过您什么闲话！相反，他倒是挺佩服老板的魄力的，至于最近有点不开心，他说可能是在某些事情上闹了点小误会，他说你会很好地处理的。你放心，伟是不会说什么的。”

这样一来，老板的怒气不仅会马上平息，他也会立刻反躬自省，认真地考虑对待下属的问题。一场本来可能导致两人大动肝火，甚至让老板难堪、同事失业的争端就此化干戈为玉帛了。而且，即使有一天老板发现铭讲的不是实话，他也不会怪罪铭，他甚至认为铭为人厚道、心地善良，会处理事情，根本不计较他说谎。

对于上述这件事，运用谎言，能使双方都能得到好处，而讲实话，却让两个人都受到伤害。可见，谎言在人际关系中也有其特殊的作用。

其实，在我们日常工作与生活中，每个人都应该学习这种有效的撒谎方法，它是一种善意的谎言，如果在与人交往中能够灵活运用，一定会使场面更圆满。美丽的谎言可以避免不必要的麻烦，并常常起到意想不到的作用。善意的谎言是在善意基础上交际的必要策略。这同丑恶的假话，以不可告人的目的编造的谎言相比，有着本质的区别。

虽然撒谎并不是一件好事情，但在特殊的交际场合我们还是需要说一些善意的谎言的，它是人际交往的“润滑剂”，更是一种做人的智慧。只要你掌握了一定的原则，你所制造的谎言会比你的真诚更能赢得别人的心。

柔中带刚，方圆配合才能赢得好人缘

人们常说：“没有规矩，不成方圆。”这个“规矩”就是讲做事要遵守法则，为人方正。做人要方，是指一个人要有自己的道德原则和价值标准，不被人所左右。做人做事的方法不同，但都离不开原则性。一个人如果做任何事都没有主见，只会点头奉承，那不但会被认为生性圆滑，也得不到别人的尊敬。如果该方时能方，往往会赢得好结果。

东汉年间，有位叫戴就的管理仓库的小官，他是会稽郡太守成公浮的手下。成公浮为官清廉，不善奉承，因此得罪了刺史欧阳参。欧阳参就派了一个叫薛安的人前来收集太守“贪污”的证据，结果一无所获。为了置太守于死地，薛安就把戴就叫来，威胁他，试图让他做假证。戴就没有听从。薛安对他动用了酷刑，戴就仍掷地有声地怒喝：“成太守为官清廉，就是打死我，我也不会诬陷忠良！”薛安见戴就誓死不从，怕出了人命不好交代，只好放了他。后来，戴就凭着方正的品性，被推举为了孝廉。戴就的方正成就了自己的人生。

“方”是指一个人刚直不阿、坚持原则，但一味的刚，就容易折断。如果一个人过于刚直、方正，什么事都和别人硬碰硬，那不但会让人觉得过于好斗，也容易两败俱伤。从社会适应力的角度看，处世适当柔和，是

一种良好的交往能力的体现。在处理具体事情的时候，该坚持的事就应该坚定地表达自己的想法，可以妥协的事，就应该设身处地理解他人，作出让步。这样就能够避免碰撞，建立和谐的人际氛围。

宝华是某市教育局的人事科长，经常处于矛盾的包围之中，领导的话他不得不听，违心的事也要照办，他的官当得苦不堪言。

在他极其苦恼时，一位智者提醒他，面对矛盾，你何不采取回避锋芒、不直接对抗的退让之法，这能使你得到解脱！宝华茅塞顿开。

一次，一位郭副局长让他想办法将自费毕业的侄子安插到某中学去教书，这让宝华很为难，因为一旦出现问题，承担责任的是他，而非这位局长。这时他想起了智者之言。于是，宝华对郭局长说："好，我会尽心为您办这件事的，请让你的侄子把他的毕业证、档案材料给我送过来。"

郭局长的侄子来了，但只有档案材料，没有毕业证，因为他虽读完了两年学制，但学业不精，考试没完全通过，宝华让他先回去等候通知。

过了几天，郭局长又问起这件事情，宝华先说了说他侄子的情况，然后说道：

"郭局长，你说话管用，你跟那所学校的校长谈谈，只要他们愿意接收，我这就把关系给转过去。"郭局长从宝华的话里显然听出了弦外之音，只好说："那就先放放再说吧。"

宝华对这位局长没有采取直接对抗的方法，而是欲擒故纵、回避锋芒，达到了保护自身的目的。办事要圆顺些，你有什么想法，都不要硬来蛮干，而要多动脑子多想办法，多迂回几次，这样会取得较为理想的效果。

"方圆术"是一个人生存和发展的必备武器。一个人过于"方"就容易折断。古往今来，有太多人因此而招来灾难，一生坎坷不受重用。圆，就是要在坚持原则的前提下，在细枝末节上适时、适度地让步、弯曲，以达到双方满意的双赢状态。"圆"为处世之道，是以万变应不变。在日常生活中，对不同类型的人采取不同的策略，才能建立良好的人际关系；人际交往中要保持适度的弹性，把握好分寸，学会机智应对；面对想要干的事，既要执着，又要学会变通，兼顾各方的利益，避免伤害他人，让自己长久立足。

为人处世只圆不方，就好像一个滚来滚去的“球”，很难在社会上立足。只方不圆，一味坚守一些规矩和原则，不知变通，缺少灵活，就容易把局面搞僵，把事情办砸。只有圆通处世才能顺利地达成目标。

圆通是一种处世哲学，需要阅历与智慧，更需要把握分寸。只有把“方”和“圆”结合起来，该圆就圆，该方就方，圆方都恰到好处，才能左右逢源，无往不利。

第9章 面试求职巧应对：

职场陷阱多，多个心眼儿多分把握

进入职场之前，要选择最适合自己发展的职业目标。有针对性地应聘时，要想获得青睐，讲话策略是关键因素。求职者必须通过简洁、坦诚而富有个性的语言，充分展示自己的实力和素质。对于面试求职中的种种陷阱及圈套，要懂得防备，才不致让自己深陷。求职面试中，请记住：多个心眼儿没坏处，机智应对好处多。

对自身情况进行分析，制定合理规划

在走进职场之前，首先要弄清自己的目标和方向，这样才不会不知所措。有的人本来应该有更大的作为，却因为盲目听从了别人的建议，选择了并不适合自己的职业，结果真正的本事没法施展，甚至随岁月的流逝慢慢地消失殆尽，变得与庸人无异了。待到无情的现实摆在面前，他们方觉得为时晚矣；也有人能当机立断谋取新职，但在求职愈加艰难的今日，有此壮举的人又有几个呢？

郭凯是某名牌大学的研究生，是计算机专业的佼佼者，毕业时一家国有企业执意要招收他，另外也有几家外资企业要网罗他，但他都没答应。他的目标是公务员。虽然竞争异常激烈，但他经过一番“转杀”终于如愿以偿。他满心欢喜，以为美好的生活即将开始。可是无情的现实把他最初的梦想击得粉碎。他生性热情，活泼好动，擅长各种球类活动，在计算机软件开发与应用方面更是无所不精。但机关工作却让他整日置身于大量数据的统计、整理之中。他最初的热情开始逐渐消退，工作也不断出现差错，为此受到了主管领导的严肃批评。几年下来，他原有的专业知识非但没有派上什么用场，而且渐渐遗忘了，目前枯燥无味的工作使他感到十分憋闷。当他得知不少同学已经取得了可观的成绩时，他百感交集。虽然他也想过要调动工作，但专业知识已经难以补救了。又过了几年，由于他工作无起色而被辞退了。这时他才追悔莫及。

对每个就业者而言，充分地认识自己是尤其关键的一步。如果郭凯当初能够充分认识自己，扬己之长，避己之短，而不是根据别人的建议来确

定自己的人生路线，那么，命运也许会截然不同。

人在职场，要想求得职业大发展，制订一个明晰的职业生涯规划尤其重要。只有根据自身实际情况，选择一条适合自己的路线，才有可能更好地实现自己的职业规划。那么，如何制订职业生涯规划呢？

1.设定职业生涯目标

职业生涯目标的设定，是职业生涯规划的关键点。一个人事业的成败，很大程度上取决于有无正确适当的目标。目标的设定，是以自己的最佳才能、最优性格、最大兴趣、最有利的环境等信息为依据。

如果你不清楚自己要追求的是什么，属于哪一种类型的人，那么，何不停下来反思一下，借此机会好好地剖析了解一下自己呢？比如，列举出你目前所拥有的优势、资源；列举出你目前的劣势以及不足之处；列举出你目前所掌握的各种机会以及如何寻求更多的机会；列举出你能确知的威胁以及你可以预测出可能出现的威胁。这需要你拿出笔和纸，诚实地面对自己，解析自己，你就可以很快确定自己的个性特征，然后据此选定自己将要走的路。

当一个人真正弄清楚自己要走什么路，那么在追求的路上就会更坚决。当一个人真正弄清楚自己需要的是什么，那么在追求的路上就少一些诱惑和游移不定。托马森·沃森从某家公司下岗时已经40岁了，但即使在那个时候，他选择职业依然很严格。他先后拒绝了制造潜艇的电船公司和生产武器的雷明顿公司的邀请，他觉得这些公司在将来是没有什么前途的。如果沃森当初没有拒绝那些看似十分诱人的职位，就不会有后来的IBM公司。

总之，多了解自己，就能更准确知道如何取长补短，趋吉避凶，选择最适合自己发展的人生目标，发挥自己最满意的长处，才更容易获得成功。

2.制订行动计划与措施

在确定了职业生涯目标后，行动便成了关键的环节。没有达成目标的行动，目标就难以实现，也就谈不上事业的成功。这里所指的行动，是指落实目标的具体措施，主要包括工作、训练、教育、轮岗等方面的措施。

例如，为达成目标，在工作方面，你计划采取什么措施提高你的工作效率；在业务素质方面，你计划学习哪些知识，掌握哪些技能，提高你的业务能力；在潜能开发方面，计划采取什么措施开发你的潜能；等等，都要有具体的计划与明确的措施。并且这些计划要特别具体，以便定时检查。

3.及时调整

俗话说："计划赶不上变化。"影响职业生涯规划的因素诸多。有的变化因素是可以预测的，而有的变化因素则难以预测。在此状况下，要使职业生涯规划行之有效，就须不断地对职业生涯规划进行必要的调整和评估。

你不可不知的面试求职话术

在人才竞争日益激烈的现代社会，通过面试是获得理想职位的重要一环。要想让主考官在短暂的时间内认识和欣赏自己，讲话策略是一个关键因素。

1.掌握面谈的开头技巧

虽然面试时间很短，但一个好的开头仍然不可忽视。好的开头，可以营造一种和谐的气氛，迅速与考官沟通思想，尽快进入正题，受到主考官的青睐。所以，如何设计好开头的五分钟至关重要。求职者必须通过简洁、坦诚而富有个性的语言，充分展示自己的实力和素质。以下是几种常用的开头技巧。

（1）简明扼要。说话简明扼要，才能给人留下思路清晰、精明能干的印象

明达去某公司面试，对方问他对自己的认识，他是这样回答的："我相信我自己。"当对方问他对公司的印象时，他回答说："我以前是听说贵公司能让人发挥才能，现在却感受到了贵公司能让人发挥才能。"结果明达很顺利地被录取了。可见，面试时要尽量用最简短的语言，传达尽可能多的信息量，无论是自我介绍还是回答问题，都要做到言简意赅、举例精要、措辞简练，切忌絮絮叨叨，繁复冗长，或口若悬河，答非所问，离

题万里。

（2）真诚朴实

面试时，表达自己的能力和才干也是一门艺术，如果一味地大讲特讲自己比他人如何优秀，恐怕会给人留下自吹自擂不谦虚的印象。所以，在说明自己的能力时还是真诚朴实些好。

一位刚毕业的大学生在向用人单位介绍自己时说："由于我平时喜欢打球，所以我的成绩并不怎么好……"结果，他竟被录用了。当然，他可能因具有其他一些长处而被用人单位看中，但是他自我推销的技巧也是可以让人借鉴的。有的学生在介绍自己的成绩时总是强调"非常优秀"，面对自己的不足却讳莫如深。而他却能坦率地承认自己的成绩"并不太好"，这就给对方留下了真诚、可信的印象；而说自己"平时喜欢打球"，实际上是向对方暗示他是一名体育爱好者，因而身体素质不会差，这正是用人单位所关心的地方。总之，他的这种自荐技巧为他的成功奠定了良好的基础。

当然，在介绍自己曾经的成绩时，要注意口气，既巧妙地表露出来，又不显得自我吹嘘，从而给人以自信、谦逊、不卑不亢的印象。

（3）突出个性

富有创新精神和应变能力的人才，是深受用人单位欢迎的。面试中，个性鲜明的语言和行为，能够给人留下深刻的印象，获得用人单位的青睐。具有独创精神的语言和行动，能够帮助我们在强手如云的求职竞争中脱颖而出。

2.语言得体，要注意一些忌语

求职面试中，恰当得体的语言无疑会帮助你获得成功，反之，不得体的语言会削弱你的竞争力。所以，在求职时要注意一些忌语。

（1）忌缺乏自信

最明显的就是问"你们要几个？"这样询问是一种缺乏自信心的表现。面对已露怯意的人，用人单位正好"顺水推舟"，予以回绝。

"外地人要不要？"一些外地人出于坦诚，或急于应聘成功，一见招聘人员就这样问，结果令对方一时无话可说。因为一般情况下，不是不要外地人，也不是所有的外地人都要，这要看你的实际情况能否与对方的需求接上口，让用人单位觉得很有必要接纳你。

（2）忌急问待遇

“你们的待遇怎么样？”“你们管吃住吗？电话费、车费报不报销？”这些不但令对方反感，而且会让对方产生“工作还没干就先提条件，何况我还没说要你呢”这种不好的想法。谈论报酬待遇是你的权利，这无可厚非，关键要看准时机。一般在双方已有初步聘用意向时，再委婉地提出来。

（3）忌报有熟人

面试中急于套近乎，不顾场合地说“我认识你们单位的某某”，“我和某某是同学，关系很不错”，等等。这种话主考官听了会反感。如果你说的那个人是他的顶头上司，主考官会觉得你以势压人；如果主考官与你所说的那个人关系不怎么好，甚至有矛盾，那么你这样说的后果可想而知。

（4）忌超出范围

例如面试快要结束时，主考官问求职者：“请问你有什么问题要问我吗？”这位求职者欠了欠身子问道：“请问你们公司的规模有多大？中外方的比例各是多少？你们未来五年的发展规划如何？”诸如此类的问题。这是求职者没有把自己的位置摆正，提出的问题已经超出了求职者应当提问的范围，会使主考官产生厌烦。主考官甚至会想：哪有这么多的问题？你是来求职，还是来调查情况的？

应该掌握的几个谈薪酬的技巧

谋职过程中，薪酬是很重要的，面试时一定要与用人单位商谈。对初入职场的人士来说，掌握与用人单位讨论薪酬的技巧非常重要。

大学刚毕业的杨彤参加某单位求职面试，当主考人员问他：“你的期望工资是多少？”时，他不知所措，在毫无准备的情况下羞答答地报了一

个数字，结果因报价太低被人怀疑其能力有问题，失去了工作机会……对于求职者来说，薪酬与一个人的能力、作用、表现、贡献等息息相关，它在一定程度上决定着你的社会价值和你的生活水准，因而一定要尽力商谈。

尽管面试双方都不讳言薪酬问题，但在用人单位尚未完全了解你的个人情况时，如果直奔主题，给人的第一印象会大打折扣。即使有机会进入商讨阶段，如果开价过高，也难以被对方接受；如果开价过低，吃亏的是自己，还容易被人看扁；闷声不语，又心有不甘。那么，初入职场的新人，应该怎样与用人单位讨论薪酬呢？在谈薪酬时应注意哪些方式方法呢？下面介绍一些技巧仅供参考。

1.不先开口

不要轻易地把你的薪水要求讲出来。如果你在还未摸清薪水的可能变动幅度之前就信口开河，这简直是在冒险，因为薪水问题通常是可以进一步洽商的。

2.忌不当反问

假如主考官问："关于工资，你的期望值是多少？"应聘者反问："你们打算出多少？"这样的反问会显得很不礼貌，好像是在谈判，很容易引起主考官的不快和敌视。

3.避实就虚

假如面试时对方问你目前薪资是多少，你千万要谨慎回答。如果你目前薪水太少，那么直接回答不会给你带来什么好处。此时，你最好回答：过去的工资并不重要，关键是我的工作能力。别强调过去的工资，关键是要展示你的工作能力以及你能为公司作多大贡献。

4.控制比例

当对方终于开始和你谈具体工资数目时，你该怎么开口呢？让对方先说个数。每个雇主心里对薪水的上下限度都会有个数，他们经常会自由调整。在你提出薪水要求之前，请务必弄清对方的大致价位。假如它低于你的心理价位，你就定一个比你现在薪水至少高10%～20%的价。倘若你现在的薪水太少了，那么适当再抬高一些。不要说具体的数字，这样很容易

造成僵局。不妨让对方提出工资的幅度，这样双方就可以继续顺利讨论下去了。

5.留有余地

如果你必须先开价，勿将底线定得太低，给出一个和你心里想的大致相同的范围。但要记住：对方往往会盯住你的底线，所以你不能把底线定得太低。给出的余地大一点，洽谈自然更灵活。

最后，在谈薪酬时，我们要记住这样一个理念：在自己的实力还不是很强，或者在还没有创造出价值的时候，给自己锻炼机会的价值要远远大于给自己高薪酬的价值。

小心面试中的语言陷阱

面试过程中，主考人员经常会设置一些语言陷阱，出其不意地提出一些令求职者难以回答的问题，以考查求职者的思维能力和应变能力。所以求职者应该掌握一些应变的谋略和技巧，机智灵活地应对，才不至于一头栽进去。

1.激将式的语言陷阱

面试过程中，主考人员常用此法淘汰诸多应聘者。在提问之前，他们往往会用怀疑、尖锐、咄咄逼人的眼神注视对方，先令对方心理防线步步溃退，然后冷不防用一个明显不友好的发问激怒对方。比如，“你经历太单纯，而我们需要的是社会经验丰富的人”，“我们需要名牌院校的毕业生，你并非毕业于名牌院校”，“你性格过于内向，这恐怕不适合我们的职业”，面对这种咄咄逼人的发问，作为应聘者，无论如何不要被激怒，如果你被激怒了，就意味你已经输了。那么，面对这样的发问，如何应对呢？

如果对方说：“你经历太单纯，而我们需要的是社会经验丰富的人。”你可以微笑着回答：“经验是积累出来的，我确信如果我有缘加盟贵公司，我将很快成为社会经验丰富的人，我希望自己有这样一段经历。”

如果对方说："我们需要名牌院校的毕业生，你并非毕业于名牌院校。"你可以幽默地说："听说比尔·盖茨也没读完哈佛大学。"

面对这种情况，我们应该沉着冷静，谈话中注意扬长避短，以求变被动为主动，最终巧妙地突破话题的限制。吴士宏参加IBM的面试时，主考官问她："你觉得自己有什么资格来IBM工作？""您没用过我，又怎能知道我没有资格？"吴士宏反问。这一出人意料的回答不仅没有惹怒主考官，反而激起了主考官的极大兴趣，于是继续提问。最后她被告知：下周一上班！

应聘者碰到此种情况，要头脑冷静，明白对方是在"做戏"，不必与他较劲。应聘者如果结结巴巴，无言以对，抑或愤怒异常，据理力争，那就掉进了对方所设的陷阱。

2.诱导式的语言陷阱

这类问题的特点是，面试官往往设置一个特定的背景条件，诱导对方作出错误的回答，因为也许任何一种回答都不能让对方满意。这时候，你的回答就需要用模糊语言来表示。例如，"以你现在的水平，恐怕能找到比我们企业更好的公司吧？"如果你的答案是"YES"，那么说明你这个人也许脚踏两只船，"身在曹营心在汉"；如果你回答"NO"，又会说明你对自己缺少自信或者你的能力有问题。

对这类问题可以先用"不可一概而论"作为开头，然后回答："或许我能找到比贵公司更好的企业，但别的企业或许在人才培养方面不如贵公司重视，机会也不如贵公司多。"

"或许我能找到更好的企业，但我想，珍惜已有的最为重要。"这样的回答，其实你是把一个"模糊"的答案抛给了面试官。

3.非常规式的语言陷阱

面试中，如果考官提出近似于游戏或笑话式的问题，你就应该多转一转脑子，想一想考官的意图所在，是否在考察你的智商；如果是，那就得跳出常规思维，采用一种非常规思维去应答，以求收到"歪打正着"的奇效。

小德到一家大公司应聘管理人员，主考官突然提问："请问，一加一是多少？"小德先是一愣，略微思索后，便出其不意地反问考官："请问，您说的是哪种场合下的一加一？如果是团队精神，那么一加一大于二；如果是单枪匹马，那么一加一小于二。所以，‘一加一是多少’要看你想要多少了。”由于小德采取了非常规应答，赢得了主考官的好感。

4.引君入瓮式的语言陷阱

在面试时，主考官所提的一些问题并不一定要求有什么标准答案，只是要求面试者能回答得滴水不漏、自圆其说而已。应试者是很容易陷入不能“自圆其说”的尴尬境地的。面试在某种程度上就是斗智，你必须圆好自己的说辞，方能滴水不漏。

比如，你要从一家公司跳槽去另一家公司。面试官问你：“你们的老板是不是很难相处啊，要不然，你为什么跳槽？”也许他的猜测正是你要跳槽的原因，即使这样，你切记不要被这种同情的语气所迷惑，更不要顺着杆子往上爬。如果你愤怒地抨击你的老板或者义愤填膺地控诉你所在的公司，那么你必败无疑，因为这样不但暴露了你的自私，还暴露了你的狭隘。

多加小心，避开职场雷区

如今，面试、求职中还有很多不完善的地方，有些别有用心者正是利用了毕业生初涉职场、缺乏各种经验又急于找到一份工作的心理，钻了很多空子。其实，只要多长一个心眼儿，很多的圈套是可以避免的。

1.高薪是诱惑更是圈套

每个人都向往高薪，渴望刚毕业就能找到一份高薪体面的工作。有这样的心理无可厚非，但是一定要擦亮双眼，看清这个所谓的高薪背后是真的如其所说还是另有阴谋。

刚毕业的小范在某一天接到一家保险公司打来的电话，被告知已经被该公司录取为储备经理，基本工资之外还有各种提成。小范兴冲冲地来到该公司，可去了才知，原来所谓的预先被录取的“储备经理人”则被换成了“理财专员”。经过一番了解，他才知道，原来该公司把自己招来就是做保险业务员。小范所学的专业是“网络编辑”，与保险业没有任何关

系，而不善言谈的小范竟然被业务经理夸成了“他见过的最适合做保险的毕业生，不做保险将浪费自身资源”。真是令人哭笑不得。

2.拒绝为各种变相押金埋单

在应聘过程中，类似这样的情况并不罕见：当你正在为顺利通过应聘窃喜时，却被通知“请先缴纳服装费、档案管理费、培训费……”工作尚未定论，应聘者手中的钱已经被迫交了很多。但是，很多时候这些钱都打了水漂，逼得你自己退出，最后对方不但不会发给你相应的薪水，你之前所缴纳的费用也一概不会退还。

对此，专家提醒我们，求职者应聘时要掌握好一个原则，即不要在应聘的过程中向招聘单位缴付任何形式的费用或抵押证件。求职者在遇到此类情况时，可以大胆地提出拒绝。如果求职者已缴纳了此笔费用，有权在进入用人单位后随时要求予以返还。也可以通过申请劳动争议仲裁，或向劳动监察投诉、举报，依法维护自己的权益。

3.“知识产权”不可小视

有些单位在筛选简历的时候，看到条件相符的应聘者，首先会发邮件或者打电话通知你在某个时间去参加该单位举行的笔试。但是，有不少人在笔试、面试结束之后却没了任何消息，而自己在首次笔试中曾经提出的某个策划方案或者创意却在该公司的产品、活动中出现，直到这时，你才醒悟过来，原来招聘只是他们的幌子，他们并没有空缺的职位等人上岗，他们只是想用这个方式收集一些创意罢了。然而事已至此，你又拿不出确凿的证据证明自己的劳动成果被窃取，除了气愤叹气，你又能奈他何？

在“智力产品”高价的当下，知识产权的维护越来越被人重视。应聘者出于对自身知识产权的维护，在提交策划案时最好附上“版权声明”，并要求招聘单位签收。声明可以是：“任何收存和保管本策划案各种版本的单位和个人，未经作者同意，不得使用本策划案或者将本策划案转借他人，亦不得随意复制、抄录、拍照或以任何方式传播。否则，引起有碍作者著作权之问题，将可能承担法律责任。”

4.试用期间也不能忘了保护自己

求职者被录用后，一般都要经过一段时间的试用。基本上每个公司都有试用期，这很正常。然而如今，试用期时遭遇不公已是职场上的常见现象，面对莫名其妙的“变相辞退”，不少人只能有苦说不出。

求职者选择所要加入的公司之前就应该做好功课。了解招聘公司历年招收员工的情况，以便得知该公司的用人方式。如果该公司以前就存在试用期后很少留用员工的情况，或是该公司频繁地招人、换人，那么求职者就要警惕了，尽量避免陷入其中。

在试用期间，劳动者提高自身的保护意识是最为关键的，首先要了解与试用期有关的法律规定。我国劳动法的相关条款中明确规定，试用期应包括在劳动合同期限之内，最长不得超过6个月。员工在试用期内享有报酬权，公司有为员工缴纳三险的义务。如若劳动者在试用期间被证明不符合录用条件，用人单位可以解除劳动合同，且应在试用期最后一天劳动者下班以前通知劳动者，过了这个时间，应认为劳动者已经试用合格，转为了正式员工。

诸如此类的法律法规，劳动者了解得越详细，其权益就越有保障，才不至于陷入公司设置的陷阱中。

总之，面试求职中的圈套数不胜数，每一个求职者都要加强自我保护意识和辨别真假的意识，以免因一时求职心切而上当受骗，落入形形色色的圈套。

第10章 大胆地秀出自己：

要敢于追求，才能抓住属于你的机遇

当今职场，有不少人怀才不遇。若想改变这种状况，就应该积极主动地表现自己。有哪些才能，想做什么，能做什么，使别人了解你。只有成功地把自己展示给他人，才会有机会被提拔、重用。此时不妨采取一些非常手段，以把自己推出去为第一要务。有了自我推销的能力，才能抓住机遇，使自己步步高升。

想要人生不同，先要改变自己

人生在世，谁都渴望出人头地。美国成功哲学演说家金·洛恩说过这样一句话：“成功不是追求得来的，而是被改变后的自己主动吸引而来的。”我们之所以没有成功，是因为在我们身上存在着许多致命的缺点，如自私、傲慢、急躁、没有明确的人生目标、缺少自信等，这些缺点严重制约了我们的发展。

一个人如果不先改正自己的缺点和不足，使自己人格趋于完善，就很难获得成功，更谈不上去影响和改变别人。任何成功都源于改变自己，只有不断地改正自己身上的缺点，才能实现自己的进步、完善、成长和成熟，只有随时自省、勉励自己、努力扬长避短、发挥自己的潜能，才能具备成功的资本。

20世纪30年代，日本有个矮小的年轻保险推销员，他的业绩很差，因而收入少得可怜。陷于困境的他，有一天随意来到了一所寺庙，向一位老僧人推销保险，滔滔不绝地介绍投保的好处。没想到他说完之后，老人摇摇头说：“小伙子，你说了这么多，我丝毫没有兴趣啊！”这如同一瓢冷水，令年轻人灰心极了。老人注视着他，接着说：“你向人推销，就一定要有一种强烈的吸引力才行，否则，你做推销就没有什么前途了。”看着满脸通红的年轻人，老人说：“小伙子，还是先改造改造自己吧！”

走出寺庙后，年轻人一路上思索着老和尚的话，他觉得话虽不中听，但说得还是有道理的。为了改造自己，他组织了专门针对自己的“批评会”，每月一次，每次请来五个同事或者已投保的客户一起吃饭，请他们

指出自己的毛病。虽然他很拮据，但即使典当衣物，他也坚持这样做。

每一次的“批评会”后，他都有如被剥了一层皮，但他默默地忍受着，他把那些逆耳忠言记录下来，进行反省，随着毛病的减少，他觉得自己也渐渐成熟起来。他的努力终于得到了回报。到了1939年，他的销售业绩获得了全日本第一。从1948年起，他竟连续15年保持全日本销量第一的好成绩。这个矮个子青年不是别人，就是后来著名的推销大师原一平。

人生是由一连串的改变形成的。改变就是机会，只要你及时改变，就会收获好的机会与开始，而且，唯有良好的自我改变，才是改变事情、改造状况，甚至改变环境的基础。改变是痛苦的，但是，如果不改变，那将是更大的痛苦。与其等到遭受挫败，或者深陷绝境之后，才后悔不已，还不如在此之前，便自己动手检查，及时认清并消灭它们。

西班牙青年卡哈在少年时代放荡不羁，懒散成性，屡次违反校规，后来被学校开除。遭到了父亲的严厉管教，他吓得不敢在家，就去异乡流浪。他游荡了一年毫无长进，不得已又回到家里。这时他才知道父亲当初被他气得卧病在床，不久就去世了，母亲拖着有病的身体去给人打工。

卡哈回来后，遭到了乡亲的白眼，他们对哈卡只有鄙夷，认为他是不中用的人。乡亲的白眼使卡哈吃不下饭，睡不着觉。他开始反省自己，从深切痛苦中领悟到，要改变自己的形象，必须改变自己的生活态度。

这时，母亲语重心长地劝他说：“一个人有没有用，不在于别人怎么说，而在于自己怎么看。如果因此而破罐破摔，当然不会中用。但是如果因此而自省、自新、自强，结果就不大一样了。即使成不了大业，也会有所长进。”

听了这番话，卡哈郑重其事地向母亲起誓说：“我要继续读书，像父亲那样做一个好医生！”他母亲喜出望外，全力支持。卡哈刻苦学习，考入了萨拉格萨大学。25岁时，他被该校聘为解剖学教授，他努力探索人脑神经结构，终于取得了突破性成果。

1906年，他成了诺贝尔医学奖的获得者。

如果你希望自己的世界有所改变，那么首先必须改变的就是自己。只要对自己进行深刻的检讨，采取改进措施，你的精神面貌就会发生巨大变

化，会感觉到自己在一天天地向成功迈进。心若改变，态度就会改变；态度改变，习惯就会改变；习惯改变，人生就会改变。当自己改变后，眼中的世界自然也就随之改变了。

打造魅力从拥有好形象开始

我们在慨叹不被人了解，没有人知道自己的才干时，首先应当自问："在平时的工作和生活中，自己的形象是否与所期待的自我价值相符？"如果想备受欢迎，其中的诀窍就是先塑造好自己的形象。

你的形象会说话，它可以决定别人对你的看法。对人彬彬有礼，穿着整洁，举止文雅，是个人修养的起码体现。形象也是一种资产，许多人都是因为个人形象魅力的缺失，而失去了绝好的工作和成功机会。因此，为了争取自己的利益，我们应尽快树立起自己的形象，培养起在大家心目中的威信来。

1960年，在尼克松与肯尼迪的总统竞选之争中，尼克松似乎在资历上占有绝对的优势，但是却忽略了对自己外表的包装。以至于贵族家庭出身的肯尼迪评价他："这家伙真没有品位！"受到家族的影响，肯尼迪懂得如何利用自己的外在优势获取选民的信任。在他与尼克松的电视辩论上，肯尼迪浑身散发着领袖的魅力，看起来坚定、自信、沉着，不仅能够主宰美国的政坛，而且能平衡世界的局面。从电视节目中的一个握手动作上，一位政治评论家宣称"肯尼迪已经获胜"。当他提出"不要问国家能为你做什么，问一问你能为国家做什么"的口号时，激起全体美国人民的爱国热潮。

他的演说极富感染力，很深入人心，他时时刻刻注重自己在人民面前的表现，一刻也没有掉以轻心。他是美国人理想的领袖形象。几十年过去了，他的形象一直让人难以忘怀。

我们在任何场合都应该全力以赴地维护好自己的形象。形象力不仅仅指出众的外表，还包括优雅的风度，得体的谈吐，高贵的气质，也包括深

厚的底蕴与学识等。良好的形象在交往中可以对人产生强烈的吸引。

一样的人，站在公众中间，对人们的影响是不同的，形象好的人会更受欢迎。他们在出入种种场合，与他人打交道时，似乎总能保持自己的优势地位，总能吸引无数双眼睛，这不仅由于他们是领导者，更重要的是他们懂得如何从服饰、举止、言谈等方面恰到好处地展现自己的风采。他们注重在细节中塑造自己的形象，其得体的服饰、落落大方的举止，幽默而又不失犀利的言谈将会使其无往而不利。所以我们必须注重自身形象，把握好外表形象装饰，更重要的是要注意外在形象与内在之美相结合。

可是树立好形象并不是一朝一夕的事情，需要你在谈吐、举止、修养、礼节等各方面提升素质。如果在日常工作中，能够注意到以下几点，将会为你树立良好个人形象打下坚实基础。

1.以良好的第一印象深入人心

“好的开始就是成功的一半”，我们应注重修饰仪容仪表，使言行服饰适合职业身份，通过外表形象向人们展示自己独特的人格魅力、成熟的气质和非凡的能力。假如你在与人初次见面时就通过你的仪表和言行举止呈现了良好的第一印象，这样你就不仅第一眼被人注意，且会在以后的无数瞬间都被人记住。接下来开展工作定然会取得事半功倍的效果。

2.在着装上讲究形象艺术

衣着虽然是一个人外在的因素，但它又是一个人重要的内在修养的表现。它反映出一个人的修养、情操 、文化底蕴等，因此，应在着装上下功夫。

一般来讲，一个人无论从事什么工作，在穿着方面都要有起码的要求，第一是整洁，第二是得体。服饰协调、搭配文雅往往会给人留下美好的印象，如果着装不当，最容易令人反感，甚至会降低个人的身份，自然就会影响组织的整体形象。

3.举手投足间尽显风采

姿态是无声的语言，它在你开口说话之前就传递出了信息，使人对你产生印象。一般来讲，姿态语言是指人的动作和举止，包括姿态、体态、手势及面部表情。良好的仪态能够展示自信和成功，大方得体的人，更容易得到他人的认可与支持。

自我推销比坐等伯乐更可靠

当今职场上，有不少人才华横溢，却总是得不到提升，从而沦为怀才不遇的人。怀才不遇者除了怨天尤人以外，也需要反思一下自己为什么会陷入这样的命运？又如何走出这种悲哀的命运？答案就是你应该调整自己的心态，比以前更加积极主动。

在人才辈出、竞争日趋激烈的今天，“三顾茅庐”的时代已经过去，你如果不主动出击，让别人知道你的能力，那么就只能“坐以待毙”。只有敢于表达自己，吸引对方的注意，才有可能得到机会。大多数人都有自己的理想和目标，但人生的第一步必须学会醒目地亮出自己，为自己创造机会。

著名导演张艺谋在成为大导演之前可谓历经坎坷曲折，但他却以进攻的姿态为自己创造了一次次机遇。

1978年，北京电影学院招生，按他的家庭情况他是难过“政审”关的。但他用自己几年来的摄影作品“开路”，给素昧平生的文化部长黄镇写了一封恳切真诚的信，并附上了自己的作品。颇通艺术的部长有强烈的爱才之心，派秘书去电影学院力荐张艺谋，他终于被破格录取。

尽管在校表现优秀，但命运仍然对他不公，毕业后他被分配到广西电影制片厂。但他并没有因处境不佳而沉沦。外部条件不好，厂小、人少、设备差、技术力量薄弱，是不利的因素。但这里也有大厂所不具备的条件，那就是科班毕业生少，名导演、名摄影师少，因而论资排辈的现象不像大厂那么突出。张艺谋主动请缨，挑起大梁，以卓越的摄影才能，一炮打响，荣获“中国电影优秀摄影奖”，这部获奖电影也成为了第五代电影人崛起的标志。

一个人要想有所成就，就不要奢望他人关注自己，而是要积极主动地把自己的才干展示给他人看。表现多了，被发现、被赏识的可能性就会增

大。这就是说我们对待机会要采取主动的态度，甚至要用我们的行动增加机会出现的可能性。很多人正是因为敢于展示自己，机遇就不“争”自来了。因此，主动出击是俘获机遇的最佳策略。

世界歌王帕瓦罗蒂曾到中国中央音乐学院访问。许多有音乐才华的学生都使出浑身解数，以求得在这位歌王面前一展歌喉。在学院的一间教室里，帕瓦罗蒂耐着性子听大家唱歌，不置可否。正在沉闷之时，窗外有一男孩引吭高歌，唱的正是名曲《今夜无人入睡》。听到窗外的歌声，帕瓦罗蒂的眉头舒展开了：“这个学生的声音像我。”接着他又对校方陪同人员说：“这个学生叫什么名字？我要见他！并收他做我的学生！”

这个在窗外唱歌的男孩就是从陕北山区来的学生黑海涛。以他的资历和背景，根本没有机会面见帕瓦罗蒂，他只能凭借歌声推荐自己。后来，在帕瓦罗蒂的亲自安排下，黑海涛得以顺利出国深造。1998年，意大利举行世界声乐大赛，正在奥地利学习的黑海涛又写信给帕瓦罗蒂。于是，帕瓦罗蒂亲自给意大利总统写信，推荐他参加音乐大赛，黑海涛在那次大赛上获得了名次。黑海涛凭着他那善于推荐自己的勇气和不断努力的精神，在他的音乐道路上取得了非凡的成就，现在黑海涛是奥地利皇家歌剧院的首席歌唱家。

再优秀的人，如果只是深藏不露而不表现自己，人们就无法看到其价值。这样下去，即使有绝世的才华，也会渐渐被埋没。所以，无论是找工作还是晋升，与其坐等伯乐，不如自我推销。在职场上，在关键时刻恰当地 “秀”一下，不失为一个引起别人注意并赢得赏识的好方法。

人生机遇难得，不要错过表现自己的极好机会。当某项工作陷入困境之时，你若能大显身手，定会让领导格外器重你。如果你有能力，可自告奋勇地去挑战那种人人避之、唯恐不及的工作，在别人都不愿意做的时候，自我推销正好可以显示你的存在，如果成功了，你当然有功劳；如果失败了，你也积累了宝贵的经验。而更重要的是，这个过程将成为你日后面对困境的勇气来源，你的作为也将成为人们评价你的基础。

身在职场，我们要具备向他人推销自己的能力，展示自己的才华，只有成功地把自己展示给他人，让他人发现你的能力，才会有机会被提拔、

重用。总之，推销自己是一种能力，有了这种能力，你才能抓住机遇，使自己立于不败之地。

自卖自夸是抬高身价的好办法

在竞争日益激烈的当下，一个人要想赢得机遇的青睐，就要学会“自夸”，充分地展现自己的聪明才智。这是十分重要的。

一个人仅仅拥有才华是不够的，还必须通过各种手段使自己的才华为人所知，得到社会的承认。如果把自己讲得一无是处，对方听了会感到失望，对你也就没有太大兴趣了。有些人之所以没能得到他人的赏识，在于其不懂得“自夸”。这是一种自我表现的方法，它既能抬高贴金者的身价，又能使别人对你羡慕、相信甚至崇拜。有了这种效果，就会使你在人群中“高人一等”，受人重视。

美国共和党人麦卡锡是一个十足的“自夸高手”。第二次世界大战期间，麦卡锡应征入伍，在海军陆战队服役。他的任务是在办公室内听取执行任务回来的飞行员的汇报。这期间，他的确受过一次伤，但并不是参加战斗负的伤，而是在一次宴会上喝醉了酒，从梯子上摔下来，跌断了一条腿。

麦卡锡从海军陆战队退役后，于1945年当选为巡回法庭的法官。到任伊始，麦卡锡立刻制订了一个竞选州国会议员的计划。为了成功，他用谎言来吹嘘自己在“二战”期间的“英雄业绩”。他吹嘘自己当过机尾枪手，曾多次执行战斗任务，在太平洋战争中出生入死，英勇战斗，立下了汗马功劳，他表示他一定信守对烈士作出的诺言，把一团糟的国内政局清理一新。为了向人们展示他曾“光荣地负过伤”，炫耀自己是“第二次世界大战”中的英雄，他有意地用他那条受过伤的腿跛着走路。

1946年，这位善于“自夸”的能手在没有半句真话的竞选中，居然当选为美国参议院的参议员，从而飞黄腾达。这颇能引发我们的思考。

一般情况下，“自夸”是对人的一种批评，他们为了达到某种目的而

故意自夸自大，增加自己的分量，因而让人反感。但在竞争如此激烈的现代社会，我们不妨利用一下“自夸”这种生存手段。因为其他人也许没有时间来评价你、掂量你，或者对你评价不足，在这种情况下，你只好自我推销，甚至有时要适度抬高一下自己。

其实，在现实生活中，自抬身价的行为随处可见。例如，有些影星提高片酬，主持人提高出场费，乃至于公司的同事要求老板加薪等，这些都是“自抬身价”的行为。当然，其中有些人名副其实，但有些人则是夸大其词。可是，只要他们敢于自抬身价，多半能够如己所愿。曾担任日本商社副董事长的海部八郎，是个公认的才华横溢的人，同时也是一位地地道道的“吹牛”大王。为增加自己的影响力，他经常亲密地称呼一些他从未见过面的政界大人物。他常对人这样说，“刚才田中先生打电话给我……”，或说“我刚刚参加过福田纠夫的记者招待会”。

在职业生涯中，人也成为了一种商品，每个人的身价都不同。人的身价太低，别人会看不起，把身价提高了，反而觉得你真了不起！所以在有些情况下，你可以适当抬高一下身价。当你向一个还不熟悉、还不了解的人介绍自己的时候，不要把自己刻意说得很低，也不要过于谦虚。你可以适当地夸张一下，夸大你目前所干的事情，夸大自己的能力和成就，夸大自己的良好感觉，这样对方才会觉得与你交往有价值，从而愿意与你交往。这种技巧的关键在于，把握好分寸，不要超过对方的心理承受能力。

也许有人认为这种类似于撒谎甚至自欺欺人的“自夸”术有失厚道，并不值得提倡，但是不可否认，在现实中，比起那种老实态度，它确实更能使我们畅通无阻，因此也更有利于我们的发展。所以说，为了自己的前程，必要的时候不妨换 “自夸”一下。

要敢于进行合理的争抢

在现代公司中，有不少既有能力又努力敬业的人，却总是得不到上级的赏识。也常有这样的人，明明为单位做了突出的贡献，却总是与提升失

之交臂，这究竟是为什么呢？

这类人在认识上有一个误区，认为“争”便是不道德，因为道德的行为是讲究无私奉献，只讲付出、不求索取。他们以为只要自己做了工作，有了成绩，他人自然就会给自己利益，因此没有必要去争取。但事实上，争取自己的分内利益是一个与道德无关的问题，按劳分配、等价交换乃是公理。有许多对此认识不清的人，总希望在对利益的退让中塑造自己的良好形象，殊不知这样一来，却让人对你的信心大打折扣。得到的只是长期的损失。

当领导赏识你的才干，想提拔你的时候，如果你一再说：“我不行，我不行”，领导对你就会有看法。他或许认为你真的不行，或许认为你怕担责任，或许认为你不给他面子，不管是哪种看法，对你都不利。

李平就是一个谨慎过分的人。他平时话不多，只知道踏踏实实，埋头工作。一年内为研究所搞出两项科研成果。为此，所长非常欣赏他，就有意提拔他为副所长。可是，每一次当所长把自己的意思说给李平时，李平总是谦虚地说：“我不行，我真的不行，您别为难我了。”如此反复三次后，所长再也不找李平谈话了，把另一个在能力上不如李平的研究员提拔为了副所长。其实，李平并不是不想当副所长，只是他过分谦让，机会最终与他失之交臂。

在这个现实的世界，纵使有良好的道德与优秀的才能，如果过分谦让，不仅是在欺骗自己，也是在欺骗别人，更是对自己功绩的埋没。所以，过度的谦让并不是一种可取的美德。谦让与恰当争取相结合，才是一个人获得成功的途径。现代公司并不排斥爱争的人，只要“跑”得快，“吃”得多些也无妨。

刘文和于森是大学同学，毕业后，他们同时应聘到一家外贸公司工作。

于森的工作能力很强，但他不习惯为自己争取利益，遇到好的机会总是回避、退让，因此一直不被上司注意，薪水也一直不见涨。

刘文性格外向，他工作积极肯干，总是不等上司吩咐就把工作做好了。同时，对于加薪、升职、带薪旅游等关系到自身利益的事，他也充满兴趣，他总是不断地对上司和同事们表示，自己努力工作，就应该得到那

些奖励。有一次，他甚至在电梯间直接向老板询问年终长假旅游事宜，表达了自己热切的期望。

两年过去了，于森和刘文的差别越来越大，当刘文已成为部门主管的时候，于森的待遇依然和实习生时差不多。而且，每当公司业绩上升要对员工实施奖励的时候，大家不约而同地想到：刘文的好事又来了！

在职场中，要想参与竞争并获得胜利，就得敢争敢抢，敢说敢干。如果一味忍让，逆来顺受，那你就什么也得不到，主动出击才会有所收获。

生活中有很多吸引人的东西，比如成功、名位、财富等，你喜欢它们，就要大大方方地站出来，表明自己拥有它们的资格。有许多抱有天真想法的人，常常以为“是你的就是你的”，“争名夺利”总显得有点儿不够高贵。其实“适者生存”，是生物界的规律，也是我们的社会规则。争取自己的利益是合情合理的正当行为，竞争并不影响你的个人形象。如果说争而不让是小人，那么，让而不争就是弱者。一个人如果没有一点“争”的意识，万事皆让，逆来顺受，就会导致软弱可欺、任人宰割，是没有任何作为和出息的。

因此，该让时就不要争，该争时就不要让。理智地对待“争与让”，才能在为人处世中表现出非凡的气度、风度和力度，才能在激烈的社会竞争中立于不败之地。

多见面才能让人更好地认识自己

在人才辈出、竞争日趋激烈的当下，一般来说机会不会主动找到你。只有设法吸引他人的注意，才有可能获得机会。那么，怎样才能吸引他人的注意呢？就是要与人多接近，增加见面的频率。

对于职场人士来说，各种聚会都是相当重要的。重要的场合可能会汇聚自己的很多老朋友，你可以利用这个机会，进一步加深情谊，同时还可能认识很多新朋友。所以对自己关系很重要的活动，不论是升职派对，还是生日聚会，最好都要积极参加。

实际上，要想将陌生人变成朋友就要让对方多看到你，熟悉你，进而增加喜欢你的程度。在当今职场中，如果你细心观察就会发现，那些人缘很好的人，往往善于制造双方接触的机会，以提高彼此间的熟悉度，然后产生更强的吸引力。

公司里来了两名新员工，小赵和小李都是某重点大学毕业的学生，被安排在同一个部门，做同样的工作。他们在工作能力上不相上下，但是在为人处事方面却有着很大的不同。

在工作上，小赵总是按时上下班，不愿意和公司里的同事进行过多的交往。小李却不是这样，每天，他都提前十分钟来到公司，把办公室打扫得干干净净；下班之后，如果有人还没走，他就留下来和别人聊聊天，说说闲话。如果同事之中有人需要帮忙，他总是竭尽全力地去帮助对方。当然，在他遇到一些困难和问题的时候，他也会诚恳地向别人求助。

有一次，他来到了刘经理的办公室，说家里发生了一件大事，务必请他帮忙拿个主意。原来他的弟弟今年刚参加完高考，想请刘经理“帮忙参考一下，看看填哪一个志愿比较好”，刘经理听说之后，心里十分高兴，就热心地给他分析了近几年大学生的就业形势，之后慎重地给他提出了一个合理化建议。

后来，刘经理手下的一个副经理调到了其他部门工作，公司决定用公开竞聘的方式选拔一个新的副经理。小赵和小李都有本科学历，又都是业务精英，于是两个人都有资格报名参加竞聘。这次竞聘的评委由职工代表和公司中层以上干部组成。这次竞聘的结果是，小李毫无悬念地以绝对的优势击败了小赵，成为了公司里最年轻的中层干部。

如果你想与某人建立良好的关系，这种方法很适用：你不妨找机会多与对方见面，每次时间不要太长。这样，给对方一个熟悉你的机会，让他回味你的为人，自会期待下次的见面。经常与人见面、聊天，带小礼物的人，人缘要好许多，赢得各种机遇的可能性也更大。

因此，如果有重要场合邀请你加入，而你恰好有时间，那么一定要参加。在这些场合你不能干坐着，或者只听别人发表意见，你要在合适的时候微笑着寒暄，与别人多交流，乘机发挥自己的才能，让更多人对你加深

印象。

要想得到上司的赏识，成为上司的知心人，平时就需要多与其交往。与上司接触的次数多了，你表现的机会也就多了，上司了解你、提拔你的可能性就会增大。接触上司的机会、渠道有许多，需要自己去积极创造。为此，你必须向上司经常汇报：完成工作时，立即汇报；工作进行到一定程度时，按时汇报；预计工作会拖延时，及时汇报。这样，与上司越熟悉，上司越可能喜欢你、提拔你。

当然，露脸也要注意分寸，不要过于显摆，免得遭受众人的谴责，而且露脸的次数也不宜过多。如果你不分场合，天天都干些出格的事，他人就再也不觉得你有什么稀奇的地方，只会骂你爱出风头。因此，你应当有所节制地“露脸”，这样他人就会对你偶尔展露的那些新鲜的才华抱以希望，并愿意将大事托付于你。

第11章 求人办事讲策略：对症下猛药，自然没有办不成的事

世上没有攻不破的堡垒，更没有办不成的事情。办事时要投其所好地选择不同的方法，因其秉性运用切实有效的手段。正面相求行不通，不妨用点迂回战术，从侧面打开缺口。会办事的人，能够把各种各样的事情办得尽善尽美，把不可能的事变为可能。其中的关键是看你用什么方法、用什么技巧、用什么手段。

与其钻研难办的事，不如拿下办事的人

所有的事都是由人办的，办事离不开人。所以，要想做好事，必先通融人。而通融人的方法有很多，“投其所好”便是最有效的方法之一。俗话说：“不怕对方不上套，就怕对方没爱好。”所以，与其苦苦地琢磨事，不如尽心地琢磨人。把人搞明白了，事情也就搞定了。

有时候，一个人的兴趣和爱好也会成为他本身的弱点。我们在人际交往中假如能找到对方真正的兴趣和爱好，并善加利用，定会获益不少。

唐玄宗时，姚崇和张说同朝为相。张说有才华、能力强，因此被姚崇所嫉妒，两人经常明争暗斗，有时连皇上也觉得难以调解。

有一年，姚崇患上了重病，临终前，他把儿子召至床前，说：“我快不行了，只是有件事我很不放心。张丞相与我多有摩擦。我在世时，他不敢怎样，但我死后，他会罗列罪名，毁我名声。若我一旦获罪，肯定会株连你们，你们有什么办法应付吗？”

儿子们你看我，我看你，都觉得束手无策。姚崇继续说：“这样吧，等我死后，张丞相依照惯例会来祭奠。他来之前，你们可把我平生搜集到的佩饰玉玩都摆在供案上，见机送给他。待他收下，就请他为我写碑文。一旦拿到碑文，就速禀报皇上批准。这样，就万事大吉了。”

姚崇死后发丧，张说果然来吊唁。刚进灵堂，他就盯上了放在灵案上的诸多玉器宝玩。连行礼时，也心不在焉。姚崇的儿子们心中暗喜，忙按父亲生前的指教，将宝玩玉器尽数送与张说。张说假意推辞了几下，最后欢喜地收下了。宝玩送到张说府上，张说还顾不上细看，姚崇的长子便前

来求见，请求姚崇为父亲撰写碑文。既然拿了人家的东西，张说，就一口答应了，他挥笔写下了不少赞誉的话。

姚崇的儿子们见到碑文，忙按父亲的吩咐，呈奏皇上。皇上御批“可”，他们便速请人刻在石碑上。

过了两天，张说从偶得宝玩的狂喜心境中平静下来，仔细品味，才觉得此事有点不对劲，他姚崇家为何平白无故送这么珍贵的宝玩给自己呢？又一想所写的碑文，才大呼“上当”。

姚崇深知张说贪图宝玩玉器之本性，因此巧施手段，让自己的政敌心甘情愿地为自己说好话，避免政敌在自己死后对自己进行攻击，也为儿孙们免除了一场大劫难。

人都有爱好，办事时要投其所好地选择不同的方法。有时可循其善性而为之，有时也可循其劣性而进行，你只要能摸清对方喜好什么，然后据之制定切实有效的策略，就能影响及控制对方。

办事时要揣其性而授其法。一个人的性格特点往往会通过自身的言谈举止、表情等流露出来，对于各种不同的弱点，我们要根据具体情况，分别对待，善加利用。

“二战”时，美军俘虏了一位德国密码专家汉斯，并截获了一份非常关键的密码。美军破解密码的官员泰勒想了多种方法还是未果，于是便想让那位德军俘虏汉斯开口，破解出密码。可是，汉斯很难对付，不管是用酷刑折磨，还是用金钱美色利诱，就是不开口。后来，泰勒想出了一个办法，没费多大力气就获得了正确的情报。他是怎么做到的呢？

原来，泰勒找到了汉斯的一个致命的弱点，那就是他极其认真和严谨。他把那份截获的密码打乱，然后嘲笑汉斯缺乏专业水准。汉斯看到美军这样糟蹋自己编写的密码，非常生气，对待科学的严谨精神和认真态度，促使他将密码恢复原貌。于是他一边把密码的顺序理清，一边向泰勒解释为什么要这样排列。就这样，美军顺利地弄清了密码的内容，促进了战事的推进。

泰勒抓住汉斯性格高傲的弱点，用激将法促使他说出了原本不会说的秘密。

其实，任何一个人都会有自己的致命弱点。通常，我们说要置人于死地，就是要攻击他的弱点。那么这个弱点如何去寻找呢？日本顶尖业务员齐藤竹之助告诉我们："想发现每个人身上的弱点，其实是件很简单的事，你只要观察他们最爱谈的话题便可以知道。因为言为心声，心中最希望的，通常也是他们嘴里谈得最多的。你就在这些地方挠他，一定能挠到他的痒处。"

生存于世，免不了会遇到各种各样的人。要想掌控他人，只有决心是不行的，还要学会从他人的性格特征入手，洞察其内心。这样，你就能找到他们的弱点。任何人都有一攻就垮的弱点，假如我们能够找到它，并善加利用，就能顺利攻下堡垒，促使办事成功。

了解对方的喜好，看人下话碟

俗话说：见人说人话，见鬼说鬼话。这不是对处世圆滑者的讽刺，却恰恰说明了求人办事的一种手段，那就是要在不失原则的情况下迎合别人的情趣或口味，即看人说话，如此才能备受欢迎，办事成功。

美国耶鲁大学教授威廉在他的《论人性》一文中这样写道："我八岁的时候有一次到姨妈家去玩儿，晚上，有一个中年人来访，他跟我姨妈寒暄了一阵之后，便把注意力集中到我的身上来。那时我正对帆船十分着迷，他就劲头十足地跟我讨论起帆船来。我兴奋极了，甚至当他走的时候心里还恋恋不舍，盼望他明天能再来。我对姨妈说：'这个人真好，他对帆船那么有兴趣！'可是姨妈却淡淡地说：'他是一个律师，才不会对帆船感兴趣呢。'我非常诧异地问：'那他怎么会和我谈得那么起劲呢？'姨妈的回答使我永远也忘不了。她说：'因为你对帆船有兴趣，他就谈一些使你高兴的事。他这样做是为了使自己受欢迎。"这样做狡猾吗？不！这叫投其所好，根据对方的兴趣说话。

打动人心的最佳说话方式就是：跟他谈论他最感兴趣的话题。因为有兴趣就有感情，有了感情什么事就都好办了。所以，要与人建立良好的关

系，最快捷最深入的办法就是了解对方的性格特征、兴趣爱好，然后有的放矢，讨论对方感兴趣的话题。

罗斯福就是一位懂得对别人感兴趣的人。不管对方从事多么重要或卑微的工作，也不管对方有着怎样显赫或低下的地位，罗斯福和他们的谈话总能进行得非常顺利。只要是去过牡蛎湾拜访过罗斯福的人，无不为他那博大精深的学识所折服。罗斯福之所以能做到这些，是因为每当他要接见某人时，都会利用前一天晚上的时间仔细研读对方的个人资料，以充分了解对方的兴趣所在，从而投其所好。

找准话题，容易与对方心灵产生共鸣。共同的兴趣与爱好，能促进交谈双方相互接近，它在人的心理上常常会诱发出一种特殊的吸引力。说服别人的诀窍就在于，迎合他的兴趣，谈论他最为喜欢的事情。

匈牙利的米尔沙特是一位著名作家，在成名之前，去出版社送稿件时，他常常被编辑不耐烦地推出来，他们对他的稿子甚至一眼都没看，就当成垃圾丢到垃圾箱里。

后来，经过一番考虑，米尔沙特再去出版社时，不再主动送出自己的稿件，而是主动找编辑们谈话，并且专门找一些他们感兴趣的话题，比如提起他们刚刚出版的某本书，而且谈论其中的某些内容，这样许多原本对他置之不理的编辑甚至会放下手中的工作，围过来七嘴八舌地发表关于那本书的看法。米尔沙特在一旁静心聆听，并且不时地表示自己的赞成，或者把问题引导到某一位流行的作家身上，从而提起编辑们的兴趣，米尔沙特渐渐成了他们聊天不可缺少的对象。这时米尔沙特再拿出自己的稿件，受到的再也不是冰冷的漠视了。

面对初次交往的人，一开始最好避免开门见山地直述自己要达到的目的，要迂回地谈些其他事情，比如天气、足球、服装、电影等，从中找到共同兴趣点，然后再在共同感兴趣的话题上不露痕迹地、自然地转入到正题上去。这样可以取得很好的效果，在迎合别人的兴趣，满足别人的自尊后，很多事情也就迎刃而解了。

人际关系大师卡耐基在书中写道："我们要对他人真诚地感兴趣，聆听对方的谈话，就对方的兴趣来谈论以及鼓励他人谈论他自己。"当我们对他人真诚地感兴趣的时候，自然而然就会去关注他的一举一动。那么他的每一个细节都有可能成为我们与他交谈的切入点。会说话的人在说服别人的过程中，懂得迎合别人的兴趣。比如，你可以与养鱼种花者谈摆弄花草、饲养金鱼之乐，与集邮者谈集邮之道等。这常常会引起对方的兴趣，激发对方一吐为快的冲动。再比如，当你看到对方深情地抚摸着他儿子的照片时，那么你就将话题转移到他儿子身上，他会很愿意告诉你的……如果能设法找到对方的兴趣所在，就比较容易使对方产生认同感，有助于拉进彼此间的心理距离。之后再提出请求，往往令对方乐于接受。

兴趣是开启人内心的钥匙，所以找寻对方的兴趣点才是解决问题的关键。人际交往中，要仔细揣摩对方的真实兴趣和想法，针对他们感兴趣的话题交谈，然后于不知不觉中达到自己的目的。

用他人所需换取自己所愿

生活中，每个人都有需要，当需要的强度达到某种水平时就成为了愿望，愿望经一定诱因的刺激变成了动机，动机最终能唤起人的行为。因此，想要他人为你做些什么，就应该先了解别人需要什么。

要感动别人，就得从他们的需要入手。卡耐基曾说过：“世界上唯一能够影响对方的方法，就是时刻关心对方的需要，并且还要想方设法满足对方的这种需要。”了解别人的需求，再力求帮助其实现，你将发现自己的许多愿望都极容易满足。大凡成功的人，都懂得运用不同的方法去观察、研究他所要影响的一些人，然后按照他们的心理需求去满足他们。

法国国王路易十四当政期间，一向挥金如土，穷奢极侈，以致出现了严重的财政危机。路易十四被迫向银行家贝尔纳尔借钱。但他知道这可不是件容易的事，贝尔纳尔一向傲气十足。钱要借，但国王也不能卑躬屈膝吧？路易十四左思右想，设下一计：

一天下午，路易十四从马尔利宫走出来和陪同他的宫廷人员一起逛花园。他走到一幢房子门前停了下来，那座房子的门敞开着，财政总监

德马雷正在里面举行盛宴款待贝尔纳尔。当然，这桌宴席是奉国王之命准备的。

德马雷看见了国王，急忙上前行礼。路易十四满面笑容，故作惊讶地看着他们说：“啊！财政总监先生，我很高兴看到你和贝尔纳尔先生。”他又转向后者说：“贝尔纳尔先生，你从来没有见过马尔利宫吧，我带你去看看，然后我把你再交给德马雷先生。”

这是贝尔纳尔没有想到的事，他感到非常幸福和荣幸。国王一边请贝尔纳尔观赏，一边滔滔不绝地说些为了达到某种目的而惯用的漂亮话。路易十四的随从们知道他一向少言寡语，看到他如此讨好贝尔纳尔感到惊奇。

游玩之后，贝尔纳尔的自尊心得到了极大的满足。他极度兴奋地回到德马雷那里，他赞叹国王待他如此仁厚，说他甘愿冒破产的危险也不愿让这位优雅的国王陷入困境。

听了这番话，德马雷趁机提出了向他借600万元巨款的要求，贝尔纳尔欣然答允。

这600万元可不是一笔小数目，路易十四之所以如愿以偿，是因为他满足了对方的面子。办事中，若能首先满足对方的精神或物质需要，那么对方自然就会给予回报。这一战术往往一发命中，而且百试百灵。

所以，与人打交道时，我们要学会观察对方，倾听对方的心声，根据观察和倾听所获得的资料，把握他人内心深处真正的需要。

华特生在纽约的一家大银行供职。他奉命写一篇有关某公司的机密报告。他只知道有一家工业公司的董事长拥有他需要的资料。查尔斯便去拜访这位董事长。

第一次谈话没有结果，董事长不愿意提供任何资料。华特生回来后感到十分沮丧，他觉得自己必须换个方法才能说服董事长，他设法了解到董事长的儿子十分喜爱收集邮票，心里就有底了。

第二天华特生又去了，让人传话说，他要送给董事长的儿子一些邮票。董事长高兴地接见了他。他紧握华特生的手，满脸笑容。“噢，乔治一定喜欢这张！乔治准会把这张当作无价之宝！”董事长连连赞叹，同时

抚弄着那些邮票。整整一个小时，他们谈论着邮票。奇迹出现了：没等华特生提醒他，他就把华特生需要的资料全都说了出来。不仅如此，他还打电话叫人把一些事实、数据、报告、信件全部提供给华特生。

由此可见，我们如果想要深刻地影响他人，就要做到从他人最细微的需求出发。人际交往中，人的需要是多种多样的，每个人真正关注的事物往往都是十分个性化的。聪明人总会十分努力地去探知他人的特殊需求，再力求帮助其实现，以达到让对方帮助自己的目的。

当你对他人了解得非常透彻，深知他的需求，并且能设法满足他的需求时，那你求人办事将无往不利。

触发对方同情心，让不行变可行

每个人都有同情心。同情心是人与生俱来的本性。说话办事时，你如果能巧妙地激发他人的同情心，你就能如愿以偿。

营销专家袁雪峰讲过这样一件事：在一次培训会后，主办方刻意安排了一次“慈善募捐活动”。首先由一名“爱心大使”讲述了西藏的一个偏远村庄的生活情况，那里不通路，没有电，由于缺水一年只洗一次澡，连学校都是用牛粪盖的，他声泪俱下，大部分在场的人都被感动了。然后，“爱心大使”开始问：“相比我们舒适的生活，我们是不是应该给予他们帮助，哪怕是一点点的帮助？”众人齐声回答：“是”，“我们是不是应帮助这些孩子，让他们有个真正的教室，有书念？”众人齐声回答“是”……经过一连串排比式的引导，现场开始发动捐款，全场的人都捐了钱，包括并不富裕的袁雪峰自己。

人，总是爱同情弱者，哭有时也是很有作用的。有时人们流泪并不是因为他们真的软弱，而是以此来激发别人的同情心，它是人们争取利益的一种谋略。主动向他人诉说自己的苦难，使人感到你需要帮助，这是一种接近他人的最好方法。每个人都有恻隐之心，当求人帮忙时，只要能够唤起他人的恻隐之心，就可以赢得他人的帮助。而眼泪则是一种打动他人恻

隐之心的最好方法。

有一家大型杂志公司，推出了一本新书，他们向全国各地发出了征订单。可是事与愿违，征订单的回收率很低。为此，公司负责征订业务的戴蓉闷闷不乐，非常烦恼。戴蓉本是个秀丽端庄的女孩儿，即使是唉声叹气，仍不失其风韵，甚至更显得楚楚动人。

这时，公司经理走了进来，打趣道："戴蓉小姐的神态太引人注目了，如果能流下眼泪就更动人了。"戴蓉本来就不高兴，被经理一说，更增添了烦恼，果然眼眶里闪烁着泪珠。"啪"的一声，经理拍下了她哭泣的照片。

第二天，这家公司又向各地重新发了一份征订单。许多订户收到后都看得津津有味。原来，征订单上有一张彩照，是戴蓉小姐如泣如诉的动人形象，下面还附有文字说明：征订小姐因为收不到征订单正在哭泣。

此举极大地激发了订户们的同情心，不管原先想不想订书，都大笔一挥签好征订单寄了出去。

从此，一看到这家公司寄来的征订单，订户们都会想起征订小姐那副楚楚动人的面容，从而都乐意填写。

在请求别人解决问题时，应该激发对方的同情心，使听者首先从感情上与你靠近，产生共鸣。这就为你解决问题打下了基础。人心都是肉长的，只要你将受害的情况和你内心的痛苦如实地说出来，对方都会动心的。

要引起对方的同情，必须先了解对方平时爱好什么，赞扬什么，又愤慨什么，了解他的情感倾向和对事物善恶清浊的评判标准。要引起对方的同情，还必须在人之常情上下功夫，必须把自己所面临的困难说得在情在理，令人痛惜惋惜。所以，越是给自己带来遗憾和痛苦的事情，越要大加渲染，这样，对方才愿意以拯救苦难的姿态伸出援手。

对方的同情心有时是诱出来的，有时是激出来的。所以，关键时刻要"以情感人"，激发出对方的同情心。此时，千万别吝啬你的眼泪，因为它也是一种武器，如能使用得当，照样可以取得意想不到的效果。

我们如果想通过他人的帮助来达到某种目的，最好的办法就是激发对方的同情心。

此路不通不如另辟蹊径

在求人办事的过程中，总会碰到各种各样的困难，这个时候不能直向前进，而应该想办法另辟蹊径，避开“钉子”，寻求最快的解决之道。

在办具体事的时候，如果直截了当办不成，不妨转个弯儿，迂回应变达成既定目标。特别是在局势较为复杂不利的情况下，迂回的手段高明、精到与否，往往是能否在较短的时间内由被动转为主动的关键。

西汉末年平帝当政期间，王莽已掌握大权，并有篡位之图。当时汉平帝只有十几岁，还没有立皇后。王莽便想把自己的女儿配给平帝，以稳固自己的权势。

一天，他向太后建议说：“皇帝即位已经三年了，还没有立皇后，现在是操办这件大事的时候了。”太后哪有不允之理。一时间，许多达官显贵争着把自己的女儿报到朝廷，王莽当然也不例外。然而王莽想到，报上来的女孩，有许多人比自己的女儿强，不要花招，女儿未必能入选。于是他又去见太后，故作谦卑地说：“我无功无德，我的女儿也才貌平常，不敢与其他女子同时并举。请下令不要让我的女儿入选吧。”太后没有看出王莽的用心，反而相信了他的“至诚”，马上下诏：“安汉公（王莽的爵号）之女乃是我娘家女儿，不用入选了。”

王莽如果真是有意避让，排除自己的女儿也就行了，但经他鼓动太后一下令，反而突出了他的女儿，引起了朝野的同情。每天都有上千人要求选王莽之女为皇后。朝中大臣也为他说情：“安汉公德高望重，如今选立皇后，为什么单把安汉公的女儿排除在外？这难道是顺从天意吗？我们恳请您把安汉公之女立为皇后！”于是王莽又派人前去劝阻，结果是越劝阻说情的人越多。太后没有办法，只好同意王莽的女儿入选。

王莽抓住这个时机又假惺惺地说：“应该从所有被征招来的女子中，挑选最适合的人立为皇后。”朝中大臣们力争说：“立安汉公之女为皇后，是人心所向。请不要再选别的女子干扰立后这件大事。”王莽看到自己的女儿被立为皇后已成定局，便不再推辞。不久，王莽的女儿就当上了皇后。

第11章 求人办事讲策略：对症下猛药，自然没有办不成的事

求人办事就是这样：有些话不能直言，便要拐弯抹角地去讲；有些人不易接近，就少不了从他身边的人入手；搞不清对方葫芦里卖什么药，就要投石问路、摸清底细；有时候为了使对方减轻敌意、放松警惕，我们便需用绕弯子、兜圈子的迂回战术将其套牢。

有一次，足球评论员黄健翔去采访荷兰球星古力特。可交谈刚开始对方就拒绝了他，谈话陷入了僵局，怎么办呢？请看黄健翔是如何使谈话继续的：

古：对不起，我不接受记者的采访。

黄：您误会了，我不是想采访您。我只是想向您祝福，您看我手中这摞信，都是喜欢您的球迷写给您的，这些信中表达了一个意思，就是向您祝福。

古：中国球迷真让我感动。

黄：那么，我能不能代表中国球迷问您几个问题？

古：当然可以……

黄健翔聪明地“迂回”，绕开了对方不愿触及的话题，以自己的诚恳争取和对方说话的机会，打动对方，另辟蹊径，再回到起点，顺利地达到了自己的目的。

有的时候，想解决问题，就不能“在牛角上钻洞”，而要学会迂回和放弃，做到“有所不为”。当“常规性的措施”不起作用时，选择借助其他方法，迂回曲折地走一下弯路，就能巧妙地解决问题。

要知道世上没有攻克不了的难题，更没有说服不了的人。正面相求行不通，不妨用点迂回战术，从侧面打开缺口。迂回策略能使你在说话办事的过程中一改认死理的习惯，灵活掌握，随机应变，这头不通走那头，从而开启新的成功之门。

磨人是门深奥的功夫

说话办事，不可能总一帆风顺，这就需要掌握“蘑菇战术”，不答

应，你就跟他磨到底，总能“磨”出个结果来。

反复说服，反复渲染，反复强调，不达目的，誓不罢休，这就是有心计的人对付顽固对手的“蘑菇战术”。“蘑菇战术”就是软磨硬泡的求人方法。它能够表现出你不达到目的誓不罢休的决心和毅力，以消极的形式取得积极的效果。

宋朝的赵普曾做过太祖、太宗两朝皇帝的宰相，究其性格特质，他是个性格坚韧做事又极有心计的人。有一次，赵普向太祖推荐一位官吏，太祖没有允诺。赵普没有灰心，第二天临朝又向太祖提出此事，太祖还是没有答应。

赵普仍不死心，第三天又提了出来。

连续三天反复地提，太祖真的动了气，将奏折当场撕碎扔在了地上。

但赵普自有他的做法，他默默地将那些碎纸片一一捡起，回家后再仔细粘好。第四天上朝，一言不发，将粘好的奏折举过头顶立在太祖面前不动。

太祖为其所感动，长叹一声，只好准奏。

人生在世，需要办数不清的事，需要求无数人帮忙。既然要求人，脸皮薄了不行，性子急了更不行。如果“脸皮薄”，放不下“清高”的架子，不能忍受屈辱，自然也就难以办成事。要想办事就必须摒弃身上的迂腐与矜持，肯于屈尊，不怕受辱，才能锲而不舍，以柔克刚，如愿以偿。

求人办事讲究的是磨功、缠功，必须反复说服，急不得。一个人被他人一再地依赖和求助，自然会形成心理负担，他就会因同情而软化。如果知难而退，那就是你的失败。有些人却不是这样，他们深知“会哭的孩子有糖吃”的道理，因而当他们第一次被对方拒绝后，他们会再次或连续几次发动进攻，软磨硬缠地要对方答应自己的请求。

有一次，一个瘦弱的男孩到一家电器工厂去谋职。他请求一位负责人给他安排一个哪怕是最低下的工作。这位负责人看到他衣着肮脏，又瘦又小，觉得很不满意，但又不便直说，于是就找了一个理由说：“我们暂时不缺人，你一个月后再来看看吧。”这本来是个托辞，但没想到一个月后男孩真的来了，于是负责人又推托说此时有事，过几天再说吧。隔了几天，男孩又来了。如此反复多次，这位负责人干脆说出了真正的理由：

“你这样脏兮兮的是进不了我们工厂的。”

于是，男孩回去借钱买了衣物又返回来。这人一看实在没有办法，便告诉他：“关于电器方面的知识你知道得太少了，我们不能要你。”两个月后，男孩再次来到这家企业，说：“我已经学了不少有关电器方面的知识，您看我哪方面还有差距，我一项项来弥补。”

这位负责人盯着男孩看了半天才说：“我干这行几十年了，头一次遇到像你这样来找工作的人。我真佩服你的耐心和韧性。”结果男孩打动了主管，他终于进了那家工厂。这个男孩就是后来成为日本松下电器公司总裁的松下幸之助。

在求人时，既要有自尊，但又不要过分自尊，为了达到自己的目的，有时脸皮不妨“厚”一点，碰个钉子，不气不恼，照样微笑着与人周旋，只要还有一丝希望就要全力争取，不达目的决不罢休。

一些推销员的做法值得我们借鉴。推销员在推销产品的时候，经常遭到客户的拒绝，可是过了一段时间以后，推销员又毫不气馁地来了。如果客户说：“我们没有购买的意思，你再来多少次都是没用的，所以，我劝你不要再浪费口舌了。”

推销员却毫不在意，仍然笑着说：“请别替我担心，说话跑腿，是我的职责，你若能给我一些时间，听我解释解释，我就知足了。”客户看见推销员汗水淋淋，仍然微笑，不买感到过意不去，于是买了一些。客户这时往往会想：“推销员经常来这里，为此他花了很多心力，若不买他的产品，就有些对不起人呀。”这属于加重人们心理负担的推销办法。

一磨到底，要能“磨”，还要会“磨”。换言之，“磨”，不是消极地耗时间，也不是硬和人家耍无赖，而是要善于采取积极的行动影响对方、感化对方，促进事态向好的方向转化。办事不可面薄心软，知难退却。软磨硬缠，一磨到底，必然无往而不利。

第12章 搭建你的朋友圈：

人情早储备，多点贵人围绕身边

一个人能否成功，不在于你知道什么，而在于你认识谁。专业是利刃，人脉是秘密武器。人脉即意味着财脉。所以我们要广交朋友，营建人脉网络，这需要多对周围的人进行感情投资。投资人脉，一是尽力扩大交际圈，二是增加圈子中有价值人的数量。让你的人脉像蜘蛛网一样四通八达，这样你就可以从中源源不断地获得人际助力。

别害怕受冷落，用你的热情点燃对方

每个人都希望能和别人建立友好、和谐的关系，然而，要实现这一愿望并非易事。在现实生活中，每一个人，或多或少，或轻或重，都会遇到过“冷落”。令许多人感到苦闷的事情是，“刚才明明听见他们聊得很开心，可是我一走过去，他们就不说了，难道是在说我什么吗？”“看着同事们谈笑风生，我也想融入进去，可就是插不上嘴……”很多刚刚步入社会的人面对陌生的环境，都觉得很难融入其中。

面对被人冷落的现象，首先应承认它的存在，允许它的发生。也就是说要有接受冷落的心理准备。当然，承认冷落的存在，并非承认它存在的合理性，而是承认它存在的客观性。既然矛盾是客观存在的，那么与其回避矛盾，惧怕矛盾，不如将之解决。

每个人都程度不同地尝到过被人冷落的滋味，但人们面对“冷落”所采取的态度却不尽相同。有的人面对“冷落”，便变得消沉起来，一蹶不振。在与人交往时，表情不自然，说话也走了样儿，想好的话也变了调儿，对方对这样的人当然很难高看。于是，越受对方的“冷落”，越感到紧张、不自在，致使心理压力越来越大，形成恶性循环，以致对以后的交往产生了诸多不良影响。最终使自己陷入自我封闭、孤独寂寞的困境而难以自拔。

有的人不怕“冷落”，仍然表现出了一种泰然处之、从容应对的超然境界，其结果是使自己由“冷落”走向“热烈”，建立了良好的人际关系。

第12章 搭建你的朋友圈：人情早储备，多点贵人围绕身边

史磊刚从大学毕业，现在在一个单位的办公室工作。他每天看到别人在业余时间有说有笑，打牌聊天，好不热闹，也想凑过去，可话到嘴边就卡住了，他不知怎么接话，处事也不怎么圆熟，很容易莫名其妙地得罪人。

史磊上班好几个月，除了本部门的同事，其他办公室的人他基本叫不出名字。领导和同事们好像对他也无多大的好感，显得比较淡漠。他急于想接近几位年龄相仿的同事，他们似乎总是回避他，使他产生了“格格不入”的孤独感，觉得很苦闷。

无奈之下，史磊去向职场专家请教，当对方得知了他的苦恼之后，笑着开导他说：“他们‘冷’，你就‘热’，就是石头也能被焐热！”

听了这番话，史磊顿时茅塞顿开。从此之后，他主动接近同事，寻找相互了解的机会。在努力做好自己工作的同时，还主动帮助同事做一些力所能及的事情。比如，他每天都会提前来到办公室，打扫卫生，并根据每个人的喜好，沏上一杯热茶或是倒上一杯开水……不论在工作中还是偶遇同事，史磊都热情主动地上前打招呼；单位组织的集体活动，他都积极参与；遇到同事家有婚丧嫁娶的事情，就主动去帮忙；有时周末或节假日，他还主动邀请同事去参加舞会，或者一同上街购物。渐渐地，同事们对史磊有了热情，并开始接受他，史磊的人际关系变得越来越好。

一年后，单位有一个出国深造名额，经过大家的一致认定，把这个令人羡慕的机会给了史磊。

史磊的方式是属于“以热对冷”，而使对方的好感升温。面对别人的轻视和怠慢，我们不应回避和退缩，而应主动示好，这样做才是有益和实用的。在社会交往中，那些主动接纳别人的人，在人际关系上较为自信。你的主动交往很重要，特别是当受人“冷落”时，主动解释，消除误解是重新建立良好的人际关系的关键。

“冷落”是客观存在的，我们要直面冷落，既不回避，也不惧怕。比如，面对冷落你的人，早上见面时，可以主动上前问候一声：“早上好”；当对方工作忙时，你可以助他一臂之力；当对方乔迁新居时，你可以主动当个帮手，等等。如果你能这样去想、去做，是完全有可能改变对

方的态度的。人与人之间的交往本来就是这样：你想得到别人的尊重，自己先要尊重别人；你想得到别人的热情，自己先要热情待人；你想得到别人的理解，自己先要理解别人。这样，就可能用自己的热情博得他人的好感，用自己的温情暖化他人心中的坚冰。

人与人之间的交流是双向的，为了以后的人缘更好，当前也许需要你“以热对冷”，作出一些必要的让步。

从细节着手，建立来往交情

如今是商品社会，凡事讲交换，但人毕竟是有感情的。人与人之间，如果不经过长期的培养，就产生不了信任感，更谈不上所谓的互助互利。只有经过长期的感情培养，才会充实彼此间的感情空间，达到信赖的程度，在关键的时候，才能够帮助自己。

钱钟书困居上海写《围城》的时候，窘迫过一阵。那时他的学术文稿没人买，面临着挣钱养家的困境。恰巧这时黄佐临导演上演了他夫人杨绛的四幕喜剧，并及时支付了酬金，才使钱家渡过了难关。时隔多年，黄佐临导演之女黄蜀芹之所以独得钱钟书亲允，开拍电视连续剧《围城》，是因为她怀揣老爸一封亲笔信的缘故。钱钟书是个知恩图报的人，黄佐临40多年前的义助，钱钟书多年后还报。

要想获得别人的支持，首先自己要多付出。尽管在当今社会，由于生活节奏的加快，人与人之间的关系较之以前稍显淡漠，但是“人情生意”却从未间断过。要想难时有人帮，就要提前准备筹划，为自己储备人情。

事实上，越是亲密持久的关系，越需要不断地对其进行情感投资。因为人与人之间都有一种情感上的期待，这种期待需要不断地以情感来浇灌。所以“感情投资”应该是经常性的，应该处处留心，善待每一个人，从小处着眼，时时落在实处。分析那些在社交场合广受欢迎的人，其实只是参透了人心的微妙，留意了一些不被人注意的小事。人心微妙，事无大小，越是小事，越可体现出一个人的风范修养。

第12章 搭建你的朋友圈：人情早储备，多点贵人围绕身边

推销大师乔·吉拉德在和自己的顾客达成交易之后，并不是把他们置于脑后，而是继续关心他们，并恰当地表示出来。乔·吉拉德从来没有忘记他之所以在推销生涯中获得成功，得益于众多信任他的客户朋友。他由衷地感激他们，因此除了给他们提供周到的服务，还经常给他们赠送小礼品表达心意。每一位客户每年都会收到他的感谢信、生日卡或者圣诞卡……凡是在乔·吉拉德那里买过汽车的人，都收到了他的贺卡，也就记住了他。

只有真正关注他人，才能赢得他人的注意、帮忙和合作。我们一定要关心每一个朋友，适时送一些他们喜欢的礼物，在适当的时候问候他们及家人。人与人之间关系的好坏不一定只有在大事中才能体现出来，在日常生活的琐碎事之中更能体现出你的友善。既懂得工作的重要，又深知生活的乐趣，随时把心中最真诚的愉悦带给大家，这正是处理好人际关系的要诀。这样你在事业上一定会无往不利。

蒋平是某电器公司的老总，他平时非常注重“人情投资”。他的交际方式与众不同之处是：不仅联络各界要人，对年轻的职员也投入感情。

事前，他总是想尽办法将公司内各员工的学历、人际关系、工作能力和业绩作一次全面的调查和了解，认为某个人大有前途，以后会成为该公司的要员时，不管他有多年轻，都尽心款待，他这样做的目的是为日后获得更多的利益做准备。他明白，诸多欠他“人情债”的人当中肯定会有人给他带来意想不到的收益。他现在做的亏本生意，日后会收获颇丰。

所以，当自己所看中的某位年轻职员晋升为科长时，他会立即跑去庆祝，赠送礼物。年轻的科长自然倍加感动，无形之中产生了感恩图报的意识。他却说：“我们公司有今日，完全是你努力的结果，因此，我向你这位优秀的职员表示谢意，也是应该的。”

这样，当有朝一日这些职员晋升至处长、经理等要职时，还记着他的恩惠。因此在生意竞争十分激烈之时，许多承包商有的倒闭了，有的破产了，而他的公司仍旧生意兴隆，其原因是由于他平时注意“人情投资”的结果。

可见，“储存人情”应该从小处、细处着眼，事事落到实处。真正善于利用关系的人都有长远的眼光，能未雨绸缪。这样，在危急时就会得到意想不到的帮助。

每个希望有所作为的人，一定要珍惜人与人之间宝贵的缘分，即使再忙，也别忘了沟通感情，比如和朋友吃饭，同客户交谈，和他人闲聊等。我们应意识到这些交际的重要性，不仅能加深现有的关系，还能拓宽人际圈子。你只需定期与朋友通个电话，发一封电子邮件，或是喝杯咖啡聚一聚，就可能为自己带来许多新感受，增加许多新机会。

人际交往中，多对周围的人进行“感情投资”是值得的。说得世俗一些，你现在钓不到大鱼，就应该对身边的小鱼进行“全面撒网，重点培养”，为自己日后发展创造一个人际基础。

让自己更有价值，吸引朋友来到你身边

人际交往的实质是什么？就是利益交换。我们不得不承认的是，大部分朋友都是在谋取共同利益的过程中结交的，利益越一致，关系越深厚。在无处不充满竞争的当今社会，人际关系大部分都建立在“我认识这人有什么用”之上。

你如果想赢得人脉，那就必须在你们之间建立互利关系，这是巩固你们关系的一个根本。新东方总裁俞敏洪说过一句话：很少人能和与自己地位相差太远的人建立真正的人脉关系。当人与人之间相互利用可以占有最大利益时，同甘共苦才会成为共同的选择。你的价值就在于你可以满足他人的需要。如果一个人的朋友很少，那是因为他非常缺乏可以高度满足他人需要的价值。这样的人对于别人来说就是一个没有价值的人，自然朋友也不会很多。

有时候你的价值决定着你的人际关系，你越是有价值，那么就越有利于你建立起强大的人脉关系网。有一个30岁的未婚女青年曾这样感慨：“我的另一半应该在天平的另一边，我有多重他就会有多重，我有多少价

值他就有多少价值，所以我要先提高自己的价值，这样我才能找到一个同样价值的老公，我对丈夫的要求就是我对自己的要求。”仔细想想她的话，还是有一番道理的。

每个人都愿意与比自己强的人交往，如果你有非常出众的能力、良好的关系网络等可被别人“利用”的价值，自然能提高自己的身价，你在做事的时候就会如鱼得水。孙悟空要过火焰山，低声下气地去求助铁扇公主。要是平常，区区的铁扇公主他哪会放在眼里，天庭龙宫在他眼里都不过如履平地。但是他过不去火焰山，只得求助铁扇公主，就是因为铁扇公主有“芭蕉扇”，这就是铁扇公主“可以被利用的地方”，有了这个利用价值，连孙悟空都要向铁扇公主“低声下气”，好话说尽。所以，要想赢得别人的帮助，或者得到别人的器重，那么，你首先就要提升自己被“利用”的价值。也就是说，你的“被利用”价值决定了你在别人心目中的位置，决定了别人是否愿意帮助你。

鹏浩大学毕业后进入一家机关单位实习。在工作中，他很佩服那些有能力的同事，而且也希望自己能融入他们的圈子，但当鹏浩靠近他们的时候，有的人对他似乎并不热情，有的人甚至对他爱答不理。

起初，他感到困惑。同事之间不是应该相互帮助吗？有一次，偶然间他听到同事在背后议论他：“鹏浩对我那么好，估计是想从我这里学到一些东西，关键是他什么都不会啊。对我没什么帮助！帮他还不如帮老处长的外甥呢！”“就是！”另一个同事随声附和道。

鹏浩听到这些对话后，非常生气。他气愤那些同事都是势利的小人。他也明白了，同事并不欠我的，没有理由“应该帮助我”，有些人之所以对自己不感兴趣，是因为自己还不具备让人感兴趣的能力与条件。

于是，鹏浩在工作中非常努力，还利用假期参加职业进修班提高自己的职业技能。在接下来的工作中，他不断创造业绩，很快就受到了领导的器重。以前对他不感兴趣的同事们，也渐渐地开始对他表示好感，甚至有一些老同事还要给他做媒呢！

理所当然，试用期结束，鹏浩被留了下来，而那个老处长的外甥被淘汰了。

要想在社会中有所作为，首先要提升自我，让自己有“被利用”的价值。假如你想与某人成为朋友，或与他达成某种交易，那么你必须能够提供某种利益，满足他的某种需要。人与人之间只有相互交换利益、相互满足对方的需要，才能建立密切的关系。

人之所以愿意与人交往，大多时候，是因为交往对象能满足自己的某些需求，这种满足，既有精神上的，也有物质上的。所以，按照人际交往的互利原则，人们实际上采取的策略是：既要讲感情，也要有功利。只有不断提升自己“被利用”的价值，才能吸引更多的人帮自己，才能加快成功的步伐。所以我们要不断地加强学习，增长实力，不放过任何一个能够提升自身价值的机会。

聪明的人不会抱怨现实的残酷无情，只会努力地让自己变成一个有价值的人，一个有用的人，这样才会在别人的“利用中”不断扩充人脉，实现自己的人生价值。

扩大交往范围，让朋友遍布各处

社会如同一张网，交织点都是由人组成，我们称为人脉。人多好办事，人脉就是财脉。如果我们没有高学历、没有背景，那么还有一个扭转命运的机会，从现在起，建立自己的“人脉网”。

一个人能否成功，有时不在于能力，而在于人脉关系有多广。人脉是一个人赢得财富、成功的保证。它可以让你比别人更快地获取有用的信息，进而转换成升迁机会或者财富。

汪海亮是个千万富翁，他的生意早已经拓展到了海外很多国家。而他在16年前还只是一个来自河南乡下的穷小子。那么他凭什么赢得了如此多的财富？用他自己的话说就是“我能有今天，靠的都是朋友的帮助。”汪海亮有两三千个朋友，每年都会见面三四次的约有1500个，经常见面和联系的约有三四百人。也就是说，按照1年365天计算，汪海亮每天至少要见12～17个朋友。而汪海亮积累的这些人气，和他事业的一步步发展息

相关。

大学毕业后，汪海亮在一个朋友的推荐下来到了上海，在一家珠宝公司任部门主管。在工作期间，汪海亮逐渐认识了第一批朋友。后来，在朋友的介绍下，他加入了上海香港商会。后来香港商会一位副会长由于工作调离上海，推荐汪海亮为香港商会的副会长。而利用香港商会这个平台，汪海亮又认识了一大批成功人士。

再后来，汪海亮就在朋友的推荐下开始投资房地产。由于当时上海的房地产已经火热起来，有时候即使排队都买不到房子。而在朋友的帮助下，汪海亮通过一些朋友，可以很容易买到房子，而且还是打折的。几年后，在朋友的建议下，汪海亮又陆续把手上房产变现，收益颇丰。

我们常羡慕非常能干的人，觉得这些人有手段，办起事来得心应手，能得到各方的援助。其实，这有赖于其丰富的人脉资源。人脉是一个人无形的财富。人脉的作用有时大于专业。一个善于拓展人脉的人，不仅会备受欢迎，而且办事有人帮，遇难处处通，比常人更多几分制胜的把握。

现在，人脉关系越来越重要。所以，要想更好地利用关系网，就必须用心地去结交每一个人，用心地经营自己的人脉。马上行动，制作一张全面的“人脉关系联络图”。我们在人际交往中要有所选择，认清目标，找到对自己事业有帮助的人，最后与之联系，建交关系，并纳入自己的人脉关系网。

1.建立有效的个人信息网

建立有效的个人信息网，比如说对于收到的各种各样的名片分门别类地进行整理。注明时间、地点，回到家就输入自己的手机或者通讯簿里面，并且确定关键词的寻索，以便随时查找。

2.挑出最有可能帮你的人

在构建了自己人脉网络图的基础上，对自己的人脉作一番分析，就会清楚现有人脉在哪些方面对自己的帮助大些，在哪些方面对自己的帮助小些。

你不妨给自己的人脉进行分级，可根据情况分成三级，高级就是对自己支持力强，或者是和自己关系非常密切，或者是对方拥有较多的资源。

中级是对自己有一定的支持力，而且还有一定的上升空间，这样的人脉是在拓展中需要重点关注。低级是目前看来对自己的支持力一般，可能是时间不够，也可能是对方所处的地位和领域跟自己相关度不大，这种人脉应该予以维护，等待时机。

事实上，“支持力”分析其实是为了进一步明确自己的人脉现状；可以查漏补缺，某些被忽略的人，可能在分析之后却发现会对自己的事业很有帮助。作这样的分析有利于制定一个比较有针对性的人脉网拓展目标。

3.对关系进行分类

对关系进行分类，知道他们不同的作用。因为生活中一时有难，需要求助于人，事情往往涉及很多方面，你需要很多方面的资源，不可能只从某一方面获得。所以一定要分门别类，对各种关系的功能和作用进行分析和鉴别，把它们编织到自己的关系网中。

4.建立更广泛的联系

可以运用网络的群组关系，把你的朋友组合在一起。你可以定期将他们组织起来，积极参与社会活动、聚餐等，互相增进情谊。在交往中要能找出对方的优点，多多学习及夸赞；留心对方喜欢什么，以便进一步投其所好。

总之，我们要抓住瞬间机会，为自己营建人际网络，像滚雪球一样，使人脉圈子变得越来越大、越来越广。只有学会建立自己的人脉网，你才能比别人更强大，更成功。

第13章 巧妙与他人协作：

独木不成林，依靠别人的力量才能有大作为

对于每个人来说，团队精神都是至关重要的。团队精神是一个组织不断向上的原动力，一个组织的团队意识越强，它就能越好地发挥团队的作战能力。作为个人，固然要拥有自我发挥的空间，但更重要的是，要用心培养自己协同合作的团队精神。这样就能创造出优秀的团队业绩，个人才能依靠团队的力量提升自我。

合作才能双赢，甚至多赢

职场中并不缺少有能力的人，但每个企业真正需要的是既有能力又富有团队精神的人。所谓团队精神，简单地说就是大局意识、协作精神和服务精神的集中体现。团队精神的核心是协同合作。

合作是一种精神，更是一种借助别人的力量使自己成长的智慧。个人的力量和智慧是微不足道的，即使是天才也需要他人的协助，所以相互配合才是高效工作的根本。只有合作才能够生存，才能求得发展。

每年的秋季，大雁在头雁的带领下，由北向南以“V”字形长途迁徙。大雁在飞行时，保持“V”字形基本不变，但头雁却是经常替换的。头雁对雁群的飞行起着很大的作用。头雁在前开路，它猛烈地扇动翅膀，在翅膀下边就会形成一个相对真空的环境，跟在它后边的一只大雁就会占领这个位置，飞行的阻力就小了。同样，跟在后边的大雁，相继都会借助同样的力量。

这样一来，前面的大雁就会给后面的大雁营造了一种环境，使得它们在飞翔过程中克服的阻力要比原来单飞的时候小得多。而且，在雁阵中领头雁是来回交换的，当领头雁累了，下一只雁就会马上来接替。

科学家的风动实验表明，当雁阵成群往前飞的时候，它是单只大雁飞行速度的1.71倍，可见，经过组合的雁阵，效率要比单只雁飞行高得多。

当大雁扇动双翼时，尾随的同伴可以借力飞行。由此可知，拥有共同奋进目标的人一起努力，可以更加迅速地到达目的地。在工作过程中互相帮助、扶持，就能发挥出1+1>2的工作效果。

第13章 巧妙与他人协作：独木不成林，依靠别人的力量才能有大作为

职场中，我们应重视团队的力量，懂得“1+1＞2”的道理。即使你是“天才”，凭借自己的能力，也许可以获得一定的成就。但如果你懂得把自己的能力与他人的能力相结合，就定然会取得更大的成就。作为团队中的成员，要互相支持不拆台、互相尊重不发难、互相配合不推诿，这样才能使整个团队在思想上同心，目标上同向，行动上同步，作为团队中的个人也才能用团队的智慧和力量去解决面临的各种困难和问题，从而为自己的成长铺好道路。

在2004年的雅典奥运会上，意大利排协技术专家卡尔罗·里西在观看中国女排训练后认为，中国女排在奥运会上的成败很大程度上取决于第一主力赵蕊蕊。可在正式比赛开始后，身高1.97米的赵蕊蕊因腿伤复发，无法上场了。中国女排只好一场场去拼，在小组赛中，中国队最终输给了古巴队，夺冠似乎没太大希望了。

然而，在与俄罗斯的决赛中，身高仅1.82米的张越红一记重扣砸在地板上，宣告这场历时2小时19分钟、出现过50次平局的巅峰对决的结束。经过了漫长、艰辛的20年时间，中国女排再次摘得了奥运会金牌。

女排夺冠后，中国女排教练陈忠和放声痛哭两次。男儿有泪不轻弹，其中的艰辛，只有陈忠和和女排姑娘们最清楚。

那么，中国女排凭什么战胜了那些世界强队，凭什么反败为胜？陈忠和赛后说：“我们没有绝对的实力去战胜对手，只能靠团队精神去赢得胜利。用两个字来概括队员们能够反败为胜的原因，那就是‘忘我’。”

合作具有无限的潜力，因为它集结的是大家的智慧和力量；竞争的所得是有限的，因为它激发的是个人或少数人的力量。团队越来越需要精诚合作，在共同的大目标下努力把事情做好。只有这样，团队才能进步，团队中的个人才能得到更好的发展。

如果不合作，1就是1，2就是2。只有合作，才能够实现1+1>2。工作中，只有合作才能把一个人的赢，变成双赢或多赢，只有通过合作才能实现目标。在一个企业里，如果个人之间磨合不够，缺乏默契，团队合作意识模糊，工作就不能顺利开展。

德国科学家瑞格尔曼做过一个著名的拉绳实验，告诉我们1+1<2，即整

体小于各部分之和，这是合作不利的结果。

瑞格尔曼将测试者分成四组，每组人数分别为一人、二人、三人和八人，要求各组用尽全力拉绳，同时用测力器分别测量拉力。测量的结果有些出乎人们的意料：二人组的拉力只为单独拉绳时二人拉力总和的95%；三人组的拉力只是单独拉绳时三人拉力总和的85%；而八人组的拉力则降到单独拉绳时八人拉力总和的49%。

可见，团队力量并不完全取决于群体中个体数量的多寡，组织内的成员如果不能协调一致地行动，就很容易产生内耗，必然无法产生整体大于部分之和的协同效应。

为此，作为团队的一员，只有培养团队精神，练好基本功，增强自身实力，才能跟上团队的步伐，和团队一起前进、发展。个人只有最大限度地发挥自己的潜力，才能发挥团队的整体威力，产生整体大于各部分之和的协同效应。

一个团结的队伍拥有难以想象的力量

俗话说："一个和尚挑水喝，两个和尚抬水喝，三个和尚没水喝。""三个和尚"是一个团体，他们没水喝是因为互相推诿、不讲协作。这就是典型的"三人成虫"现象。

在当今职场，人们在利益面前很容易产生分歧，而不能达成一致；不能相互配合，反而相互拆台。从而不能形成合力。这些问题如果解决不好，团队内的成员就不会协调一致地行动，甚至会产生内耗。而解决这些问题的着眼点就是团队精神。一个团队没有团队精神，就像一盘散沙，凌乱散碎，毫无生命力，毫无战斗力可言。

一盘散沙，难以起到太大的作用；如果建筑工人把它搅拌在水泥中，就能成为建造高楼大厦的材料。单个人犹如沙粒，只有融入团队，才会发生意想不到的变化，变成对整体有用的人才。

一个人的能力始终有限，每个团队成员必须提高自己的团队合作意

识，这样，整个团队才能发挥出“以十当一”的功效，更好地去完成任务，在帮助别人的同时成就自己。

我们要学习狼的合作精神，狼的伟大在于团队合作精神，一只狼是条虫，十只狼是条龙。

在广阔的草原上，下过一场大雪之后，大地上一片白茫茫，许多动物早已进入了冬眠。可是，狼群必须消耗它们的体力出去寻找食物。往往经过一两天的奔波，它们仍旧一无所获。如果它们不尽量地保存自己的体力，那么连续的劳累再加上饥饿和严寒的折磨，它们很可能会丢掉性命。

聪明的狼群在这时最常使用的方法是“纵队排列”，也就是一匹狼紧接着另一匹狼的长列队伍。狼群里单一纵队的第一匹狼，往往扮演着开路先锋的角色。它会消耗极大的体能，推开眼前柔软却无边的雪堆，为接着通过的狼节省体力。当纵队的第一匹狼疲累之后，它会移往队伍旁侧，并让下一匹狼担任开路先锋的任务。这样，不断替换开路先锋，让狼群的捕猎队伍成员，在耗费最少体能的情况下，保留体力以应对随时出现的狩猎挑战。

每个狼群都是一个优秀的合唱团。当狼在一起号叫时，仿佛在宣告：“我们是一个整体，但是各个都与众不同。”狼群最伟大的品质就是它们的合作精神，也正是这种合作精神让它们长存于世。

没有哪一种力量会比团队所爆发出来的力量更强大，而要产生这种力量，就需要团队中的每一位成员齐心合力、协同作战。著名的西点军校十分注重相互合作，他们深知只有合作才能发展，单纯依靠个人的力量是不能够真正强大起来的。西点82届学员、西尔斯公司的第三代管理者罗伯特·伍德说：“不论再强大的士兵都无法战胜敌人的围剿，但我们联合起来就可以战胜一切困难，就像行军蚁（美洲的一种食人蚂蚁）一样把阻挡在眼前的一切障碍消灭。”

蚂蚁个头虽然比较小，但腿比较多，所以感觉爬得比较快，但当森林大火来临的时候，即使蚂蚁爬得再快，也快不过大火的蔓延。但是一场大火过后，竟然还有不少蚂蚁活着，这是为什么呢？原来，当森林大火蔓延过来的时候，这些蚂蚁会迅速地抱团，滚成一个球，滚出火场。当发大水时，蚂蚁也是这样迅速地抱团，然后跟着洪水随波逐流。有可能碰到一棵大树的树墩，爬上去了，也就获得了生存的机会。

一只蚂蚁微不足道，但成千上万只蚂蚁力量巨大。可见团结就是力量。在一个团队中，合作就是团队发展的基础，不懂得合作，就会自设障碍，不能前进。

我们都有过这样的体验，用一双筷子吃饭轻而易举。但少了一支筷子，就什么都吃不到了。从理论上来说用一支筷子吃饭，应该能够吃到正常餐量的一半，但事实并非如此，假如一双筷子的功能是100的话，那么当它们合起来用的时候，每支筷子的功能就是50。而当少了一支时，那么，它们的效率不是50，而是0。

假如鸟的双翼少了一只，那么它的飞行速度不是减少，而是无法飞翔；假如火车铁轨少了一根，那么火车的运行速度不是减半，而是寸步难行。

团队合作是达成目标的必由之路，是实现工作高效能的最好方式。没有合作的团队就像一盘散沙，而团队执行需要的则是一块铁板，所以我们应学会合作，从而将“散沙”变成“铁板”。

与人合作，取人之长弥补自己的不足

随着企业的发展，个人之间的交往日益频繁，既存在着激烈的竞争，又存在着广泛的联系与合作。每个人的能力都有一定限度，善于与人合作，能够弥补自己的不足，达到自己原本达不到的目的。

团结合作，永远是组织、个人发展的根本。合作是实现共赢的最好方法，因为每个人都有自己的长处，同时也有自己的不足，只有通过与人合作，用他人之长补自己之短，养成良好的合作习惯，才能更好地完善自己。

超导微观理论的创立问题，困扰了许多人。曾经有五位诺贝尔奖金获得者力图解决此问题，却落败而归。而这项成果的最后夺魁者，竟然是

巴丁、康柏和施里弗三人。他们三个人组成了一个具有互补作用的人才结构：巴丁老马识途，把握方向；康柏年富力强，思维敏捷；施里弗善于创新，方法灵活。这是一个多边综合、多边互补的典型。

在一个人才队伍中，每个人才因素之间最好能形成相互补充的关系，包括才能互补、知识互补、性格互补、年龄互补等。随着现代科学技术的发展，很多研究项目是需要体现多边互补原则的。事实也反复证明，人才结构中的这种互补定律可以产生十分巨大的互补效应。

成功离不开合作。丹麦天文学家第谷用30年的时间精密观察行星的位置，积累了大量精确可靠的资料，但他不善于进行理论思维和科学整理，最终没有重大发现。临终前，第谷将资料交给助手开普勒，并指引他按这些资料编制星表。第谷的精确观察和开普勒的深刻研究相结合，终于发现了行星运动三大定律，揭开了天体运动的秘密。

“凡事自己来”的想法是不可取的。成功之路漫长遥远，单靠个人的努力是远远不够的，要想快速达到成功的彼岸，就要学会与人合作。如今，科学知识向纵深方向发展，谁也不可能成为百科全书式的人物，每个人都要借助他人的智慧完成自己人生的超越。

杨致远和戴维·费罗同在斯坦福大学从事研究，两个人邂逅并成为了最佳搭档，创办了闻名于世的雅虎网络公司。乔布斯发明“苹果”电脑，也是通过与人合作，才创造出辉煌业绩的。在这竞争激烈的时代，工作分工越来越细，单靠一个人的力量是无法把工作做好的。所以我们要培养合作意识。如果能取人之长、补己之短，而且互惠互利，那么合作的双方都能从中受益。

西点人十分注重相互合作，他们深知只有合作才能发展，单纯依靠个人的力量是不能够真正强大起来的。在西点，教员们都会对新学员进行这方面的教育，使他们懂得：一个人的能力是有限的，当一项工作或任务远远超出个人能力范围时，进行团队协作就势在必行。西点军人的团队不仅能够完善和扩大个人的能力，还能够帮助成员加强相互理解和沟通，把团队任务内化为自己的任务，真正做团队的主人，这样的团队会战胜一切困难，赢得最终的胜利。而自己也会在团队协作过程中迅速地成长起来。

西点军校有个说法叫“你得合作，才能毕业”。比如说，有些学员文化成绩很好，运动成绩却不行，有些人恰好相反。所以他们就把这两种人组合起来，让他们互相帮助，共同毕业。西点在实际的工作环境中，尽量模拟学员将来在战场上可能经历的情境，培养他们的团队精神和默契。在西点军校巴克纳野战营，有一个活动，是把学员分成每组35人左右的几个小组，大约是一排的规模，让各个小组在几个小时之内完成组合桥梁的任务。这是非靠团队合作才能完成的任务，这种组合桥，每一块桥面和梁柱都有几百公斤重，光是抬起一块桥面，就需要一群人的力量。

一个企业就是一个团队，团队成员之间的个性与能力互补，才能使团队成员弥补自身的不足，在工作中才能有所提高。一个人只要能够和其他人友好合作，那么他的事业之路就会越走越宽广。单打独斗也许逞一时之能，但是只有学会与别人合作，才能长久屹立于不败之地。哲学家威廉·詹姆士曾经说过：“如果你能够使别人乐意和你合作，不论做任何事情，你都可以无往不胜。”

“合作”二字写起来简单，做起来却不易，想与人建立良好合作关系，我们必须从自身做起，具备真诚、付出、包容等品质，这样他人才愿意与你合作，进而获得更大的力量，争取更大的成功。

团队面前不搞个人主义

什么样的团队最有战斗力？答案是：团结的团队。团结就是力量。任何情况下，单枪匹马都无法顺利完成目标，固执己见、自我主义是成功的大敌。团结的团队才会有统一的行动力；只有统一的行动力才可能获得高效，企业才能进一步发展。

一个几千人的装配工厂，只要其中一组人不工作，其产品就无法出厂，因为谁都不会购买没有轮子的汽车。这就是所谓团队的概念，每个个体都是团队重要的一部分，两者缺一不可。同时个体必须服从于整个团队，关键时刻应不惜牺牲个体以保存团队。

第13章 巧妙与他人协作：独木不成林，依靠别人的力量才能有大作为

在登山过程中，登山队员之间以绳索相连，一旦其一个人失足，其他运动员必须全力相救，否则整个队都无法继续前进，而当所有人的努力都无济于事的时候，只有割断绳索，牺牲那个职员，才能保住全队人的性命，而此时割断绳索的往往就是那名失足的队员。

现今的工作大都程序化，每一个人都有各自不同的领域，学会与他人互相配合，是每一个员工必备的素质。如今，越来越多的公司把是否具有团队协作精神作为招聘人才的重要标准。诺基亚招聘员工，团队精神就是重要的测试指标之一。工作能力强，具有团队协作精神的员工，是公司高薪留用的对象；而一个不肯合作的人，势必会遭到公司的拒绝。微软中国研究院的张湘辉博士曾说："如果一个人是天才，但其团队合作精神比较差，这样的人我们不要。"

一个缺乏团队意识，不懂得互助和协作的员工，即使有着超强的能力，也难以在工作中更好地发挥出自己的优势，甚至难以在职场中立足。抛弃了团队精神，就意味着抛弃了更好地实现自身价值的机会，团队固然要为此承担风险，但损失最大的无疑是你自己。

王坤是一家公司的经理，他曾经举过这样一个例子：小陶是他公司的一名员工，不仅拥有高学历，而且在工作上也取得了很多成绩。按照他的才能，早就应该晋升到更高的职位，事实上，他却一直停留在原位。

原来，小陶做事喜欢独来独往，不能和同事很融洽地相处。当同事需要协助时，他不是拒绝就是敷衍，而他也很少向其他同事求助，宁可事事自己做。

遗憾的是，小陶并没有意识到自己的问题，反而认为自己的才华没有得到上级的足够重视。终于有一天，公司经研究决定将他辞退。他不解地问："经理，如果我离开公司，你难道一点都不痛心吗？"

王坤回答说："我当然会痛心，因为我将失去一个有能力的人，但是如果你伤害到我的团队，我一定会让你离开。"

小陶之所以没有得到重用，不是因为他没有能力，而是因为他没有团队意识。现在的企业越来越重视团队的力量，当管理者觉得某一个人会影响整个团队时，即使他的个人能力再突出，也只好忍痛割爱。

聪明的人融入团队，孤傲的人被团队抛弃。作为个人，即使再受重视，再有才华，也不能以自我为中心。团队的性质决定了每个人只是团队的一部分，而不是整体。个人的所有工作都应该以实现团队的目标为中心。要形成强大的合力，就要公司上下齐心协力，同舟共济，心往一处想，劲往一处使，拧成一股绳，朝着同一个目标努力，以“集团军”作战，而不是散兵游勇，这样的合力才能产生所向无敌的竞争力。

然而，在工作中，很多人难免会有自己的想法，顾虑自己的利益，担心自己的前途，但为了大局，这时就必须学会让路。这种让路就意味着：

（1）舍小我而保大我。当个人和部门的利益与大团队的利益发生冲突时，要舍弃自我，用一时的牺牲换得团队的胜利，自己也会因此受益。

（2）坚持求同存异原则。当个人的想法与大团队的想法发生偏离时，应本着求同存异的原则，共同推进团队的工作，而不是一意孤行，固执己见。

（3）保证整体的进度。当个人和部门的工作与大团队的目标不一致时，要迅速调整，以保证整体的进度。

一个高效的团体，必定是一个高度团结的团队。在大团队面前，不仅要学会单位靠前、自我靠后，而且要避免“小自我”干扰“大团队”的情况出现。只有注重整体团队，而不是自己的小个体、小团队，才能打造优秀员工，创造卓越的业绩！

让自己融入团队中，发挥更大能量

在任何一个团队中，既然存在角色的差异，也必然存在分工。工作有很多中间环节，彼此间需要协调。有些人在做某项工作时往往只偏重于自己所应完成的部分，将工作推给相关部门与岗位便听之任之了。这种人缺乏团队精神，更多关注的是“我自己”，而不是“我们”。

有的人不易与人合作，其原因就在于自我意识太强，心中只有一个大写的“我”字，缺乏“我们”这个共同的概念。这一缺陷体现到工作上，

经常是“我”字当头，只顾及自己的利益，只考虑自己的感受，只追求自己的突出表现，而较少考虑他人如何、团队如何。

袁越曾在美国留学，毕业后，应聘到一家大公司当总经理助理。一次，该公司下属的一家分公司的产品质量出现了问题，袁越向总经理汇报说：“他们分公司的产品质量出现了问题，引起顾客投诉，我认为……”

还没等他把话说完，总经理就皱着眉头质问道：“你说什么？”

袁越不明白是怎么回事，于是又将刚才的话重复了一遍。

总经理很不高兴地说：“你说他们的分公司，那你是谁？”

袁越一下子意识到自己的失误，马上纠正说：“对不起，我们的分公司产品质量出了问题……”

当一个人说“我们”时，透露的是患难同当、荣辱与共的信息；而当一个人说“我”时，透露的是置身事外的信息，很显然，“我们”更有亲和力。企业管理专家阿瑟·卡维特·罗伯特斯曾说：“优异的成绩都是通过相互配合的接力赛取得的。团队成员必须关注整个团队的利益，而不是自己，要善于传出接力棒，而不是单枪匹马独自完成整场比赛。”

具有独立个性的人，必须融入群体中去，才能促进自身发展。作为企业的一员，我们应自觉地找到自己在团队中的位置，自觉地服从团队运作的需要，依靠团队资源去发挥个人才能，与其他团队成员一起努力去创造奇迹。当你成为团队中的一员时，“我”就变成了“我们”。你必须舍弃部分的自我，这样整个团队才能在最短的时间完成最优秀的任务，这样就才能让自己变得更加强大。

放眼一流的工作团队，他们之所以出类拔萃，无非他们的成员能抛开自我，彼此高度信赖，一致为整体的目标奉献心力。诺基亚的团队文化特别强调，“没有完美的个人，只有完美的团队”。基于这样的共识，团队沟通顺畅，可以为同一个团队目标而群策群力。因此，诺基亚的研发团队，就变成了一个人人主动的领导力聚合体。

诺基亚手机调频收音机的接收天线一直是由手机的耳机来承担，然而，这样做让一些消费者感到麻烦，他们更倾向于把手机当作普通收音机那样一打开就可以收听，不戴耳机，这种需求非常普遍。

来自北京研发中心的一个工程师，针对这个需求提出了天线内置创意。但是把这个创意变成创新成果，却是由包括他在内的一个项目组来完成的。

这是中国研发团队的第一个大创新，几乎所有诺基亚中国公司的员工都引以为傲，但没有几个人知道那个提出创意的工程师的名字，所有人都认为这是团队智慧的结晶。

具有团队精神的集体，可以取得个人无法独立完成的成就。对于团队中的每一个人而言，没有你我，只有我们。所有人都朝着同一个目标前进，为团队做出力所能及的贡献。当团队收获了荣誉和成就时，每一个为之付出过的成员，也将最大限度地实现了自身的价值。

我们应该有“只要我们赢了，谁居功都无所谓”的观念。如此，大家才会全力以赴。工作无论是复杂还是简单，都需要团队成员支持、配合。可以说，任何事业的成功，都是团队成员努力工作、默默奉献的结果。所以，在谈到自己的团队时，我们心中要有一个代名词，那就是“我们要怎么样”，而不是“我要怎么样”，这就是团队精神的体现，这样才不会使自己与团队产生疏离感，最终影响工作。

因此，在工作过程中，心中想到的应是“我们”，而不是“我”，这样在自己的独立意识转变为团队精神后，我们就会对团队奉献更多，进而也得到更多。

个人完美，但是团队可以追求极致

被誉为“团队角色理论之父”的英国心理学博士贝尔宾认为：没有完美的个人，只有完美的团队。一个人，一个企业都是如此。如果只强调个人的力量，你的内在再完美，也很难有机会表现出来，更别说创造很高的价值了。所以说：“没有完美的个人，只有完美的团队。”这一观点被越来越多的人所认可。

声宝企业创办人陈茂榜曾以打篮球为例，来强调团队合作的重要性。

他认为如果每个人只求个人表现，忽视团队精神，那么就如同打篮球，个人技艺再高强，因不能协同一致，是很难获胜的。米卢在分析某位“球星”时曾说：“按照他的个人素质，也许能成为世界级的球员，可惜他还欠缺与队友配合的意识，不能融入到整个队伍中，也就是说，他不是一个能够为团队做出贡献的球员。”

在团队中，个人或许起到了重要的作用，但个人英雄主义是一定要杜绝的。球队获胜的关键在于成员之间的配合和默契，而不是一两个所谓的“明星”球员；团队如果想走得长远，就一定要注重成员之间的平衡，而不是只突出某一个成员的才华和技巧。作为团队的一员，如果只想着展现自己的实力，没有整体意识和大局观，就不能更好地服务于整个团队。

比如，在1998年的法国世界杯上，如日中天的球星罗纳尔多所在的巴西队被外界认为是夺冠的最大热门。然而，在决赛中他失常的表现却将整个球队带入了0比3的深渊。

个人再完美，也就是一滴水；一个团队、一个优秀的团队就是一片大海。一滴水如果不融入到大海里，无论如何都会干涸。一个人如果不懂得将自己融入团队，那他就会像离开大海的水一样迅速“干涸”。

美国著名的管理学家约翰·C.马克斯韦尔曾在他的书中这样写道：“世界杯中大部分甚至全部打进的球、好看的球，都是配合的结果，都是团队协作的结果。即使是最有名的球星也需要打配合。”

被誉为“日耳曼战车”的德国足球队是世界上最优秀的足球队之一。在这样一支传统的优秀球队里，极少有个人技术超群的球星，有些球员竟然不是职业运动员。

然而，这并没有影响到“日耳曼战车”的威力，他们仍旧频频在世界级的比赛中问鼎，把意大利、巴西、英国、荷兰等足球强队打败。这是什么原因呢？

一位世界著名的教练说：“在所有的队伍当中，德国队是出错最少的，或者说，他们从来不会因为个人而出差错。从单个的球员看，德国队是脆弱的，可是他们11个人就好像是由一只大脑控制的，在足球场上，不是11个人在踢足球，而是一个巨人在踢，作为对手而言那是非常可怕的。”

全队拧成一股绳，发挥团队的最大力量——这就是德国队的秘诀！

没有完美的个人，只有完美的团队。团队中每个角色没有一个是完美无缺的，都有优点和缺点，都有优势和不足。只有互相结合、互补、相融，才能形成完美的团队，团队精神是横向动力，个人工作能力是推动企业发展的纵向动力，团队造就个人，个人成就团队。

在工作中，每个人无论是为了个体的生存，还是为了实现人生的价值，都必须通过团队才能得以完成。单打独斗的时代已经过去，只有合作方能铸就成功。一个人只有融入团队、具备团队精神，才会有生命力和战斗力。

张瑞敏在《海尔是海》中描写道：“海尔应像海，唯有海能纳百川而不嫌其细流；容污浊且能净化为碧水。正因如此，才有滚滚长江、浊浊黄河、涓涓细流，不惜百折千回，争先恐后，投奔而来。一旦汇入海的大家庭中，每一分子便紧紧地凝聚在一起，不分彼此地形成一个团结的整体，随着海的号令执着而又坚定不移地冲向同一个目标，即使粉身碎骨也在所不辞。因此，才有了大海摧枯拉朽的神奇。”

一滴水，只有融入大海才不会干涸；一个人，只有全身心地融入到团队中去，让自己成为团队的一部分，才能最大限度地实现自身的价值。从来就没有完美的个人，只有完美的团队。每个人都应昂扬奋发，融入团队，永远做大海中那一滴永不干涸的水！

第14章 学会和领导相处：

凡事多请教，聪明地获得领导青睐

和领导相处是一门高深的学问，难就难在如何摸清心理、拿捏分寸。尊重是一种普遍的心理需要。尊重领导，会给对方以舒适感，同时也会改善我们的上下级关系。所以在沟通中，我们可以用恰如其分的话赢得领导的信任和好感。掌握和领导相处的技巧，不仅能平息矛盾、掌握主动，更会让你在职场中如鱼得水、频频晋升。

对领导足够尊重，是获得赏识的前提

身为职场中的一员，要想与领导搞好关系就少不了尊重领导这一环节。领导的言行及决策，大都经过深思熟虑，是为了整个团队的高效运行。所以，不管领导是自己的长辈，还是晚辈，都应尽量尊重领导，支持领导，维护领导的权威。

尊重领导是每个下属的必备素质，不尊重领导是没有职业修养的表现。退一步说，在团队里面不可能人人都当领头人，但每个人却可以借助团队与领导的力量，创造佳绩，做团队的先进人、行业的佼佼者。所以，没有必要与领导对着干，更不要觉得领导“傻”。

在一次“如何有效影响上级”的讲座中，著名职场专家吴甘霖让大家用一种动物来描绘自己不喜欢的上级，结果有人说上级是狡猾的狐狸，有人说上级是冷血的蛇，还有人说上级是蠢笨的狗熊，不过说得最多的动物是猪。“吴甘霖认为，这表明了一种比较普遍的心态，很多白领认为上级傻，能力不够，甚至还不如自己。其实这种轻蔑上级的做法并不可取。”

吴甘霖提出了三点不要盲目蔑视上级的理由：第一，上级的“傻”未必是真傻，很可能是大智若愚；第二，上级的“傻”也许是为了考验你的忠诚、经验和能力。他装做什么都不知道，让你放手去做，在你做的过程中，将你的有关情况考察清楚；第三，如果上级真的在某方面不如你，那恰恰是你展示的最好机会。领导之所以用你，正是因为作为下属，你有过人之处。如果你是有智慧的下属，一定不是每天挑剔上级的不足，而是考虑如何配合上级，提升自己的工作能力。

第14章 学会和领导相处：凡事多请教，聪明地获得领导青睐

敌意总是由敌意来引发，尊重只能由尊重来换取。作为下属，只有你对领导表示了尊重，他才能尊重你。虽然尊重是相互的，但作为下级，则应该表现得积极主动一些。

基克尔大学毕业后在某家公司外贸部工作，不幸碰上了一个苛刻、暴躁的顶头上司，此人无事生非，把白天处理好的文件弄得一团糟，转眼出了错，又把责任推给了基克尔。

一气之下，基克尔辞职去了另一家公司。在那里，出色的工作博得了许多同事的称赞，但无论怎样也没法使经理满意。心灰意冷间，他又萌动了跳槽之念，于是向总经理递交了辞呈。总经理没有竭力挽留基克尔，只是告诉他自己处世多年得出的一条经验：如果你讨厌一个人，那么你就要试着去爱他、尊重他。总经理说，他曾经“鸡蛋里挑骨头”似地在一位上司身上找优点，结果，他发现了老板的两大优点，而老板也逐渐喜欢上了他。

听了这番话，基克尔虽然仍旧讨厌他的经理，但却悄悄收回了辞呈。

当经理又故作无奈地说“不对，我从未见过你的文件”时，基克尔没有义正词严地同他计较，他平静地说：“那好吧，我回去找找那份文件。”于是，他回到自己的办公室，把电脑中的文件重新调出再次打印，当他把新文件放到经理面前时，经理连看都没看就签了字。

基克尔说：“现在想开了，作为一个成熟的人应该学会包容他人，尊重上司，这样你会大有收获。”

上例中的基克尔非常明智，他能摆正自己的位置，不但不给领导添麻烦，还能积极主动地工作，使领导的权威得到充分体现。这样做，自然就容易得到领导的高度赏识和认可。

也许你的上司并不比你高明，但只要是你的上司，就必须服从他的命令，并且努力去发现那些优越于你的地方，尊敬他、欣赏他，向他学习。作为下属，在工作中必须做到：尊重领导的决定，支持领导的工作，处处为领导着想。当你和领导的意见发生分歧时，不能当着众人的面顶撞他，和他争论，这样会让他觉得很没有面子，下不了台，只会让他对你没有好感。最好在私下里和他交流，说话时也要采用一定的技巧，不能让他感

觉到你的威严，这样做除了能照顾他的面子外，对你自身也会产生好的影响。

在取得了领导信任之后，你还得随时寻找恰当的时机表现出你对他的尊重。有时在领导没要求的情况下，你也可以把以前的工作记录整理好，主动拿给他看，让他知道你对他的尊重，同时也可以让他清楚你的实力和对他的忠心，那领导自然就会消除疑虑，不再挑剔你了。

尊重领导，就等于给自己留下充分的余地，下属可利用这个余地同领导在私下里进行更深入的交流和探讨。领导的尊严得到了维护之后，你的好运就会紧随而至。

多向领导请教，给领导留下好印象

在职场中，不论你多聪明，都不要“功高盖主”，不要让你的领导感觉到有威胁。那么怎样才能让领导消除疑虑呢？最有效的方式就是多向他请教，有事要请教，体现的是一种谦虚；无事也请教，体现的不仅是人生智慧，更是一种高超的办事技巧。这样，潜移默化中就会拉近与领导的距离。

在职场上，下属要经常向领导作汇报、请示工作等，此时，要以请教的方式表现得谦虚、平和、朴实；甚至愚笨、毕恭毕敬，使对方感到自己受人尊重，高人一等。领导一高兴，自然会采纳你的建议，你工作起来自然轻松、有进展。

在请教的过程中，不仅提高了自身能力，还有助于你做好工作，给领导留下良好的印象，可谓是“一箭双雕”。所以，想要自己提出的意见被领导的尊重和认可，最好用请教的办法提意见。

美国第28任总统伍德罗·威尔逊，恃才傲物，对别人的意见根本瞧不起，要么不采纳，要么不理会。但他的顾问霍士却最得其信任，霍士的屡屡进言也被采纳。后来霍士做了副总统，他自述说：“我认识总统之后，发现了一个让他接受我的建议的最好办法，我先把计划无意间透露给他，

使他自己感兴趣。”霍士不但使威尔逊认为这种思想是自己的，后来他还牺牲了自己许多伟大的计划，使威尔逊获得民众的拥戴。

那么，霍士是怎样把计划移植到威尔逊大脑的呢？他常常走进总统办公室，以一种请教的口吻提出建议：“总统先生，不知道这个想法是否……您觉得这样做还有什么不妥吗……我们是不是这样……”就这样，霍士把自己的思想不露痕迹地灌入威尔逊的大脑，使他从自己的角度考虑这些计划，加以完善并付诸实施。

从上面的事例，我们可以看出“巧妙请教法”是一种非常实用的良策。首先，它是站在领导的立场上，最终是为了维护领导的权威，出发点是善意良性的；其次，这种策略是一种温和的方式，能够充分照顾到领导的自尊，易于被领导接受，效率较高。

作为刚刚进入公司的新人，如果能够在很短的时间内获得领导的赏识，对自己日后在公司的发展是至关重要的。因此，你要学会和善于利用一切时机向领导请教，适当地展示自己的能力。

张鹏是一所名牌大学的毕业生，毕业后他进了一家设计公司。到工作岗位不久，他就接到任务，张鹏很高兴，因为这是他到公司接受的第一个任务。高兴之余他又有些担心，因为他怕自己做不好，让公司蒙受损失。

他虽然感觉有些底气不足，可还是着手做了。经过周密的分析调查，他制定了多种方案。他先把这些方案拿给部门领导王经理看，又向王经理逐条分析利弊，最后又向王经理请教用哪个方案。

听了张鹏的汇报，王经理表示赞同，就采取了他重点推荐的那个方案。这时他又问王经理如何具体实施，王经理说：“你大胆放手干吧，年轻人比我们有干劲。”

张鹏连忙说自己刚来，一切都不熟悉，还得多听王经理的意见。因为张鹏的态度谦恭，意见又到位，王经理很满意，当即给部门的其他领导打电话，让他们大力协助张鹏的工作。因为有了王经理的帮助，张鹏在实施方案时，完成得又快又好。一年以后，他被提升为部门主管。

要想提高自己的能力，必须善于向领导请教。下属在提建议的时候，不妨迂回一些，对领导 “进谏”不要替对方作出决策，而是要用引导、试探、征询意见的方式，使领导在参考你所提出的建议后，顺理成章地作出你预期的正确决策。这样，他自然会觉得方案是他想出来的，所以对此构想会更加认可。

学会在适当的时候，以适当的方式向领导请教，绝不是懦弱的畏缩，而是一种聪明的处世之道，是人生的大智慧、大境界。

懂点沟通技巧，把同事关系梳理顺畅

职场上，当各方面条件都差不多的人同时挤向一座桥或一道门的时候，谁才能成为领导最青睐的那个人？显然，是沟通能力比较强的人。

沟通能力，正是一种能证明并且让领导发现你具有工作能力的能力。一个具有沟通能力的人，能迅速地给对方留下“我最棒”、“我能行”的印象。如果不能很好地沟通会对自己有什么影响？对于一般职员来说，个人可能丧失职场竞争力，达不到预期的业绩或者目标。另外，如果你没有良好的沟通能力容易引起误解，领导会另眼相看。

某公司的电脑程序员小冯一段时间内备受上司冷落，尽管他的工作业绩非常突出。其实，小冯有几次也想去跟上司沟通，令人遗憾的是，他始终没敢敲响上司办公室的门。直到有一天，公司通知他去财务部领工资，因为他被公司解聘了。这件事儿让他百思不得其解。而真实的原因是什么呢？原来公司领导听说小冯在外偷偷做兼职，有“身在曹营心在汉”之嫌。其实小冯被误解了，他根本就没有在外做兼职，是同事嫉妒他业绩出众，打了小报告诬陷他。

造成小冯最终愤恨而去的原因看似很多，比如上司的不信任、同事的诬陷等，但是，如果他在问题出现的时候，能及时、主动地去跟领导沟通，弄清真相，并予以澄清，结果也许就会完全不一样。然而，小冯却因为怯于跟领导主动沟通，最终遗憾地离开。

小冯为什么没有胆量跟上司沟通呢？这是缘于陈旧的等级观念。一般的人总认为沟通是上司对下级，哪有下级主动去找上级沟通的。这种偏见

使他丧失了与上级沟通的机会，结果是背着沉重的心理负担愤恨离去。

因此，做下属的要主动大胆地与领导沟通，征求领导对自己的意见，及时消除领导对自己的误解，或者了解领导的真实意图，以便更好地开展工作。如果你感觉到领导对自己的信任正在发生变化，那么必须找机会和他好好谈一下。谈话时可以先感谢领导一直以来对自己的信任和帮助，缓解一下交谈的气氛。其次表达一下自己的歉意。同时要解释在这件事情中，自己并没有要挑战上司权威的意思，完全是从工作角度出发，就事论事。当你与上司发生冲突时，不妨在一些轻松的场合，比如会餐、联谊活动等，向上司问个好，敬下酒，表示你对对方的尊重，上司自会排除或是淡化对你的敌意，也同时显示了你的修养与风度。

在同一个单位，当领导需要提升人员时，他选择的是那些有潜力的，善于与他人沟通的人，而不是一味埋头苦干、“闷葫芦”似的人。因为善于沟通的人，更能领会上司的意图，更善于调节办公室里的各种矛盾。同时，与领导经常交流各自的看法，了解彼此的观点，对个人的发展意义十分重大。

常青是联合利华公司的职员，他善于交际，对工作认真、负责。有一次，公司有一个晋升机会，经理准备在常青和职员苏××之间作出选择，而苏××被提升的可能性更大。面对不利于自己的局面，常青静下心来思考，觉得自己与经理的沟通或许还不够，没能让经理真正了解到自己的实力和能力。

这天，常青休息，他便随朋友一起去经理家里做客，顺便与经理沟通一下工作上的事情，并借此机会让经理更加深入地了解自己。

在轻松的氛围下，经理开心地和他谈了一些工作上的事情，他们谈得很投机。交谈中，经理发现常青的经验很丰富，而且能力也很强。经理便问他：“如果把这个晋升的机会让给你，你将怎么做？”

常春说：“我一定会尽我的全力去做，而且我感觉这份工作对我来说难度不是很大，我相信我一定会做得更好……”

最后，常青被提升了。

常青被升职，这固然和自身能力有关，同时也和他主动、及时地与经

理沟通有一定关系。由此也说明了与领导沟通的重要性。因为通过沟通才能使领导了解你的工作作风、确认你的应变与决策能力、理解你的处境、知道你的工作计划、接受你的建议，这些反馈给他的资讯，有利于他对你作出比较客观的评价，从而成为你日后能否被提升的考核依据。

良好的沟通不仅能保证人的交流顺畅，也会为人的工作表现加分。在生活与工作中注重沟通技巧的修炼，掌握沟通的方法将为你的人生创造意想不到的新局面。在竞争日益激烈的职场，有无沟通技巧往往决定了一个人职业生涯最终所达到的境界。

把功劳让给领导，赢得领导青睐

身处职场，怎样做才能既建立业绩，受到领导长期青睐，又避免因此而遭受危险呢？有一个绝招可以使用，那就是“有功归上”。用一句现在流行的话说，就是“干得好是领导的英明，干得不好是自己的过错”。这样的下属，自然会讨领导喜欢。

有这样一则幽默故事：一天，一只黑猫好不容易捉到一只老鼠，把玩了一阵，竟然把它给放了。黄狗看见了，不解地问：“你辛辛苦苦抓到的美味，为什么放了它？”黑猫故作神秘地说：“你想啊，现在领导连一根老鼠毛都没捞到，我却抓这么一只大老鼠，这不是抢它的功劳吗？所以，我把它放掉，为的是让领导来抓它！”

这只黑猫深谙“让功”的智慧。黑猫虽然没有捉到老鼠，却得到了比一只老鼠更大的实惠，那就是领导的信任和提拔。

下属有时全凭自己的努力取得了某成果，和领导没有多大的关系，这很容易让人产生居功的想法。自以为有功便忘了领导，总是讨人嫌的，特别容易招惹领导忌恨。凸显自己的功劳虽说合理，但却不合人情之需，而且是很危险的事情。被别人比下去是件很令人恼恨的事情，所以你的领导被你超过，这对你来说不仅是蠢事，甚至会产生致命后果。所以你最好不要居功，假使你取得了某种工作成绩，也要把功劳让给上级。聪明的上

级是会设法还给你这笔人情债的，同时也会给你再次建功的机会。有功归上，这也是深受领导青睐的法宝。

在现实生活中，我们经常可以看到，许多下属在作汇报的时候，将功劳和业绩都归于英明的领导，把自己置于一个配角的位置。他们抓住的恰恰就是领导的心理需求，把功劳推给领导，并不意味着你就没有功劳了，大家对事实心知肚明。一般来说，领导也不会真的抢你的功劳。相反，他会对你的为人处世的风格非常赞赏。如此看来，“推功揽过”实在有百利而无一害。

李泌在唐代历任玄宗、肃宗、代宗、德宗四代皇帝的宰相，在朝野内外很有影响。他就深谙“有功归上”之道。

唐德宗时，李泌担任宰相，西北的少数民族回纥族出于对他的信任，要求与唐朝讲和，结为婚姻，这可给李泌出了个难题，从安定国家的大局考虑，李泌是主张同回纥恢复友好关系的；可德宗皇帝因早年在回纥人那里受过羞辱，对回纥怀有深仇大恨，坚决拒绝与之讲和。

李泌知道，好记仇的德宗皇帝是不会轻易被说服的，如果操之过急，言之过激，不仅办不成事情，还会招致皇帝的反感，给自己带来祸殃。于是，他便采取逐渐渗透的办法，在前后一年多的时间里，经过多达十五次的陈述利害的谈话，终于将德宗皇帝说通。

李泌又出面做回纥族首领的工作，使他们答应唐朝的五条要求，并对唐朝皇帝称儿称臣。这样一来，唐德宗既摆脱了困境，又挽回了面子，十分高兴，唐朝与回纥的关系终于得到恢复，这完全归功于李泌克服困难，一手促成。唐德宗不解地问李泌：“回纥人为什么这样听你的话？”

如果是一个浅薄之人，必然大夸自己如何有谋略，令异族都畏服，显示出自己比皇帝都高明，这样一来，必然会遭到皇帝的猜疑和不满。李泌却没这样说，他是一个极富政治经验的人，他对自己一字不提，只是恭敬地回答：“这全都仰仗陛下的声威卓著，我哪有这么大的力量！”

听了这样的话，德宗自然很高兴，对李泌更加宠信了。

李泌在处理一种较为棘手的上下级关系时，显示了官场中人的智慧：错误、缺点算我的，重大功劳都归领导。对于身处职场的人来说，获得荣耀固然可贵，但保持谦卑则更为重要。要是你有远大抱负，就不要斤斤计较眼前成绩，而应大大方方地把功劳让给领导。这样才能使自己在职场立足，并获得长远发展。

让功给领导，需特别注意一点：别轻视领导的智商，不要赤裸裸地把功劳强加到领导身上，造成张冠李戴的尴尬场面。那样只会弄巧成拙，招致领导的怨恨。另外，当你把功劳让给领导时，切勿到处宣扬。否则，会让领导误以为你别有目的。

故意示弱，给领导做出指导的机会

不管你承不承认，那些在工作中表现出色，从不出错，也不需要领导来指点的人，并不一定能得到重用和认可。因为面对你的完美，上司无法发挥他的指导作用，无法显示他的才干。这时候，完美就是你的缺点；倒是那些懂得“示弱”的人很容易获得更多的机会，因为他们给领导预留了发挥的空间，让对方很有成就感。

其实，说白了，给领导预留指导空间，一方面是以自己的示弱，来凸显他的强大、有能力，让领导脸上有光；另一方面，是表明自己的识时务，安分守己，让领导感到自己始终在一个更高的位置上，他的地位没有丝毫受到威胁。

职场中，不管在什么样的场合，不管在什么样的环境，一定不要抢领导的风头。有时候，一些不经意的意境就是为你的领导制造的，为的就是给你的领导制造自我展示的机会。如果你不够识趣的话，兀自逞能，就有可能抢了你领导的风头，那么你自食恶果吧。

华悦刚参加工作不久，他总向一位朋友抱怨自己的领导，说自己对工作非常投入，可领导就是不肯定他，反而经常在开会的时候有意刁难他。

朋友问他：“你平时的桌面干净吗？上班迟到过吗？”他回答：“从来没有迟到过，我上学时表现优秀，在家也是好儿子，我从来没有让父母、老师操心过，我对自己要求特别严。”

朋友笑着说："这就是你的不对了！你平时工作努力，能力较强，业绩突出，在细节上也没什么问题，那不就等于告诉领导：'我不需要领导吗'？"

华悦百思不解，"难道表现好还不对了？"

"不是的，"朋友说，"原则问题一定要过硬，但你如果处处都挑不出毛病来，又怎么证明别人比你强呢？那领导的地位又何在呢？因此，有时你要有意露出点破绽，这才是聪明的做法……"

第二天，他没有收拾桌面，领导走过来，点了点桌子，提示他收拾桌面，他好像恍然大悟的样子，即刻收拾。再后来，他学会了请示，就算他已经知道下一步该怎么做，也会拿着文件让领导先过目，他甚至会主动在文件上打错几个字，有意让领导用红笔圈出来……年底，他终于得到了提升，领导也越来越器重他。

人际交往中，人们都习惯于在他人面前展示自己坚强美好的一面，掩饰自己脆弱的一面，可是研究社会心理的专家指出，适当地在别人面前示弱，是一种坦诚与接纳的态度，会让别人产生想接近的感觉，心理距离可以很快拉近。

在特定情况下故意示弱，是会做人的表现。在强者面前示弱是生存的一种方式，从根本上讲，是一种以退为进的方式，能淡化你的成就，会令嫉妒你的人得到安慰，从而得到他人的认可、尊重。所以，适当地示弱一下，未尝不是一件好事。

要使示弱产生积极效果，必须善于选择示弱的内容。我们应多在领导面前诉说自己失败的经历，现实的烦恼，给人以"并非万事大吉"的感觉。在学历低的领导面前，不妨展示自己经验有限，有过种种曲折难堪的经历等，表明自己实在是个平凡的人。对眼下经济状况不好的领导，可以适当诉诉自己的苦衷：诸如健康欠佳，子女学业不好以及工作中遇到了诸多的困难，让对方感到"他也有一本难念的经"。某些专业上有一技之长的人，最好宣布自己对其他领域一窍不通，袒露自己在日常生活中闹过什么笑话，做过什么糗事等。至于那些完全因客观条件或偶然机遇侥幸获得名利的人，更应该直言不讳地承认自己是运气好。

其实，每个人都有自己的优势，也有自己的劣势。显示自己不如人的地方，正是为了巩固自己的优势。在你处于明显优势的情况下，淡化自己的光芒，留点余地给对方，这样你得到的不仅是认同，更有利于自己的发展。

在职场上，示弱是一种以退为进的表现形式，示弱不是妥协，而是一种提升自己的有效方式。巧妙地示弱对我们大有益处。

把握尺度，别越了领导的位

在实际工作中，有作为的下属应该找准自己的位置，知道哪些话该说，哪些事儿该做，把握适度的原则，而不要“越位”。对于下属来说，如果不能坚守本位，时时去做一些不属于自己职权范围之内的事情，必然会惹得领导不快，更有甚者，还有可能成为领导眼中的“危险分子”。

梅洁是个上进心很强的女孩，工作上有股子拼劲，很受老板的重视。可是近日她却觉得老板在有意刁难她。事情是这样的，由于近期原材料的价格猛涨，梅洁根据实际情况在商品的定价方面作了一些调整，之后她将这重要的情况报告给了老板，“老板，我决定在商品的定价方面作出一些调整……”没说几句话，老板就打断了他，并示意让她回去，“我知道了，以后再说吧。”

在这个案例中，梅洁错就错在自作主张上。她凡事多向领导汇报的态度是很可贵的，但在领导面前说“我决定如何如何”是犯忌讳的。

领导反感下属自作主张的越权行为。这种行为显得不把上司放在眼里，是办事不稳重的表现。你无意中的一次私自定夺行为，给你带来的可能就是领导以后的冷遇与不信任。这可不是一朝一夕能够改变的，对自身前途的损伤，也是难以弥补的。

身为下属，切勿在领导面前无所顾忌，不分职位高低。在和领导说话的时候，认清双方的角色是非常重要的，让领导产生你好似领导的感觉，你的日子可就不好过了。为了不致因越位触犯领导，你可以对领导说：

“我想向您汇报一件重要的事情，您看，现在方便吗？”这样也许结局就会好很多。一个聪明的下属，要想得到领导的重视，不仅工作要做得好，还要善于掌握汇报工作的技巧。这样才会让自己变得更为出色。

长相帅气的向东，大学毕业就进入了某大公司做销售，两年来一直业绩不俗。他计算机方面挺在行，公司电脑出了小问题，有他在就不用请客服；偶尔举办娱乐活动，他组织得有声有色；他还经常出差签大单，深得同事认可。相比之下，向东的部门经理则逊色多了，其形象比不上向东，口才交际没有向东好，其学历也没有向东高。几个要好的哥们私底下对他说：“向东你前途无量啊!”

不过事情绝对没有向东想象的那么简单。有一次，与重要客户见面，由于向东事先接洽过对方，在这次正式会面中，他和客户频频举杯，海侃阔聊，把部门经理冷落一旁。分手时，向东还抢在上司之前与对方握手道别。向东说，他当时感觉很好，觉得将自己的业务能力展现得淋漓尽致。但没过多久，向东被换了岗位，却没有升职。

看着一些业绩表现稍差的同事被委以重任，向东很郁闷，工作开始敷衍起来，越干越没劲。直到向东跳槽离开公司时，一名朋友才跟他交心：“你是做得好，但有一样却做错了，你的高调表现让上司觉得你越位了。”

这句话让向东猛然醒悟。来到新公司后，他的业务很快有了起色，为人处世比以前低调许多，与客商谈生意时，他尽量缄默，但适时给上司一些关键性的提醒，在应酬场合，向东在发挥自己才能之时，总是不忘将上司“置顶”……不到一年，向东就被委以管理地方业务的重任。

在不该说话的时候说话、不该做主的时候做主，是职场新人常犯的毛病。超越身份地胡乱表态，是不负责任的表现，是无效的。在职场做事，遇事不能以自己的想法为主，要清楚谁才是真正当家作主的人。在职场这个现实的社会里，存在着等级差别，哪怕你是领导的爱将，也要小心地“伺候”，这样才有利于自身的发展。

在与领导进行沟通的时候，要尽量寻找轻松自然的话题，把握好交谈的尺度。在交谈的时候，你应该让你的领导充分发表意见，当需要你补充

的时候，再适当发表一下见解，这样对方自然会认为你是个有知识、有见地的人，而你也就理所当然会得到赏识。这样，才能够与人和谐相处，并得到对方的信任和赏识。

其次，要表现出自己谦逊的品格。在与领导相处时，千万不要卖弄你的小聪明，更不能锋芒毕露。如果在领导面前故意表现自己，只会让对方觉得你狂妄自大，在心理上很难接受。而且，你还要控制自己的好胜心，这样才能顾及领导的自尊心和权威。比如你可以故意露出个破绽，满足领导的好胜心。这样，在个人事业的发展上，才会少一些不必要的阻碍。

第15章 弱者的生存之道：让自己变强，你不能永远当配角

对暂时处于弱势的人来说，最明智的做法是忍耐。环境不利时，我们要甘当配角，不断改进完善自己，最终通过努力来证明自己的价值。但忍耐不是懦弱无能，而是以坦然的心态来面对一切。在遭遇恶意侵犯时，要敢于反抗，表现出非凡的气度和力度。这样才能慢慢提高自己的起点，在激烈的社会竞争中立于不败之地。

当好别人的配角，才能做好自己人生的主角

有人说，人生如戏。在人生的舞台上，人人都有机会当主角，也有必须演配角的时候。潮起潮落，自有规律，你不必为自己一时的辉煌感叹不已，也不必为今日的风光不再长吁短叹。

耿立工作非常努力，也很有才干，在单位人缘很好。大家都知道他很想当科长，同时也都认为他具备当科长的能力。后来他真的被提升了，大家都替他高兴，也希望他能更上一层楼。可是一年后，他被调到别的部门当了一名副职。据说，得知消息之后，他锁上办公室的门，一整天没有出来。当了副职后，大概难忍失去舞台的落寞，他日渐消沉，后来变为一个愤世嫉俗的人，再也没有升迁过。

由主角变成配角之后的那种难过之情是可以理解的，这种落差轻则让人郁郁寡欢，重则让人痛不欲生。这时请你不要悲叹时运不济，也不要用昂贵的代价去争，争得不好，恐怕会人财两空、元气大伤。你需要做的只是心平气和地扮演好你的“配角”，向别人证明你的能力。实在当不了主角，我们就心甘情愿地当配角，其实配角也是一个不错的选择。

现实生活中，并非人人都能当主角。生活中很多时候要求我们甘当配角。当我们从事一项工作时，要有足够的心理准备做好配角，这是一种忍耐的态度，一种合作的态度。只有当好配角，才能从主角那里学到更多东西。没有人生下来就是“主角”，即使扮演普通的“配角”，也要用心演得最出色。

周星驰出身卑微却身怀远大志向，他一直梦想着有一天能主演一部电

影。然而他在电影剧组的第一份工作是干些诸如帮人买早点、洗杯子之类的杂事，根本没有机会参加演出。

三年后，周星驰才开始饰演一些仅有几句台词或根本没有台词的小角色。他在1983年版的《射雕英雄传》中扮演宋兵乙，为增添一点点戏份，他请求导演安排“梅超风”用两掌打死他，结果被告之“只能被一掌打死”。

当时有记者写了一篇报道，讽刺他只会做鬼脸、瞎蹦乱跳，根本没有演电影的天赋。这篇报道深深刺激了周星驰，他把报道贴在墙头，时刻提醒和勉励自己一定要演一部像样的电影。为了心中的梦想，他甘心跑龙套，忍受冷眼与呼来唤去，但他紧紧抓住每次出演的机会，拼尽全力展示最独特的自己。

1987年，他参演了《生命之旅》，虽然几近跑龙套，但是终于有了表演的空间。从此，他开始用一身小人物的卑微与执着演绎自己的人生传奇。

经历过最底层的挣扎，拍完50多部喜剧作品之后，周星驰成为了香港片酬最高的演员之一。他独创的“无厘头”表演风格，成为香港甚至世界通俗文化的重要组成部分。

从卑微的底层到最终站在梦想巅峰的周星驰，用他的经历告诉我们：甘当配角是人生的第一堂课，只有上好这一堂课，才有机会使自己的人生光彩夺目。

很多成就不凡的人都从事过普通的、最底层的工作，但是，他们和一般人不同的是：珍惜每一个工作的机遇，从不抱怨自己的工作平凡，而是认真做好每一件事，最终通过努力来证明自己的价值，让他人看到自己不平凡的一面。机会永远只偏爱有准备的人。对于我们而言，缺乏的不是机会，而是蓄势的远见与忍受平淡的耐力。当年的陈天桥以优异的成绩从复旦大学毕业后，也只是从事录像片的放映工作，换作其他人可能会因此而抱怨连连，但陈天桥却从另外的角度看到了机会，于是利用空余时间专心钻研管理书籍，从而获得了今天的成就。

职场竞赛，比的是耐力和信念，这是一场长跑，短暂的热情和速度都不能获得最终的胜利。因此，在进入职场后，仍需要不断提升忍耐力。作为职场新人，我们要甘当配角，以求充实自己；应该认清自己在工作环境中所承担的工作角色以及这个角色的性质、职责范围等。只有这样，才能尽心尽力地扮好自己的角色。

经不住忍耐的考验，我们的人生将会是一片苍白。所以，不论是钻研知识、学习技能还是追求成功，我们都得从甘当配角开始，逐步累积汲取养分，进而培养出扎实的能力，让迈出的每一步都留下绝对坚实的足印。

别太强势，否则很容易变成冤大头

俗话说“人善被人欺，马善被人骑”。人际交往中，最易被人欺的，都是善良及温厚的老实人。老实人因为一切与人为善，不争不抢，不使手段，不会拒绝人家，因此常被利用。

在职场上，总有这样一些人，他们总是被人呼来唤去，总是做些累活苦活或者吃力不讨好的事情，如果事情做砸了，就要被迫承担全部责任。而这类人一般胆小怕事，从不敢随便得罪别人。即使别人得罪了自己，也不会记恨在心，更不会以牙还牙，即使自己吃了亏也不会反抗。这样一来，太老实的人就常常被人欺负，甚至成为职场里的“冤大头”。

老马是某公司最底层的老员工，他一向为人老实，对他人的要求有求必应。

按规定，公司为员工提供中午的工作餐。员工在三楼工作，吃午餐的时候都得下到一楼。老马出于好心，总是在吃饭前十分钟把三楼所有员工的饭提上来。起初同事们都非常感激，但次数多了，他们也就习惯了，下意识里以为这是老马应该做的。于是不但不感谢，有时候还吆喝：“老马，该吃饭了。下去拿饭！”

同事们不仅如此，还得寸进尺，吃完饭都把自己的碗放在老马的办公桌上，要老马带下去。一天，同事们吃完饭照旧把碗交给老马。按照惯例，老马吃完饭喜欢休息一下，然后再把碗送下去。可那天老马不小心睡

过了头。恰恰这时，老总和客户来视察工作，看到老马桌子上堆满了碗筷，客户皱了皱眉头，心想，这个公司员工素质这么差，想必公司也好不到哪里去，于是委婉拒绝了和公司合作。公司老总就把气全撒在了老马身上，老马有口难辩，最后，公司把老马辞退了。

让老马感到寒心的是，此时竟然没有一个人替自己说好话。

这就是老实人的下场。老实人在群体中不受人重视，经常吃力不讨好，也很难出人头地，这与其本身所具有的性格特性是分不开的。

与人相处，和睦友好是原则，但如果对方原本就狂暴、粗俗、欺软怕硬，你大可不必一味地退让，更不能对他低声下气，那样，只会令他得寸进尺，更加不把你放在眼里。所以，你必须让他觉得你善良但并不软弱可欺。我们不要给那些挑衅者提供攻击的机会，要在善良的背面有坚定的心理支持。当自己的利益受到侵犯时，要毫不犹豫地加以反击。

吴士宏无疑是一位极富传奇色彩的成功女士。进入IBM后，她兢兢业业地工作，可是她的一位女老板含蓄地说吴偷喝了她的咖啡。这一下吴士宏被激怒了，气得浑身颤抖，将老板逼得贴在墙角，要她当众承认错误，并保证永不再犯，并且告诉女老板，如果再敢侮辱她，就采用暴力行动，并永远不给她干活了。吴士宏快人快语，掷地有声。她自掏腰包买了一大瓶雀巢速溶咖啡，专等女老板在的时候才喝。她说："我可以付出辛苦，但人格是不可辱的。"

面对欺压凌辱，许多人选择了忍气吞声的生存方式，往往是由于他们患得患失，怕这怕那，自己在主观上先被吓倒了。而无数的事实证明，挺身而出，捍卫自己的正当权益其实是再自然不过的事了，跨过这道关卡，你会发现，没有什么好怕的。所以，我们要转变做人态度，不要过分老实软弱以致任人宰割。如果你是一个从不发火的人，请务必勇敢地进行一次真正的反抗，改变"受气包"的形象。

即使在可能会显得有些唐突的场所，你也应大胆地对蛮横无理的人坚定地说话。你必须在一段时期内克服自己的胆怯和懦弱心理。当你碰到吹毛求疵，强词夺理，以及其他类似的欺人者时，你可以这样说："你刚才妨碍了我"或者"你埋怨的事永远也变不了"，冷静地指明他们的行为。

你表现得越平静，对那些试探你的人越是直言不讳，你处于软弱可欺的地位上的时间就越短。

总之，要不被人欺，就要武装自己；不必去攻击别人，但必须学会保护自己。这是自卫之道，也是自强之道。

面对恶意攻击，不妨也做回恶人

在人际交往中，有些人总是时刻表现出一种傲气，他们自恃权力、地位、学识等方面的优势，对他人不屑一顾，有的甚至还恶意地侮辱、攻击他人。当这种人的行为给我们带来不愉快或者严重的伤害时，我们必须予以抑制而不让其恶性发展。

当你处在难题或者窘迫中，总的原则是明辨事理，言语得体。你若一味退缩，则会使对方觉得你软弱可欺，从而变本加厉地嘲弄你。这时你要做的就是勇于反击，使对方自陷难堪，哑口无言。

民国时期，有两个外国人私自到陕西的终南山打猎，打死了两头珍贵的野牛，时任督军的冯玉祥把他们召到西安，责问道："你们到终南山打猎，领到许可证没有？"

他们回答说："我们打的是无主野牛，用不着通报任何人。"冯玉祥听了，训斥他们说："终南山是陕西的辖地，怎么会无主呢？你们不经批准私自打猎，就是违法。"

两个外国人狡辩说："这次到陕西，在贵国发给的护照上，不是准许带枪吗？可见我们打猎已经获得了贵国政府的许可，怎么是私自打猎呢？"

冯玉祥将军反驳说："准许你们携带猎枪，就是准许你们打猎吗？若准许你们携带手枪，难道就表示你们可以在中国境内随意杀人吗？我身为陕西的地方官，负有保家卫国之责，就非禁止不可！"

听着冯玉祥将军理直气壮的话语，看着他正义凛然的面孔，两个外国人只好低头承认了错误。

由此可见，出于处世的需要，即便本来并不恶的人也要故意装“恶”来保护自己。有时面对对方的野蛮粗俗和无理冲撞，必须以“恶”碰恶，据理力争，绝不能迁就软弱。对付蛮横无理的人，正气凛然、咄咄逼人的话语的确具有非凡的效果。在说服不讲理的人时，若你畏畏缩缩、矮人一截、不敢和人针锋相对，他就不会把你的意见当成一回事。你要是此时还是一副老实相，看上去毫无保护自己的力量，恐怕就会被人欺负，但是一旦你“恶”起来，效果也许就不一样了。你仅凭一副“恶”相就会使那些欲行不轨者退避三分了。

现实生活中，有些人自视高人一等，什么道德规范，甚至法律法规统统不放在眼里，张狂放肆、为所欲为。面对这种人的威胁，你千万不要被其嚣张气焰所吓倒，只要你看准软肋、抓住要害，坚决反击，是可以把邪气压下去的。

在社会交往中，对恶意进犯的人，自不必拼个两败俱伤，打草惊蛇就可以自卫；对那些粗鲁冒犯你的人，有时只需敲山震虎即可。但当对方得寸进尺、步步紧逼时，你不妨摆出一副“鱼死网破”的架势，这样他就不得不考虑一下后果，收敛自己的行为。所以，在遇到恶人的时候，你不妨以“恶”碰恶，摆出“鱼死网破”的架势对付他。

适时发下脾气，别被人当成软柿子

有句古话说的好：“气血之怒不可有，理义之怒不可无。”就是说，人不应当意气用事，随便发怒，但为大义真理而动的怒却是不可少的。理义之怒的积极作用，就在于它以愤怒、严厉的措辞，来表达自己鲜明的态度和公正的立场，它有很强的刺激性和震撼力，能给对方施加积极的心理影响，进而迫使对方改变行为模式。因此其特有的交际价值是不应被否定和忽略的，如果运用得当，会收到特殊的交际效果。

人在职场，磕磕碰碰的事总是难免，处理不好就会进退两难。懦弱者遇事往往保持沉默的态度，从不轻易地发脾气，动怒，所以在职场上经常吃亏，受刁难。在某企业做部门经理的小吴对此感受颇深。他当了部门经理之后，几次重要决策都被手下的人搅黄了，原因就是他的脾气太好，一向温和。这使下属行事无所顾忌，觉得反正也不能把他们怎么样。几次三番，小吴感到非常憋气。痛定思痛，认识到自己的问题之后，他有意改变自己的形象，说话粗声大气，甚至还当众发火，措辞严厉。没想到反而有令必行，创造出了业绩。

沉默是金，不过总是沉默，不是天生哑巴，就是懦弱无能，必要时，发点儿火，还真能显示出强者的风范，须知人没有威严是不行的。有人说“没有愤怒的人生是一种残缺。”当尊严被践踏，信仰被玷污，是不能一忍再忍的。对于向你挑战的人，先硬还是先软，则要因事、因时、因人而异。

1963年，新加坡富豪曾宪梓在哥哥的多次催促下，只身来到了泰国，商谈怎样处理父亲的遗产。曾宪梓的叔父曾桃发听说了这件事儿，以为曾宪梓肯定与其哥哥联手来对付他。于是便决心先下手为强：

一天早晨，曾桃发将曾宪梓邀请到了自己的公司里。待所有人都就位以后，叔父们便一改初始亲切温和之相，对曾宪梓纷纷大加指责：“你看你，像什么话，一点道理也不懂。来泰国这么久了，也不来拜见叔父、叔母。你这算什么？真没规矩！”

其实，曾宪梓来泰国的当天便执晚辈之礼拜见了叔父叔母。因此，叔公们的劈面训斥令曾宪梓一头雾水。叔公们见曾宪梓无言以对，认为其有些理亏，就毫不留情地把曾宪梓骂了一通。这时，血气方刚的曾宪梓终于忍耐不住了，大发雷霆：“你们简直太不像话了！我本来是非常尊重你们这些叔公的，但是从你们这番血口喷人的话里，你们就再也不配得到我的尊重！”

曾宪梓一番理正辞严的言语，令原本气势汹汹的叔公们顿时气势萎缩，百口莫辩。但，倘任其怒火信马由缰，刚言怒语如决堤洪水一泻不收，便有可能使原本已占有的胜势转瞬即逝。于是，曾宪梓又不失时机地给叔公找台阶：“叔父们凭着自己的劳动，凭着自己的智慧，才能创下今天这样庞大的事业。对此，我从心里感到佩服。你们是我叔父，有什么话

跟我说，喊一个小孩把我叫来就可以了。”

曾宪梓的这番话，既充分肯定了叔父们的经商能力，又由衷地表明了自己对叔父们的佩服之情。言不巧语不媚，从而拉近了两代人之间的心理距离。令叔父们激动得喃喃而语：“好侄子，好侄子！”原本剑拔弩张的气氛瞬间化为乌有。

适度适时发火是必要的，特别是涉及原则性问题或在公开场合遭遇难堪时，必须以发火压住对方。对待有些人，如果一开始就软弱，他必然认为你好欺负，而对你更加强硬；如果你硬到底，他下不来台，来个“死猪不怕热水烫”，你也没办法。真正聪明的人，应该红脸白脸都会唱，适时发怒并且懂得及时善后。

义愤之言毕竟是情绪激动状态下脱口而出，如果不善于控制，任其发泄，就会起到反面作用。因此，我们要善于发出积极作用的怒言，表现出极大的理智上的克制。这种克制体现在：

1.发怒的状态要适度

不可“怒发冲冠”，不能“怒不可遏”，而应“怒不失态”，恰到好处。

2.怒言谈吐有分寸

盛怒之下，语调难免变高，但不要挖苦揭短，侮辱人格。发火不宜把话说过头，不能把事做绝，而要注意留下感情补偿的余地。

3.发火之后，及时善后

“怒”到一定程度，就要适时地消火降温，转换口气，缓和气氛，不能“得理不让人”，一怒到底。如果任由怒火放纵，一怒而不可收，即使你的初衷再好，恐怕也会把事情搞糟。

弱势时，学会忍辱负重的本事

俗语说“人在屋檐下，不得不低头”。就是说，人在身处弱势，力量不如别人的时候，不得不低头退让。这句话，可以说洞彻了世事人情，非常有智慧。然而，仔细品味这句话的后半句，我们会发现“不得不”一词里隐含着太多的勉强和无奈，这是一种消极的、不情愿的低头，既然是勉强和不情愿的，就难免流露出不满的情绪，这种不满如果让对方看到，很可能会影响办事的效果。因而，我们要把这句俗语改成“人在屋檐下，一定要低头”。把“不得不”改成“一定要”，意思是说，在权势和力量不如对方的时候，人要积极主动地低下头，变消极为积极，变不情愿为心甘情愿。

“一定要低头”的目的是让自己与当时的环境形成和谐的关系，把二者的摩擦降到最低，是为了保存自己的能量，以便走更长远的路，更为了把不利的环境转化成有利的力量。这是一种柔软，一种权变，更是高明的生存智慧。

1076年，德意志罗马帝国皇帝亨利与教皇格里高利争权夺利，斗争日益激烈，发展到了势不两立的地步。在矛盾激烈的关头，教皇的号召力非常之大，一时间德国内外反抗亨利的力量声势震天。亨利面对危局，被迫妥协，于1077年1月身穿破衣，只带着两个随从，千里迢迢前往罗马，向教皇认罪忏悔。

但格里高利故意不予以理睬，在亨利到达之前躲到了远离罗马的卡诺莎行宫。亨利没有办法，只好又前往卡诺莎去拜见教皇。到了卡诺莎，教皇紧闭城堡大门，不让亨利进来。亨利忍辱一直在雪地上跪了三天三夜，教皇才开门相迎，饶恕了他。

亨利恢复了教籍，保住王位返回德国后，集中精力整治内部，然后派兵把封建主各个击破，并剥夺了他们的爵位和封邑，把一度曾危及他王位的内部反抗势力逐一消灭。在阵脚稳固之后，他立即发兵进攻罗马。在亨利的强兵面前，格里高利弃城逃跑，最后客死他乡。

能成大事的人往往懂得见机行事，在自己力量尚不足时，为了防止别人干扰、阻挠、破坏自己的行动计划，会故意制造假象，虽然表面上有许多退却忍让，却更显示出忍辱负重的内在力量。由于极大的隐蔽性而具有极强的实效性，它往往攻其不备而出奇制胜，能取得事半功倍的效果。

所以，当碰到对自己不利的人或环境时，千万别认为“可杀不可

辱”，也千万别逞血气之勇，现实生活是残酷的，人都会碰到很多不尽如人意的事情。当现实需要你对人俯首听命的时候，你必须面对现实，宁可吃眼前亏。要知道，敢于碰硬，不失为一种壮举。可是，胳膊拧不过大腿。硬要拿着鸡蛋去与石头斗狠，只能是无谓的牺牲。

可是有不少人为了所谓的面子和尊严，常常任由自己的性情，顺着自己的情绪行事，如被人羞辱了，干脆就和他们打一架；被老板骂了，干脆就拍他桌子，炒他鱿鱼，自动走人！不敢说这么做就会毁了自己的一生，因为世事难料，有时甚至会“因祸得福”。但没有忍性，绝对会给你的事业造成负面的影响。

如果你碰到的是个有实力的强者，而且他的实力明显大于你，那么你不必为了面子或意气而与他争强，因为一旦硬碰硬，固然也有可能击退对方，但毁了自己的可能性更大，因此不妨示弱，或化解对方的戒心。示弱也有让对方摸不清你虚实，降低对方攻击有效性的作用，一旦他攻击失效，他便有可能收手，而你则获得了生存的空间，并反转两者态势，他再也不敢随便动你。

当客观环境对你不利或当你处于弱势时，只有忍辱负重、能屈能伸，才能摆脱困境，走向成功。其实，“屈”，不是屈服，也不是逆来顺受，而是一种聪明的变通，是等待时机，一旦时机成熟，便一跃而起，有如水底的潜龙腾空而起，这样才能充分施展才干，创建功业。

第16章 职场之生存法则：

躲避埋雷区，注意隐蔽保护好自己

身在职场，必须找出既定的规则，并依循该规则来采取适当的行动。如果不懂其中的利害关系，就很容易被排斥在外。面对办公室领导、同事、下属之间复杂的人际关系，“陷阱”无处不在。职场新人只有了解了这些“职场法则”，才能站稳脚跟，在各种人际场合左右逢源，成为一位优秀的组织成员。

主动承认错误，不找借口推卸责任

职场上谁也不能保证自己在工作上从不犯错，这时责任的归属常会造成人际摩擦和不愉快。假如错在自己，良好的态度可以弥补一切过失，但千万别急着把责任往别人身上推。此时，勇于承认错误反而会给同事、主管留下深刻印象。

很多时候，或许我们没有资格要求别人，但完全有能力要求自己，假如错在自己，那么就要勇敢地担起这份责任，不要找任何借口。在生活中，我们经常听到“这不是我的错”之类的话，我们甚至会看到一些人以抵赖、狡辩等方式推卸责任，或者为了推卸责任而寻找借口。这些都折射出其担当意识的缺乏。一个人一旦做错了事，最好的办法就是老老实实认错，而不是想方设法为自己辩护和开脱。

承认错误虽然是一件好事，但愿意承认错误的人终究很少。心理学家高伯特说：“人们只在无关痛痒的事情上才象征性地认错。”这话虽然说来不胜幽默，但到底是事实。许多人是明知有错而不愿承认错误，因为他们认为承认自己的错误是一件很丢脸的事情。面对指责，他们竭力地辩解，而这些辩解反过来又加深了自以为是，最终使人一事无成。

我们难免会犯错误，如果你犯的是大错，那么此错想必已尽人皆知，你的狡辩只能让人对你心生嫌恶罢了。不认错和狡辩对自己的形象有强大的破坏性，因为不管你口才如何好，又多么狡猾，你的逃避错误换来的必是“敢做不敢当”之类的评语。之后，别人不敢信任你，于是抵制你，拒绝和你合作。而最重要的是，不敢承担错误会成为一种习惯，会使自己丧

失面对错误、培养解决问题能力的机会。所以，不认错弊大于利。

那么诚实认错呢？也许有人会说，诚实认错，那不是要立即付出代价，独吞苦果吗？有时候碰到没有度量的人，的确会如此，但绝大多数的人都会“高抬贵手”，他们会想：人家都认错了，还要怎么样？事实上，能承认自己的错误的人，往往会得到别人的谅解。

美国总统肯尼迪在学生时代，曾因欺骗而被哈佛大学清退；当年在竞选美国参议员的时候，他的竞选对手在最关键的时候抓到了他的这一把柄。这类事件在政治上的威力是巨大的，竞选对手只要充分利用这个证据，就可以使肯尼迪诚实、正直的形象蒙上一层阴影，使他的政治前途黯淡无光。一般人面对这类事情的反应不外乎极力否认，但肯尼迪很爽快地承认了自己的这一错误，他说：“这件事我做错了，我对于自己曾经犯下的错感到很抱歉，我没有什么可以辩驳的。”肯尼迪这么说，等于是“我已经放弃了所有的抵抗”，而对于一个放弃抵抗的人，谁还会跟他斤斤计较呢？

其实如果能坦诚面对自己的错误，再拿出足够的勇气去承认它，面对它，不仅能弥补错误所带来的不良后果，而且能加深别人对你的良好印象，从而很爽快地原谅你的错误。

萨克是一家商贸公司的市场部经理。在他任职期间，曾犯了一个错误，他没经过仔细调查研究，就批复了一个职员为某公司生产3万件产品的报告。等产品生产出来准备报关时，公司才知道那个职员早已跳槽了，那批货到了站，自然也收不到货款。

萨克一时想不出补救的对策，一个人在办公室里焦虑不安。这时老板走了进来，他的脸色非常难看，还没等老板开口质问，萨克就立刻坦诚地向他讲述了一切，并主动认错：“这是我的失误，我一定会尽最大努力挽回损失。”

老板被萨克的坦诚和敢于承担责任的勇气打动了，答应了他的请求，并拨出一笔款让他外出考察一番。经过努力，萨克联系到了另一家客户。一个月后，这批货以比上次还高的价格转让了。萨克的行为得到了老板的嘉奖。

主动承认错误，本身就表现了你的勇气与担当。对于自己的缺陷或者不足之处，首先让对方了解，往往会收到意想不到的效果，更能赢得对方的好感与信任。戴尔·卡耐基这样说过："即使傻瓜也会为自己的错误辩护，但能承认自己错误的人，更会获得他人的尊重，而且有一种高贵怡然的感觉。"

所以，若我们做得正确，就要试着温和地使对方同意我们的看法；若我们做错了，就要迅速而诚恳地承认。因为主动认错，会给人留下谦恭有礼、勇于负责任的好印象，收获也会比预期的多很多。

想战胜对手，那就放任他的行为

在如今竞争激烈的职场，要想更好地控制他人，掌握"欲擒故纵"的计谋是必不可少的。欲擒故纵中的"擒"是目的、结果；"纵"是方法、手段。

谋略要善于变化，特别是要善于从反方向下手。想要讲话，反而先沉默；想要"除掉"它，必须暂且放纵它。事情如果从正面无法入手，不妨考虑反其道而行之，往往能收到化繁为简、事半功倍的效果。

西汉宣帝时，赵广汉任长安京兆尹。当时长安的治安形势一度混乱，百姓深受其害，官匪勾结十分猖獗。面对严峻的形势，赵广汉召集心腹下属说："我上任伊始，并不熟悉此中内情，乱下重手只会引起混乱。我想让你们暗中调查，把盗贼的踪迹摸清。"下属遵命行事。

赵广汉命人暗中调查，表面上却非常放松。盗贼们以为赵广汉碌碌无为，于是更加放胆胡为。一时之间，盗贼蜂拥而出，长安形势更严峻了。

朝中大臣上书指责赵广汉失职。汉宣帝得知后，怒气冲冲地质问赵广汉："朕深居宫中都听说了城外盗贼横行之事，你有什么交代吗？"

赵广汉连连叩头，说："陛下不必担心，请让臣把话说完。贼情不明，轻举妄动便会打草惊蛇。臣故意装作不闻不问，只是想让盗贼悉数暴露，以便臣的属下全然摸清盗贼的状况，查清他们肇事的根源，以及那些

和他们勾结的差吏收取了多少贿赂。只有将这些情况都弄得明明白白，才能把他们一网打尽，让他们无法抵赖。陛下放心，臣已广布人手，侦查此事，过不了多长时间，便是盗贼的末日了。”

汉宣帝听罢，于是不再责怪赵广汉。

不久，赵广汉已经全面掌握了贼情。他四面出击，每击必中，长安盗贼很快就被清理一空了。

赵广汉欲擒故纵，在摸清盗贼的底细之前，绝不贸然行事，打草惊蛇。等到将一切情况了然于心，时机完全成熟后，他再果断出击，从而一击奏效。

把对手的底细摸透，了如指掌后再出击，始终是战胜对手的一个重要前提。这需要耐心细致的调查和取证，不可急于一时。如果逼得对方狗急跳墙，以致两败俱伤，是不可取的。先放他一马，目的在于使对方的斗志逐渐懈怠，逐渐消耗对方的体力、物力，然后再寻找机会，全歼敌军，达到消灭敌人的目的。

“欲擒故纵”的策略在处世中应用甚广。看不惯一个人的时候，不要直接和他作对，公开自己和他人的矛盾是一种不理智的做法，要学会避免和预防这种矛盾的发生，同时，处理和你对立的人的最高明办法就是把这种看不惯传递给别人，把矛盾转嫁出去，让别人去对付他吧。

当有人求你办事时不要贸然答应他，而应循序渐进，逐步深入，吊足他的胃口，最后再答应他，对方就会感激不尽。在谈判策略上也经常用到这个方法。有时候我们需要在谈判一开始就抛出一个看似无理的条件，它能让你占据比较主动的地位。所以，如果当你的一个要求对方很难接受时，此前你不妨试试提出个他更难接受的要求，这样你或许会有意外的收获。

聪明人在办事之前，都会先提出一个要求，如果对方没有同意，再提出较小的要求，因为没有同意别人较大的要求或没能帮上大忙会深感内疚，为了减轻这种内疚感，他们会很容易地同意你这个较小的要求，用帮小忙来表示歉意。这同直接提出较小要求相比，人们同意的可能性会大大提高。

处世不能风风火火、直来直去，你必须有一套“欲擒故纵”、“放长线钓大鱼”的本事。心急吃不了热豆腐，你还得定下心来，从长计议。

避实就虚，巧妙进行策反行动

在各种竞争中，对立的双方因实力不同，会有强弱之分。如果弱方不知进退，采取硬碰硬的方式，就有可能输得一败涂地；相反，如果能够避实就虚，躲开对方的锋芒，攻其弱点，就有可能扭转局势。

在对手的实力很强，自己的力量不足时，就不要正面与他抗衡，而要从对手没有防备、意想不到的地方进攻。与对手硬碰硬，和对手的优势一比高低，不是智者所为。真正的智者会躲开对方的锋芒，巧施隐蔽策动术，致使其“缝隙”增大。这样不争即胜，不战而赢。

三国时期，曹操企图一举平定河北，但袁氏兄弟死守城池，曹操久攻不下，谋士郭嘉献计：袁绍临死之前废长立幼，兄弟间必定有矛盾。如果急于攻城，他们就会团结起来，一致对外，如果暂缓攻城，他们便会掀起内部斗争。曹操听从了郭嘉之计撤兵南下。结果正如郭嘉所料，趁袁氏兄弟互相争斗时，曹操顺利攻下了河北。

在竞争过程中，应善于观察分析事物矛盾和自身的利害关系。在敌人内部没有矛盾的时候，或者矛盾不明显的时候要善于制造矛盾，使之自相瓦解。利用或有意激化敌人之间的矛盾，从而化解自己和他人的矛盾。反之，对那些有利于敌不利于己的矛盾，应尽力使其缓和，直到消除矛盾。

凡事都应以用智为上，那些只凭蛮力斗狠之人，在人生的竞技场上只能是个失败者。不战而屈人之兵，才是最高明的战法。

一位管理者想要拔除“眼中钉”，但这个人的根基深厚，如果一开始直接把矛头指向这个人，势必会遭到反击。于是，先不动声色地对其他部门进行人事变动或裁员，使公司的职员渐渐习惯这种冲击。然后，再把矛头指向原定目标。这时候，经历了数次的人事变动，职员对后来的冲击已经麻木了，反抗的欲望弱了，事情就容易处理了。

总之，隐蔽策动术是一种符合规律的高超谋略，我们应该根据情况的变化灵活运用。

职场奋斗，千万不要轻易背黑锅

职场中的“黑锅”经常出现，只要有竞争、只要有工于心计的人，就肯定会出现“黑锅”现象。虽然“背黑锅”的事情在所难免，但要不要替人“背黑锅”还真让人费思量。背吧，平白无故成为替罪羊，可能因此影响前程甚至饭碗；不背吧，会因此得罪领导，说不定以后日子更难过……

人在职场，身不由己，很多时候明明不是自己的责任，但是一出问题上司或是老板就总爱把责任怪罪到自己头上，这种现象在一些职场新人身上尤为普遍。

小王在一家进出口贸易公司上班，可能是为人比较老实，一进公司，老板就喜欢把各种各样的责任和莫须有的罪名怪到小王头上。小王记得，第一次给老板“背黑锅”是在去年的9月份，那时他们公司刚刚签了一份大合同，客户是一家意大利公司。原本合同订好月底看样品，但客户却迟迟没有收到。

当客户给老板发邮件质问原因时，老板就把责任推到了小王头上。说因为他不熟悉操作流程，把寄给意大利客户的样品寄到了另一个客户手里。

然而事情的真相是，样品没有按时寄到，是因为老板自己搞错了样品拿货的时间。

小王虽然很委屈，但是心想作为一个新人，有时为上司“背黑锅”也是很平常的事，况且自己也没损失什么，说不定还能赢得老板的好感，所以这个“黑锅”他背得还是比较心甘情愿。

从那之后，老板一旦在和客户合作中出现了问题，总是习惯性地把责任推到小王身上。而每次小王都有口难辩，他开始觉得很痛苦，真害怕哪天会出事儿！

我们知道，别人一时有难，伸出你的援助之手确实是应该的。但要把这样做的后果想清楚，不能什么事都无条件地承担，总是替人“背黑锅”，让自己成了别人的替罪羊，岂不悲哀?

其实，希望通过帮助上级逃避责任来解救自己，是十分幼稚的想法。责任应由大家共同承担，事情有大小，责任也有轻重。有的下属习惯于替上级“背黑锅”，万一受到了严厉的惩罚，再后悔就来不及了。

为了防患于未然，作为下属，平时就该对工作的责任界限分辨清楚，各办其事，各行其责。虽然“黑锅”有时候不是白背的，你可能会因此得到一些利益，但是比起整个人生职业来说，无疑给你自身带来了很多的伤害。不要以为替上级“背黑锅”将来总会得到某些好处。“好处”应该光明正大地争取，用“背黑锅”的办法去换，既不光彩，也未必合算，甚至损失巨大。

一个职场人士的职业形象关键还是要靠平时扎实的业务水平，沉稳老练的做事风格塑造的。替上司“背黑锅”无疑会让你辛苦塑造的职业形象大打折扣，总体上看是弊大于利。对于没有足够的资历和能力的职场新人，不要轻易地为上司或老板“背黑锅”，即使他们硬把“黑锅”强加到你头上，也应该以自己的原则向上司严肃地提出。“黑锅”有风险，背前须谨慎。如果有人来求你，让你替他“背黑锅”，你一定要搞清这种责任的性质，不可随便答应，以免后患。

当上司要求你做违法的事或违背良心的事，你可以平静地解释你对他的要求感到不安，或坚定地对上司说：“你可以解雇我，也可以放弃要求，因为我不能帮这样的忙。”如果你幸运，上司会自知理亏，知难而退，反之，你可能授人以柄。但假若你不能坚持自身的价值观，不能坚持一定的原则，那只会迷失自己，最终还会影响工作，以致断送自己的前途。

同事可以成为盟友，但是不能做死党

在人际交往中，过分亲密就意味着疏远的开始。所以，为了避免这种

过分亲密而带来的危机，就必须把握好相处的距离。

法国前总统戴高乐曾经说过：“仆人眼里无英雄。”他告诉我们，在人际交往过程中应该保持一定的距离，否则伟大也会变得平凡。戴高乐的这句话值得我们深思。与人交往，有尊严才有神秘感，才能影响人。一旦过于亲密，就会失去这种神秘，吸引力也就荡然无存。因为“亲近滋长轻视”，任何人在他的贴身侍从眼里都成不了什么英雄。因此，人际交往不可以过亲，否则会造成彼此的伤害。

葛菲和顾俊是世界羽坛的“黄金搭档”。她们曾经在亚特兰大奥运会和悉尼奥运会上两次夺得女双金牌。尽管两个人的特点和球风各不一样，但技术的互补使得这对组合技术全面、相得益彰，比赛时更是默契十足。这对号称“无敌”的搭档，虽然在球场上共同训练了十几年，但在场外却私交甚少，不仅不住在一起，私底下一起竟然只吃过一次饭。

这是教练故意安排的，他生怕两位性格迥异的女孩由于脾气秉性的不同，相处过于亲密而发生矛盾，继而影响比赛成绩。事实证明，教练的做法是正确的，由于生活上极少来往，避免了这两个性格迥异的女孩发生种种矛盾的可能，保证了两人在比赛场上珠联璧合、连创佳绩。

在人际交往中，除了在心理上保持一定的距离外，在经济上要保持相对独立，在行动上也要避免形影相随。人与人之间的相处，的确需要有一些自由的空间，有时太过亲近，不小心失了分寸，就会造成彼此的紧张和伤害。

朋友之间的关系过分亲密，到了不分你我的亲近程度，日后一旦产生摩擦，就会出言不逊，明争暗斗，互揭对方的老底，把往日的交情一笔勾销，从此形同陌路，这种结果会令人感到糟糕透顶。

沈岚跟同事紫寒同时进入公司。以前的关系，简直可以用“如胶似漆”来形容。两个人一起吃工作餐，有时下班还会一起聊天、逛街。沈岚对紫寒像闺蜜一样，什么心里话都和盘托出，当时她根本就没有意识到这么做的危险。

上个月，部门领导找到沈岚，告诉她有可能会被提拔，所以要她马上准备一份部门工作意见。沈岚马上就把这个好消息告诉了紫寒，当时紫寒听到这个消息还祝贺她，并给了她一些建议。哪知当沈岚提交自己的工作意见时，领导竟然说不用了。领导还指出她以往工作当中的一些失误，还说她在背后抱怨领导是不对的。沈岚马上意识到发生了什么，因为领导指出自己的失误、指出她在背后的抱怨，她只跟紫寒说过。领导还告诉她，主管的职位决定给紫寒。

沈岚当时有如五雷轰顶，被欺骗的痛一直折磨着她。现在她俩已经从昔日的闺蜜变成了陌路。从那以后，沈岚再没有和同事吃过饭，平常与同事也刻意保持距离。因为她已知道，职场是危险的，绝对不能与同事成为朋友。想要结交那种无话不说的闺蜜，只能远离职场！

像这种事情会经常发生在关系亲密的双方之间。所以不论多么亲密的朋友，最好保持一定的距离。与其与对方太接近而彼此伤害，不如保持距离，以免碰撞。

怎样才能保持同事之间的长久呢？与朋友相处，特别是好同事之间，需要掌握好分寸、火候、若即若离、时隐时现。如果同事正面临不幸，请你马上靠近；如果同事正在享受幸福，请你悄然离去。正常的人际关系必须保持适当的距离，给对方留下回味的余地。因此，不要时刻把自己的透明度设置为百分之百。内心没有隐秘虽然能够显示自己的坦诚，但也会因此失去应有的人际距离，无形中为以后的人际关系埋下祸根，从而导致人际关系危机重重，这种做法其实并不明智。

人与人之间关系过于亲密显然不好，因此要把握好相处的适度原则，保持一种“若即若离”的状态。这样就可避免祸患，带来益处。职场中离不开借力，你借我力，我借你力，互惠互利。但是切记：不会有永远的朋友，可以做盟友，却不要做死党，和谁都要保持一定的距离。

第17章 给自己留张底牌：

别随意交心，绝不可以丢掉防人之心

在复杂多变的环境中，不能抱持单纯的眼光和心态。无论什么时候，都应当头脑清醒，学会识人防人，力争不被人谋算和伤害。不懂得设防的人，只能自讨苦吃。社会是很复杂的，生活是残酷的，它告诉我们：为了生存必须学会设防。为了保护自己，凡事多长个心眼，这样才能融通处世，一生顺达。

不可抛却一片心，关系再近也要有所保留

俗话说：“防人之心不可无”。生活并不像想象的那么美好、单纯，有时也会充斥着尔虞我诈、钩心斗角，所以，不能没有防人之心。社会是复杂多变的，什么样的人都有，什么样的事情都可能发生。我们不能太天真，要学会保护自己，防范他人。否则，就有上当受骗、被暗算的危险。

随着竞争的日益激烈，貌似风平浪静的职场，实则暗流汹涌。有时候，同事之间难免会发生一些利益上的冲突，虽然绝大多数人都是善良的，但是也免不了会遇见“另类”的人物，这就提醒我们每一个身在职场的人要睁大眼睛、小心防范，切不可毫无心机，被别人所利用。

晓玲人长得漂亮，能力又强，刚工作就很得上司赏识。因为她的发展比较顺利，所以她的朋友比较多。一般情况下，她都会和朋友们打成一片。但是有一次却例外。

一天，她大学的好友石惠特意来看她，她非常兴奋，拉着石惠去参观自己的办公室。晓玲安置石惠到自己的格子区，然后去给她冲咖啡，可是好奇的石惠根本坐不住，很快被邻座宫丽君的时尚杂志所吸引。

当时晓玲也没在意，不就翻翻杂志嘛。可是第二天一早，她就被上司叫到了办公室。上司阴沉沉地问：“你昨天是不是带朋友来办公室了？”

公司有摄像头，晓玲自然不敢否认。上司告诉她：宫丽君执笔的待签客户合同掉在过道上，完全泄露了，几天以来的集体智慧就这样白费了。从此，晓玲被上司冷落了。

只是晓玲不知道的是，合同外泄的事情完全是宫丽君一手操作。她没

有来公司之前，宫丽君一直深得上司赏识。她来了之后，原本就要升为办公室主任的宫丽君，忽然失去了往日的器重。宫丽君对晓玲忌恨在心，只是晓玲太会做人做事，一直无处“下手”。直到那天发现石惠在自己的隔段，宫丽君找到了机会。

尽管晓玲被暗算值得同情，但是归根结底只能怪她自己。带闲人进办公室，很多事情是说不清楚的，被人耍计谋也就很自然了。

人性究竟是善还是恶，绝非三言两语能够说清楚。在现实生活中，我们与人打交道时的确要谨慎小心，提高防范意识，以防万一。如果你没有一点心机，就容易被别人欺骗，吃亏上当，你不必埋怨别人太卑鄙，只能怪自己做人太单纯、太大意。

杨菊和赵娜在同一家公司上班，她俩年岁相仿，平时关系很好。年终时公司搞了次推广策划评比，将对方案优胜者予以奖励。杨菊紧紧抓住这个机会。经过半个月的深入调研，加上平时对市场工作的观察思考，很快做出了出色的策划案。

方案征集的最后一天，赵娜说：“我还真有点紧张，小菊你帮我看看，提提意见。”杨菊一口应承下来。末了，她觉得赵娜的策划很是一般，没有什么创意，但她没好意思多说什么。赵娜用请求的目光盯着杨菊：“我也看看你的方案吧。”杨菊同意了。

第二天的评比会上，杨菊按规则首先发言。让她吃惊的是，赵娜讲述的方案跟自己的竟然一模一样，讲解后还对老板说：“很抱歉，我的电脑染了病毒，文件打不开了。所以，我现在只能口头讲述自己的方案，我会尽快整理出书面材料的。”杨菊听得目瞪口呆，万万没想到昔日的好同事如此卑鄙，竟会在光天化日之下抢自己的功劳。可这又能怪谁呢？在座的谁会想到呢？她不敢把自己的方案交上去，也不敢申诉，她资历浅，怕老板不相信自己。开完会，赵娜得了第一，她急匆匆地离开了，从此再也没有理杨菊。

杨菊最后伤心地离开了这家公司……

在现实社会里，欺骗与狡诈无处不在，大到国际争端，小到个人关系，人生从某种角度来看就是一场战争。在人际交往的明争暗斗中，各种手段层出不穷，令人防不胜防。在这场战争中，为了求生存，必须有谨慎的生活方式和态度，否则，就容易进入某些人的圈套，任人宰割。

按理说，与人相处应坦诚相待，不应该时刻保持警惕性，可是现在的社会职场，骗子小人无孔不入，稍不留神，就可能吃亏上当。所以我们必须绷紧谨慎的弦。要防范主动帮你忙的人，谨防披着朋友外衣的“小人”，向别人倾吐心事要慎重，不要被表面现象迷惑，不要贪恋女色，“谨慎”二字应时刻铭记。

为了保护自己，谨慎些没错，无论如何，防人还是必要的。在有些时候，我们更要留一手，防患于未然，凡事多长个心眼，这样才能融通处世，一生顺达。

别随便和人交心，保持应有的警惕

《警世通言》中有句话：“逢人只说三分话，未可全抛一片心。”意思是说，对还不了解的人，无论说话或办事，都要有所保留，不可一股脑地掏空自己。把心掏出来，这代表你的真诚和热情，但是这样容易被别有居心的人利用。另外，你把心掏出来，还容易被人看轻。还有一种状况，你一下子就把心掏出来，如果对方是个谨慎的人，那么反而会吓着他，因为他会怀疑你这么坦诚另有目的，这样就会弄巧成拙，破坏了有可能发展的情谊。你把心掏给人家，结果没有得到相等的对待，那种被“鄙视”、“背叛”的感觉是很不好受的。因此，与其把心一下子掏出来，不如慢慢观察对方，等有所了解后再“交心”。

与人初次见面，或仅见过几次面，就算你觉得这个人不错，也不该一下子掏心。我们身边总有这样一些人，他们性格特别直爽，喜欢向别人掏心窝子。虽然这样的交谈能够很快使你们之间变得友善、亲切起来，但事实上只有很少的人能够严守秘密。所以，你对自己并不完全了解的人说话要有所保留，能说三分的话，千万不要说到四分。切忌心血来潮时把秘密告诉不合适的人，因为真正的秘密只能由你一个人知道，不然，你就可能

受到伤害。

苏达是一家公司的业务代表，在一次聚会上，他与另一家公司的业务员相遇，两人很投缘，大有相见恨晚之感。苏达把对方当成了自己的贴心朋友，结果在耳热酒酣之后，把自己公司将要开展的业务计划说了出来，当然，是在对方承诺保守秘密的前提下。一个月后，当苏达的公司把新的业务计划转入实际运作时，却被客户告知别的公司已经在做了，并签了合同。作为与老板共知计划机密的苏达，自然被老板狠狠批评了一番，并罚薪降职，永不重用了。

偶尔对老板交心是必要的，但要有的放矢。促膝长谈是种手段，而不是你什么都可以说。偶尔的交心，说些无关紧要的私己话，能让老板觉着你贴心。而事实上，没有一个上司会对你真正交心。切忌一时热泪盈眶，就把心窝子都掏出去。被出卖的，永远是交心的那个。

任何时候，你都不要期望别人为你保守秘密，假如你果真有什么秘密的话，请把它保存在自己的心里。当你的生活出现个人危机，如失恋、婚变之类，最好不要随便找人倾诉；当你的工作出现危机，如工作不顺利，与老板、同事相处不好时，更不应该向人袒露胸襟。如果对方能为你保守秘密，问题自然不大。但是，你对他人又了解多少呢？你怎么知道他不会把你的话传出去呢？

杨锐是一家电脑公司的技术员，平时跟老板相处得就像哥们儿。一天下午，杨锐加班到很晚，老板请他吃晚饭。几杯酒下肚，杨锐头脑一热，说他也想开一家电脑公司。

老板一愣，但很快就恢复了镇定，并鼓励他说：“年轻人就应该有闯劲，我支持你。”杨锐说：“我现在的技术还说得过去，但对销售还是一知半解。”老板说：“一边工作一边学习嘛。凭你的能力，再干上两年就能独当一面了。”杨锐说：“你放心，两年之内我是不会走的。”

一周后，公司又招聘了一名技术人员，杨锐也接到了解聘通知。杨锐一脸茫然，找老板询问。老板一本正经地说：“在我的公司里，你已经没有什么需要学习的了。你应该多干几家公司，多积累点经验。我是从你的自身发展考虑才忍痛割爱的。”

杨锐蓦然醒悟自己为什么被炒了鱿鱼，都是因为自己跟老板交心，才被老板抓住如此“富有人情味”的把柄！

在现实中，领导受制于下属，老实人反被朋友陷害的事例不胜枚举。我们不主张去害别人，但存有防范之心，无论如何都是必需的。千万不要将自己的底细轻易地向人兜售出去，那样会被居心不良的人当成击败你的利器。

普通人有一个共同的毛病：肚子里搁不住事儿，有一点大事小情，总想找个人谈谈；更有甚者，不分时间、对象、场合，见什么人都把心事往外掏。当你和别人共同拥有一个秘密时，你往往会因这个秘密同对方拴在了一起。这对你灵活机动地处理事情是一个障碍，在处理一件事时，你往往要考虑他的利益，这往往使你做出违背原则的事。同时，对方可能会在关键时刻，拿出你的秘密作为武器回击你，打败你。

职场上风云变幻，环境险恶，你不害人，同时也不得不防人，把自己的“私域”圈起来当成话题禁区，轻易不让人涉足，这是一个成熟的人非常明智的做法，也是竞争压力下的自我保护。

同情心不能随意泛滥，看清楚对象再行动

每个人的心灵，都有其柔软的地方，再强势的人，也有他人不易察觉的弱点，这就是同情心。同情心是人与生俱来的。做人要善良、要有同情心，这是公认的道理。但如果放到某些具体的特殊的场合去考察，则不可简单了之，而是要把握同情心的分寸，单纯的人就容易好坏不分，一味善良，结果常被别人利用。

一天，若冰出去逛街，在商场外面遇到了一个抱着小孩的女人。她向若冰诉说生活的困苦，在这个城市谋生的艰难。想让若冰给她一点钱，给小孩买一点吃的东西。

若冰看看她怀中那面黄肌瘦的小孩，动了恻隐之心，她给了那女人一百块钱。那女人道谢之后，带着小孩离开了。望着远去的母子，若冰

叹息说：“为什么世界上总有那么多的可怜人呢？”或许，人生就是这样无奈。

就在她准备进商场时，被一位大姐叫住了。她自我介绍说是社区的工作人员，她向若冰介绍了那个女人的情况。从她那里，若冰得知：那女人是一个骗子。每天都会带着小孩在这一带利用人们的同情心来骗取钱财，社区已经警告过其多次。一不小心，那女人又钻了一个空子，把若冰也骗了一次。

若冰气愤，并不是因为被骗走的钱，而是因为被骗走的同情心。带着小孩行骗，岂不是在教小孩以后继续行骗？如此反复下去，被骗的人越来越多，人们之间又谈何信任？在这种情况下，当遇到真正需要帮助、但又无法确定的人时，我们该怎样选择？拒绝吗？那么那些真正需要帮助的人在得不到外界援助的情况下，他们该有多难呢？

真正需要帮助的人得不到社会的帮助，别有用心的人却处心积虑地骗取世人的同情，这到底是不良的世风，还是人性的堕落？当下，有些人变得更依赖他人，更愿意不劳而获。我们富有同情心，却于不知不觉间陷入了别人设计的圈套；我们的同情心、正义感随时都可能被滥用，被当作他人创收的来源。

玛丽和贝沙是多年的老朋友。贝沙最近离婚了，独自生活了一段时间。而贝沙因经济情况将自己的房子卖了，于是玛丽邀请她搬到自己的家中居住。

玛丽同情贝沙，总是尽己所能地帮助她，为了减少她的生活开支，玛丽管她吃喝，分文不收。玛丽用自己的积蓄来满足贝思的一切需要。半年后，贝沙搬走了，从此以后再没跟玛丽说过话。这一事件使玛丽感到，自己受到了伤害和虐待。她告诉朋友说：“我太快而且毫无保留地敞开自己的胸怀和钱包，慷慨地给予她一切。我难以抑制自己的同情心，可是贝沙最后却翻脸不认人。”

为人单纯者意识不到给人同情应该适当节制，容易过分地表示同情。同情是一种良好的心态，而不是盲目地去为别人做很多事。为了真正做到与人为善，而不被伤害，务必要抑制自己过分行善的欲望。

同情心有时可以发挥很大的感化力量，但“过分同情”有时也会成为一个人生存的负担，甚至是致命弱点。“过分同情”容易动摇意志与理性，因此常在放弃自己的立场之后，伤害了自己。例如，有些不怀好意的借债者，他苦苦哀求向你借钱，结果你却一块钱也要不回来！

“过分同情”会成为你的弱点，成为人人想利用的把柄，在眼泪、温情、请求、孩子似的无辜与可怜之下，你将立场不稳，是非不分，成为最大的受害者。

可是，天生心软的人怎么办？难道注定做个被利用者吗？答案是否定的。这样的人应该训练自己的思考与判断能力，用理性和智慧来指引自身的行为，而不要轻易被感情左右；要经过某种历练，才能成长、成熟，变得越来越果断。

对于我们来说，不是说不应该有同情心，而是要在施予中辨清对象与情况。真正的善做人者大都懂得把握同情的分寸，不会不分对象不加节制地付出一切。否则，一不小心，不但会使宝贵的同情心白白浪费，自己也容易深受其害。

发牢骚要找对象，太随便容易招祸患

常常见到很多人牢骚满腹。说公司如何如何不好，累死累活地干一个月，拿到手里的工资也没多少；上司不公平，谁擅长拍马屁谁赚的钱就多；怨同事不善，成天钩心斗角、明争暗斗……

发牢骚是一种正常的心理现象。在人的发展过程中，总会有各种不满足的地方，总会遇到各种不称心的事情，总会产生各种各样的情绪问题，这时候难免会发发牢骚。

牢骚不是不能发，但要分时间、分场合、分对象。不同的时间，不同的场合，所针对的对象不同，牢骚所起的作用也是不同的。有时，在某一时间，某种场合可以对某一对象发牢骚，有时则不能。所以，不能随时随地发牢骚。

第17章 给自己留张底牌：别随意交心，绝不可以丢掉防人之心

小曾是一家文化传播公司很有才气的策划，由于自恃清高，他总是对老板的创意不屑一顾，认为老板的水平很差，所以经常在同事们面前忍不住流露出对老板创意的不屑。消息很快就被同事传到老板的耳中，于是老板主动找他谈话，诚恳地让小曾说出对自己的创意有什么意见，对公司的业务有什么建议，小曾却支支吾吾说不出什么。这位心胸还比较宽广的老板认为小曾简直就是一个两面三刀的人，当面不说，却在背地说。老板对小曾的人品产生了怀疑，后来开始冷落小曾，重要的策划方案再也没有交给小曾来做，不久，小曾离开了公司。

背地里发牢骚很容易让人认为你是个两面三刀的人，人品不好。如果你在同事间议论上司的话被传到了上司耳中，那么就算你再努力工作，取得再好的成绩，也很难得到上司的赏识。所以最好的方法就是在恰当的时候直接找上司，向其表达你的意见，当然最好要根据上司的性格和脾气用其能接受的语言表述，这样效果更好些。作为上司，他感受到你的尊重和信任，对你也就多些信任。这比你处处发牢骚，风言风语好多了。所以议论上司不是一件该做的事情。

在工作过程中，因每个人考虑问题的角度和处理的方式难免有差异，对他人有意见，甚至变为满腔的牢骚，也是难免的，但无论如何不能到处宣泄。否则，经过多个人的传话，即使你说的是事实也会变调变味，一旦被对方听到，对方难免会对你产生不好的看法。

有些烦恼、有些失意或是委屈，你应该说给心理医生听，千万不要逢人就开始倾吐自己心中的苦衷，这样不但无法激起对方的心理共鸣，而且会徒增对方的反感。

任意发牢骚，不管是主动还是被动，都会带来负面影响。

1.任意发牢骚，显得自己无能、软弱

虽然每个人都会有失意事，但如果你吐露失意之时，别人正在得意，那么别人会认为你是个无能或能力不足的人，要不然怎么会失意？嘴上虽然不会说出来，但心里多少会这样想，而且失意事一出口，有时会因情绪失控而一发不可收拾，造成别人的尴尬，这才是最尴尬的一件事。如果你的失意情绪能够引起别人的安慰，固然温暖，但你却因此而变成一个无助

的人。

2.任意发牢骚，别人会对你产生不良印象

很多人凭主观印象来评价别人，一般来说，自信、坚定的人，别人对他的印象通常比较好，如果他是个事业有成的人，那么更会获得尊敬。如果你的烦恼被别人知道了，他们下意识地会对你产生不良印象。他们对你的态度也会很自然地转变，由尊敬、热情而变得不屑、冷淡。

3.任意发牢骚，难免会说某人的坏话

发牢骚时难免说别人的坏话，也许当时你心里感觉畅快了，但你的听众可能无法忍受，而产生这样的想法，“不知道这人在私底下怎样讲我的”，因而失去对你的信任，甚至会对你产生厌恶之情。

也许在你发牢骚的时候，没有想到“隔墙有耳”，打小报告的人正在寻找材料准备告密，你的议论正好为他提供了时机。倘若把你的话添枝加叶，传到上司的耳朵里，你辛勤工作的成绩很可能会因几句牢骚话而抵消殆尽。

所以，与人说话时，最好选择较为轻松愉快的话题，尽量不要提及个人过去不愉快的经历，以免让人对你产生不良看法，甚至中了别人的圈套。

别被外物迷惑，看清身边小人

在现实生活中，虚饰其貌、以华掩实的现象比比皆是。社会上常有这样一群人，他们在意识到自己的缺点或缺陷的时候会刻意整饰自己，以掩饰其短而争取树立好形象。由于这种整饰的作用，很容易给人以假象，而为识人增加了很大的难度。因此，我们在识人时不要被表面所迷惑，应该练就识才的慧眼，在形形色色的人才中辨明真伪。

宋代大文豪苏东坡原来和谢景温关系很好。一天，两人一起到郊外漫步，这时正好有一只受伤的小鸟从树上掉了下来，谢景温抬脚就把这只受伤的小鸟踢到了一边，没有半点怜悯之情。苏轼从他这个漫不经心的动作

中看出了这个人冷酷的内心，断定这是个损人利己、不可深交的人。不出所料，后来，谢景温为了讨好他人，便加害苏东坡，诬陷他运售私盐，企图将苏轼治罪。

任何时代都有谢景温这样的人。通常，这样的人为人处世不太厚道，常以不良手段达成卑鄙的目的，所以大家常称这些人为“小人”。“职场小人”最大的特点就是两面三刀、爱拍马屁、爱抢功劳、什么事情都做得出来……与小人相处，稍有不慎，就会吃亏上当。但是，不论他们如何狡诈，总会露出蛛丝马迹，只要用心就能识破。

北宋王安石在担任宰相期间，对吕惠卿极为信任，他夸奖吕惠卿说：“吕惠卿办事用心勤勉，是朝廷中难得的人才，好好栽培他，一定能为国建功。”

吕惠卿其实是个阴险小人，他为了骗取王安石的好感，故意装出一副正直勤恳的模样。一次，他假装气愤地对王安石说：“现在有不少人抵制新法，完全不为国家大计着想，我真不知这些人是何心肠？一个人做官若是只为私利，那他就没有报国之心了。”

王安石最欣赏忧国忧民的人，吕惠卿的假话骗了他，王安石渐渐地把他当作知心朋友对待，和他无话不谈了。

吕惠卿总是找借口和王安石饮酒聊天，王安石说过的一些激进话，吕惠卿暗中记下，备他日攻击王安石之用。他把王安石写给他的信一一收好，其中犯忌的话语他都特别摘出，收录成册。

对于这些，王安石毫无察觉。有人在旁看得清楚，提醒他说：“看一个人的品质如何，要看他后半生的表现，这才是准确无误的。你现在有权有势，自然有人会恭维你，这个时候的朋友，未必可靠啊！”

王安石坚信自己识人没错。果然吕惠卿后来向神宗皇帝上报王安石的“罪证”，神宗皇帝于是开始疏远王安石了。

王安石被迫辞职后，吕惠卿公开打击王安石。他把王安石的两个弟弟贬到外地，肆意诬陷王安石危害国家，任人唯亲。王安石十分后悔，却也无济于事。

王安石错用了吕惠卿，对他的事业造成了不可估量的损失。他只相信自己的眼睛，却不相信旁观者清的事实；他刚愎自用，到头来自食恶果。

做人不能太单纯，处处都要小心提防着小人。如果小人既行小人之事，表面上还是一副坦荡的样子，这种人具有很大的迷惑性，分辨起来很困难，但他们也有一些共同的特征。我们可以从小人的言行举止中了解、发现小人的本质，作出科学合理的应对策略，以便区分善恶，明辨是非，减少小人的困扰。

1.心怀不轨，话语刻薄

这类人最爱传闲话，惯用“听说”造句，甚至歪曲事实，没有根据地乱说。这类人就是看不得别人比自己好，别人比他好就说三道四。这类小人最擅长泼他人冷水，打击他人的信心。话语尖酸刻薄，从他嘴里说出的话好像一盆盆的冷水，硬朝你头上泼去。

2.口是心非，讲一套做一套

为达到某种目的，他们在你面前讲一套，在别人面前又说另一套；在你面前对你好，但是在别人的面前就出卖你，搬弄你的是非。他们喜欢向你套话，甚至可以在你面前摆出一副受委屈的样子，博得你的同情。

3.见事就躲，推卸责任

这类小人，每当有事情发生，他们的第一个反应便是推卸责任，他们通常会说这不是我的错！他们会常责骂其他人，让他人替自己“背黑锅”。有时候在人面前装得像是老好人，其实很懦弱，出了事情跑得比谁都快。

4.两面三刀，落井下石

他们是诡诈的小人，开始时你也许会把他当作朋友，但后来却发现，他其实是想贬损你或欲加害于你。凡是在领导面前露脸的工作就抢着干，凡是领导看不到的工作就能推则推。这类小人的特点是“皮笑肉不笑”，叫人猜不透笑容背后究竟隐藏着什么。这是小人类型中最难以对付的一种。

第18章 成为应酬场高手：

来往的学问，助你练就人见人爱的本领

在现代社会，私人交往和公务交往都很频繁，于是，应酬也就成了必备功课。应酬是一门人情练达的学问，同时也是联系人心的桥梁。应酬中存在着诸多礼仪和规则，要掌握并懂得如何运用。这样可以通过应酬中的得体表现，达到结交朋友、增进感情的目的。总之，如果你能应酬得恰到好处，就会成为受欢迎的人。

寒暄很重要，它是交往的敲门砖

寒暄，也就是人们见面时打个招呼，以示礼貌和关心。寒暄是交谈的“润滑剂”，它能在两个陌生人的谈话之间架起一座友谊的桥梁。因此，寒暄是人际交往中必不可少的一部分。擅长交际的人们，就像精通交通规则一样谙熟客套的法则，正如培根所说：“得体的客套同美好的仪容一样，是永远的艺术。”

与陌生人见面后的几分钟内，最好作一般性的寒暄，如问候，互通姓名，谈论一些无关紧要的话题等；应避免使对方感到尴尬、触及对方隐痛，及易于引起争议的话题，但是也不可漫无边际。

寒暄时要选择一个恰当的时机。先要分析对方当时的心情，再决定说话的方式和表情。比如对方家里刚发生不愉快的事，此种情况下说话，声音不要太大，语言也不要太热情，要低度。如果对方脸上喜气洋洋，你便可热情地打招呼，使对方感觉到温暖，进而展开话题。男士和女士说话，语言可热情一些，但要适度，不能过分开玩笑，让对方觉得你太轻薄。

寒暄言语的长短，内容的繁简，往复的次数多少要与交谈双方关系的亲密程度成正比。

营造成功了温馨的气氛之后，要及时引入正题，切不可过分寒暄，否则对方会认为你不怀好意而对你加以提防。

总之，初次见面，寒暄要适度，既要热情亲切，又要温和有礼。这样，才能使对方乐于接近你，从而产生与你进一步交往的愿望。

人际往来要熟练掌握介绍的礼仪

在社交活动中，自我介绍必不可少，它指的是把自己用简洁或风趣的语言包装一番之后，推销出去。自我介绍运用得好，可为交往活动的顺利助一臂之力，因此掌握正确的自我介绍礼仪是非常必要的。社交场合中人们互不相识，介绍常常是通过第三者进行的。每个人都有可能充当为他人介绍的角色。因此，有关介绍他人的礼节，我们必须要熟练掌握。

1.自我介绍的礼仪

（1）自我介绍要生动形象、富有特色。这样能够强化别人对你的印象。你可以设计一套生动的说辞，再通俗的名字，都可以化腐朽为神奇。比如，你姓何，说“人可何”太简略俗气，不如说“天涯何处无芳草”的“何”，既诙谐又生动有趣……此外，如故乡的介绍、年龄的透露等都应利用特色多加发挥，生在重庆的，可以说“我的故乡是潮湿多雾的雾都”，年龄30岁，可说“已届而立之年”，如果只粗略交代，平淡无奇，实在很难给人留下深刻的印象。

（2）自我介绍要选准时机。当你与陌生人初次见面时，必须简要、明确地作自我介绍。但如果对方正与他人交谈，则不宜作自我介绍；而对方独处，或神色愉悦时，进行自我介绍则会产生良好效果。为了节省时间，作自我介绍时，还可利用名片、介绍信加以辅助。

（3）自我介绍要繁简适度。自我介绍要简明扼要，一般以半分钟为宜，情况特殊也不宜超过3分钟。如对方表现出想认识你的愿望，可再简略地介绍一下自己的籍贯、学历、兴趣、专长及与某人的关系等。

（4）自我介绍要把握好分寸。自我介绍时措辞要适度，既不要过分炫耀自己，也不要过分自我贬低，而应实事求是、恰如其分地介绍自己，给人诚恳、坦率、可以信赖的印象。

2.介绍他人的礼仪

社交场合互不相识的人，介绍常常是通过第三者进行的。每个人都有可能充当为他人介绍的角色。因此，有关介绍他人的礼节，我们必须烂熟于心。

（1）介绍他人的顺序。

先将男士介绍给女士。在介绍一男一女互相认识时，要把男士介绍给女士，在介绍过程中，女士的名字应先提，然后再提男士的名字。例如，“李小姐，我来为你介绍一位朋友，这是陈先生。”有时亦有例外。如果你要介绍一男一女认识，而男的年纪比女方大很多，则应该将女方介绍给这位男士，以示尊敬长者之意。例如，“张先生，让我介绍我的外甥女给你认识。”在介绍中，应注意的是，有时虽然男士年龄较大，但仍然应将男士介绍给女士。

先将年轻者介绍给年长者。把年轻者引见给年长者，以示对前辈、长者的尊敬。比如，“许伯伯，我请您认识一下我的朋友胡廷民。”

先将职位低的介绍给职位高的。介绍职位有高低差别的两个人互相认识时，应先介绍职位低者，再介绍职位高者。比如，“王总，这位是××公司的总经理助理刘女士。”注意，这里我们先提到的是王总经理，这是因为我们把王总经理的职位看作高于刘女士，尽管王总经理是一位男士，仍不先介绍他。

若职位高低与年龄、性别有冲突，那么介绍规则仍以职位为优先。即使职位低者为女性或年龄较长，亦应成为先被介绍的一方。

先将未婚女子介绍给已婚女子。比如，“刘太太，让我来介绍一下，这位是李小姐。”注意，当无法辨别被介绍者是已婚还是未婚时，则不存在先介绍谁的问题，可随意介绍，如“张女士，我可以把我的女朋友杨小姐介绍给您吗？”

先把客人介绍给主人。介绍来宾与主人认识时，先把客人介绍给主人，把晚到者介绍给早到者。

集体介绍可按次序进行。如果是业务介绍必须先提到组织名称、个人职衔等。集体介绍可以按照座位次序或职务次序进行。

（2）介绍的内容。

在给他人作介绍时，首先要实事求是、简明扼要地介绍双方各自的情况，如姓名全称、职位、与自己的关系以及认识对方的目的等，令双方知道如何称呼彼此、明白双方交流的意义。

介绍两位素昧平生的人互相认识，不要只是寥寥数语道出各人的姓名，而应该尽量让他们多知道一些对方的事。一来使气氛轻松；二来亦可为他们之间的交谈铺垫一条道路。例如，“小炎，这位是张杰。我知道你正好要找个名摄影家学习摄影技巧，而小炎正是高手，他是很乐意帮助别人的。”或是“晓海，杨平上星期从海南度假刚回来，你以前不是也去过吗？”主人如此起了穿针引线的作用之后，他们便可以谈话了。

在介绍对方时切忌厚此薄彼，不可对一方介绍得面面俱到，而对另一方只用寥寥数语。也不可以对一方冠以“这是我的好朋友”，而不给另一方以“同等待遇”。

多说“谢谢”，让别人感受你的感恩之心

在生活中，我们经常听到诸如“谢谢您”、“多谢关照”之类的话。这样的话可以向别人表示感谢，能沟通人与人的心灵，建立融洽的人际关系。这些感谢词本来没有什么，但是一经说出，却产生了显著的效果，它缩短了与他人之间的距离，从而使交往变得更顺畅。

很多时候，感谢话不仅能表示礼节和谦虚，更能表明对对方的尊重。所以，我们在求人做事时，即使对方只满足了你的一点点请求，也应真诚地说一声“谢谢”。这是非常明智的做法。

毕伟在一所大学当老师，最近他饭局不断。其中既有被动参加的，还有一些是他们主动张罗的“感谢饭”。他说：“我去年调职，托了好几个朋友帮忙，年底请他们吃个饭，表示一下感谢，二来加深一下感情，以后再办事会方便。”正所谓“谢意多，朋友多；朋友多，好事多”。向别人表示你的感谢是一个积极有意义的举动。从你那里得到过感谢的人，会希望再次受到你的感谢和肯定，因为他对你的帮助能够被你所认识和赞赏。你的衷心感谢也会换来真心相报，日后，对方还会乐意帮助你的。

尽管有些人帮助你并不期待有什么回报，但是他们的内心始终有一种期待，那就是希望你记住他们的好。你的感激之情表达得越充分、越及

时，他们就越觉得自己的付出是有意义的。否则，他们会认为自己“费力不讨好”、“白帮忙”了，下次当你有困难的时候，所有的人都可能离你远去。那么，我们应该怎样表达对他人的感激呢？

赵坤在五年前还是基层车间的一名钳工。后来厂宣传科的江科长见赵坤文笔不错，顶着压力将赵坤调进宣传科当了宣传干事。

两年后，赵坤被抽到厂办当了秘书，而且颇受厂长赏识。但是，赵坤对江科长的知遇之恩一直牢记在心。

江科长和赵坤在工作中常常碰面，赵坤总是面带微笑热情主动地和江科长打招呼。赵坤常常在背地里对别人说起江科长对自己的恩惠，自己又是如何地感激江科长。

有时由于工作原因需要和江科长同在一桌招待客人，赵坤除了向江科长敬酒外，还公开说自己是江科长一手培养起来的，自己十分感激江科长。

赵坤在节假日还经常与江科长进行感情交流，或向江科长讨教写作经验，或到江科长家和他下棋打牌。江科长也逢人便夸赵坤有良心，是好样儿的，两人的感情与日俱增。

没有谁对我们的帮助是理所当然的，感恩是认定别人帮助的价值，从而促进彼此感情交流的一种有效手段。如果你能感谢别人对你的帮助，那么彼此之间的距离也就缩短了，感情就产生了呼应和共鸣。对方在兴奋欢悦之余会给予更多的关照，更好的回报，这样交际气氛就会更加友好和谐。

对那些帮助你或试图想帮你的人，要以满足感来回报。不论你所受的恩惠是大是小，都必须回报与感谢。无论任何人都应该学会感激为你办事的人。事成后，适时向为你提供帮助的人表示感谢，这种做法，会让当事人心里温暖。登门致谢，不同于有事相求，你不必重“礼”相加，多说几句感谢话，温暖一下他的心就够了。事成后登门致谢，不是无关紧要的一环，但它对你的好处，是不言而喻的。

事成后，可以开门见山地表示谢意，“那件事多亏了你的帮忙，如今都办成了，我特意感谢您来啦！”一句话，让对方心中阳光灿烂，话题由

此发挥。少了些功利，多了份亲近，彼此更容易沟通。

事成后，我们可以这样感谢，“您看，上次那事没少麻烦您，如今事情办成了，我心里非常感谢，所以今天过来跟您坐一坐，聊一聊……”对方听了你的这番话，会非常感动甚至对你产生好感。

虽说求人帮忙是被动的，但事成之后要懂得主动谢恩。如果让别人觉得你会办事，求别人办事自然会很容易，有时甚至不用你自己开口。因此可以说，多说“谢谢”是人际交往中最为精明的一招。

场面话不可或缺，讲好了为你添彩

进入社会后，免不了参加各种各样的应酬，这些应酬包括赴宴、参加酒会及其他聚会等。应酬的学问和技巧有很多，其中“场面话”必不可少。

什么是“场面话”？简而言之，就是让他人高兴的话，是在那个“场面”才讲的话，这种话不一定代表你内心真正的想法，也不一定合乎事实，但讲出来，就算对方明知你“言不由衷”，也很高兴。不管是谁，有时都会说或者听到“场面话”，对此，听者言者千万别较真。

魏杰在一家单位勤勤恳恳干了十几年还没有升迁，于是他通过关系去找人事部主管，希望能调到某单位，因为他知道那个单位有一个空缺，而且他也符合资格。

那位主管表现得非常热情，并且当面应允，拍着胸脯说：“没问题！包在我身上！”

于是魏杰高高兴兴地回去等消息，谁知一过半年，竟一点消息也没有，打电话询问那位主管，他总是说“正在开会”，问朋友，朋友告诉他，那位置已经有人捷足先登了。魏杰气愤地问朋友，“那他又为什么对我拍胸脯说没问题呢？”朋友笑着说：“你太实在了！

这件事的真相是：那位主管说了“场面话”，而魏杰相信了他的“场面话”。

“场面话”可听不可信。对于他人拍胸脯答应的“场面话”只能“姑且信之”，别抱太大希望，以免希望越大，失望越大。因为人心难测，只好抱持最坏的打算。事后求证几次，如果对方言语躲闪，或避不见面，避谈主题，那么对方说的就是“场面话”。所以对这种“场面话”，要保持清醒的头脑，否则可能会误事。

身处社会当中，每个人都会说或听到一些“场面话”，场面话似乎隐藏了许多真实的意思，容易让人误以为真。其实，这些话只是为了应付一些场合或是为自己找一个台阶下而已。说起来，有时的“场面话”实在显得有些无聊，因为这几乎和“虚伪”画等号，但现实社会就是这样，不讲就好像不通人情世故了。所以，在很多情况下，“场面话”想不说都不行，因为不说，会影响你的人际关系。

善于应酬的人总能讲出漂亮的“场面话”，从而使他人愉悦。这样的人，肯定会大受欢迎。如果你能讲好“场面话”，对人际关系必有很大的帮助。那么该怎么讲好“场面话”呢?

1.说好当面称赞人的话

人生需要善言，因此在公众场合，我们不妨随时赞许别人，多给别人“捧场”。“场面话”就是感谢加称赞。

去朋友家做客，要谢谢主人的邀请，并盛赞菜肴的精美丰盛可口，并看实际状况，称赞主人的室内布置，小孩的乖巧聪明等。有的场面话所说的是实情，有的则与事实有相当的差距，但只要不太离谱，听者十之八九都感到高兴，而且在场的人越多他越高兴。

赴宴时，要称赞主人选择的餐厅和菜色，当然感谢主人的邀请这一点绝不能免；参加酒会，要称赞酒会的成功以及你如何有“宾至如归”的感受；参加会议，如有机会发言，要称赞会议准备得周详等；参加婚礼，除了菜色之外，一定要记得称赞新郎新娘的“郎才女貌”。

2.说好当面答应人的话

当面答应人的话包括“我全力帮忙”、“有什么问题尽管来找我”等。说这种话有时是碍于对方的人情，当面拒绝场面会很难堪，而且容易得罪人；对方若缠着不肯走，那更麻烦，所以用“场面话”稳住局面，能

帮忙就帮忙，帮不上忙或不愿意帮忙再另找理由，总之，这时的“场面话”有缓和局面的作用。

“场面话”当然不止这些，不过不外乎这两种。至于“场面话”的说法，要视当时的情况而定。不过场面话切忌讲得太多，点到为止最好，太多了就真的虚伪而且令人肉麻。而且说场面话时，最好选择事实来发挥，不要无中生有，否则会弄巧成拙。

总而言之，说“场面话”也是一种应酬智慧。这不是虚伪，也不是欺骗，而是一种“必要”。如果你能讲好“场面话”，你也会成为受欢迎的人。

酒桌是最大的应酬场，敬酒的艺术不可不知

中国人的好客，在酒席上发挥得淋漓尽致。人与人的感情交流往往在敬酒时得到升华。敬酒是中国的独特现象。很多不打算喝酒的人，在劝酒的过程中碍于情面不得不喝一点酒。

酒是感情的“润滑剂”，如何使它发挥最有利的功效，就在于自己的劝酒艺术。其实，喝酒只是一种形式，真正起作用的还是推杯换盏间的溢美之词。祝酒词要有文采。适当引用成语、名言、典故、诗词等，能使讲话更有感染力。只要你适当运用自己的口才，就能“喝”出名堂来。

如果你要使酒宴达到预定的目的，高潮迭起，必须能够频频举杯，“劝君更进一杯酒”。要想频频举杯与客人畅饮，就得靠标新立异，新颖别致的话题才能达到出奇制胜的效果。

例如，在一次商务宴会上，十分需要借助酒性沟通，可是无论怎样敬酒，客人都礼貌地表示难于从命。事先宴请方得知这个客人如果酒喝得不尽兴，就难于合作。一位擅长应酬的经理见状举杯说道：“各位来宾，我给大家再敬杯酒，这杯酒我借着刚刚呈上来的这盘‘浇汁鱼’向各位表示衷心的祝福。如果各位认为我说得对，就请干杯。你们看，吃鱼头，独占鳌头；吃鱼腮，满面灵气；吃鱼眼，珠玉满目；吃鱼唇，唇齿相依；吃鱼

骨，中流砥柱；吃鱼鳞，连连有余；吃鱼腹，推心置腹；吃鱼背，倍感亲密；吃鱼子，财智无数；吃鱼尾，机敏迅疾！让我们共同举杯，为吃鱼给我们带来连年有余，事事如意，干杯！”来宾都被他的风趣幽默、独树一帜的祝酒词所感染，不但立即举杯畅饮，而且那位最重要的客人还表示自己愿意多喝一杯，让那位经理教他这套吃鱼的酒令。

在酒宴上为了劝酒而采取“即物生情”的办法往往出奇制胜，屡试不爽。我们不仅可以从吃鱼上说起，还可以从吃鸡、鸭以及各种菜肴引申祝酒，也能收到奇效。当然，采用这种方法祝酒需要掌握一定的时机和技巧。

劝酒有许多规矩和讲究，尤其在正式的政务宴会上更要注意劝酒的礼仪，否则轻则出洋相，重则有损公务形象。具体来说，以下几点需要注意：

1.看准对象

劝酒的时候一定要看准对象。首先，对酒量小的人不要劝。人家本来就喝不了太多酒，如果再劝的话，就难为人家了。其次，对喝酒特别实在的人也不要劝。这样的人自己就能喝好，也能把握好度，如果你劝的话，他一定控制不住这个度，会喝多。再次，和女士一起吃饭的时候，不要对女士劝酒。对女士劝酒是不礼貌的。

那么，要对什么人劝酒最合适又很有效呢？一般认为，酒量较大但还没有喝多少酒的人，对这种人应当劝酒。这样，对方既能感受到你的热情，又不会因喝多出丑，从而欣然接受。

2.把握好时机

宴会刚开始的时候不要劝酒，因为这时候每个人都会根据自己的酒量适当喝一些，这时劝酒显得多此一举，不劝也能喝，何必要劝呢？

宴席要结束的时候也不要劝酒。这时大家其实都已经喝得差不多了，倘若你再劝酒，就显得有些强人所难。而且，宴会结束时劝酒还容易让别人喝多。酒后失态是小事，如果发生意外，恐怕就后悔莫及了。

劝酒的时候一定要把握好劝酒时机，最佳的劝酒时机是宴席进行到一半的时候，这时候劝酒最能活跃酒桌气氛，也最容易劝酒成功。

3.分清场合

最适合劝酒的场合应该是在具有喜庆气氛的酒桌上，如新婚之喜、升学之喜、乔迁之喜等。

有些场合不适宜劝酒。比如，不太熟悉的人第一次坐在酒桌上喝酒，互相不了解对方的性格和酒量，就不宜过分地劝酒，即使劝，也要把握分寸。再比如，在别人悲伤的时候不宜劝酒。因为对方本来心情就不好，所谓“借酒消愁愁更愁”，如果再一味地劝酒，就极容易让对方喝多。另外，上下级在一起的时候不宜劝酒。下级劝上级喝酒的方法本来就不多，最后往往以牺牲自己为代价；相反，上级劝下级时，下级却不能不喝。

4.劝酒语要文明

劝酒的时候，劝酒语绝对不能粗俗，要文明、真诚，体现出当时酒桌的氛围。比如，“为我们初次合作就取得了圆满的成功，干一杯”“感谢您给我无私的帮助和热情的鼓励，我敬您一杯”。像这样文明高雅的劝酒语，能恰当地表达敬酒者的心情，令人回味。而不雅的劝酒语暴露出一个人内心的粗俗，是失态的表现。不管是好友聚会还是商务宴请的场合，如果不能确定言语的效果，还是小心为妙。

总之，在劝酒的时候要把握好分寸，因人而异，因地而异。不要盲目地劝酒，这样不但起不到调节气氛的作用，还容易破坏原本友好的关系，甚至引发其他意想不到的后果。

有“礼”走遍天下，礼貌带人路路通畅

常言说：“有理走遍天下，无礼寸步难行”。此话虽然有些夸张，但对礼的作用则可窥见一斑。特别是在对人有所请求的时候，如果送一点礼品，则任何话都好说。如果空手求人，很容易被别人婉拒。

叶赫那拉氏即慈禧太后，她十六岁时被咸丰帝选入宫，入宫之后，她和无数宫女一样，备受冷落。叶赫那拉氏不甘心这样无声无息地待下去，于是，她设法找到了皇帝身边的红人——太监安德海，请求他帮忙，安德

海见是一位不太熟悉的亲戚，就不热衷帮这个忙。

很快，叶赫那拉氏醒悟了，她把每月由内务府发给的月银积攒起来，买通安德海来打听皇帝的消息。

一天，安德海告诉她："近几日咸丰帝每天饭后便去水木清华阁午睡避暑，来回都从桐荫深处附近经过。"于是，叶赫那拉氏抓住这个机会，每天午后打扮得花枝招展地在那里婉转高歌；从此经过的咸丰帝被她的歌声与美貌迷住了，当即将叶赫那拉氏召入了宫。

没过几日，叶赫那拉氏便被封为贵人，但她仍不满足，继续给安德海以恩惠，而安德海就及时地把咸丰帝的行踪与言谈告诉叶赫那拉氏。就这样，叶赫那拉氏的地位迅速提升，最后成为了两宫太后之一。

古人云："衣人之衣者，怀人之忧。"意思是说，穿了别人的衣服，怀里就会装着别人的心事或隐忧。换句话说，收下了别人送来的礼物，就得为别人办事。所以，要想求人办事，首先得学会给别人送礼。

当今社会，是一个讲"礼"的社会，如果你不讲"礼"简直就是寸步难行。如今商品社会中，"利"和"礼"是连在一起的，往往是"利"、"礼"相关，先"礼"后"利"，有"礼"才有"利"。求人要送礼，"礼"多人不怪，这是古老的中国格言，它在今天仍十分实用。

送礼是社交活动的重要手段，作为一种非语言的交际方式，送礼以物的形式出现，以物表情，礼载于物，得体的馈赠能起到"无声胜有声"的作用。送礼需要精心谋划，仔细琢磨，送到对方的心坎里，才会激起感动的浪花，收到理想的效果。

1.送礼要看对象

送礼要分清主次，把礼送给关键人物，不能送张三一点又送给李四一点，王五也收到一点，结果礼品被分割零散了，分量显得很轻，有时可能起不到利益驱动的作用，这还不算，送的对象多了，难免人多嘴杂，对事情有百害而无一益。

所以，在送礼品之前，一定要权衡好把礼物送给谁。礼物送到了点子上，问题就会迎刃而解了。

2.选择适当的礼物

确定了送礼的对象之后，接下来就要考虑送什么好。这里所谓的“好”是以对方的喜好为标准，重在是否投其所好，是否为其所喜欢。送礼之前要根据对方的日常生活偏好分析对方到底喜欢什么礼物。只有给对方送上了他十分喜欢的礼物，他才会动心和动情，从而尽心竭力为你办事。

3.礼物轻重得当

一般讲，礼物太轻，又意义不大，很容易让人误解瞧不起他，而且如果礼太轻而想求别人办的事难度又较大，成功的可能性几乎为零。但是，礼物太贵重，又会使接受礼物的人有受贿之嫌，一般人就很可能婉言谢绝，或即使收下，也会付钱，这样岂不是强迫人家消费吗？因此，礼物的轻重选择以对方能够愉快接受为标准，争取做到少花钱，多办事；多花钱，办好事。

4.送礼间隔适宜

送礼的时间间隔也很有讲究，过频过繁或间隔过长都不合适。送礼者可能手头宽裕，或求助心切，便时常大包小包地送上门去，有人以为这样大方，一定可以博得别人的好感，细想起来，其实不然。因为你以这样的频率送礼目的性太强。另外，礼尚往来，人家还必须还情于你。一般，以选择重要节日、喜庆、寿诞送礼为宜，送礼者既不显得突兀虚套，受礼者收着也心安理得，两全其美。

5.讲究送礼的时间、地点和场合

送礼要讲究时间，讲究地点，讲究场合，这样，对方才能接受。所以，最好的时间应该选择在早上对方未动身上班之前，或者在星期天的早上对方刚刚起床不久为佳。因为这些时候带礼物进屋，既无外人打扰，要找的人又恰巧在家中，便于见面，说话也方便。当然也有一些其他场合可以送礼，比如在酒店请客时也可以当场送些烟酒让对方带回去。

总之，求人送礼，不能盲目鲁莽，以礼压人，一定要了解对方的兴趣，有的放矢，巧妙安排，让对方乐于接受礼物，办事自然就容易成功。

第19章　懂得有舍才有得：

吃亏即是福，明智的舍比贪婪的得更有意义

人的一生会遇到很多选择，面对选择，主动放弃眼前利益而保全长远利益是最明智的。有时候表面上看来是获得，是胜利，但是从整体、长远看来却是损失，聪明人不会被此迷惑。他们会主动吃点亏，与别人一起分享成就，这能拓宽自己的发展道路，达到双赢。为人处世，要着眼未来，深谋远虑，这才是赢家的制胜之道。

敢于舍小利才能获得大财富

人的一生会遇到很多十字路口，当你茫然四顾，不知向何处走时，主动放弃眼前利益而保全长远利益是最明智的选择。正所谓“两弊相衡取其轻，两利相权取其重。”

有的人好急功近利，为了一时的眼前利益，可以不择手段。但急功只能近小利，只有放长线，耐心地等待才能钓到大鱼。有舍才有得，有时候，丢卒保车，舍鱼而取熊掌非常有效。

第二次世界大战后，以美、英、法为首的战胜国决定在美国纽约成立一个协调处理世界事务的联合国。一切准备就绪之后，大家蓦然发现，这个最有权威的世界性组织竟找不到自己的立足之地！

听到这一消息后，美国著名的洛克菲勒财团果断出资870万美元，在纽约买下了一块地皮，然后将这块地皮无条件地赠送给了这个刚刚挂牌的国际性组织——联合国。同时，洛克菲勒家族亦将毗邻这块地皮的大面积地皮全部买下。

对洛克菲勒家族的这一出人意料之举，美国的许多财团主和地产商都纷纷嘲笑说：“这简直是蠢人之举。”并纷纷断言：“这样经营不超过十年，著名的洛克菲勒家族财团便会沦落为著名的洛克菲勒家族贫民集团。”

但出人意料的是，联合国大楼刚刚完工，毗邻它四周的地价便立刻飙升起来，相当于捐赠款数十倍、百倍的巨额财富源源不断地涌进了洛克菲勒家族。这种结局令那些曾经讥讽和嘲笑过洛克菲勒家族的商人们目瞪口呆。

第19章 懂得有舍才有得：吃亏即是福，明智的舍比贪婪的得更有意义

无数事实表明，只有深谋远虑、从整体上分析和作判断，顾全大局，舍小取大，才能作出正确的决策。如果目光短浅，为小利所蒙蔽，就容易招致灾祸。有时，为了顾全大局，保护更大的利益，需要学会暂时舍弃相对较小的利益。

很多时候，舍不得局部的或眼前的一些小利益，很可能就会使自己损失整体利益。有一些事情，表面上看来是获得，是胜利，但是从整体、长远看来却是损失，聪明的人不会被此迷惑。假如你以单纯的想法自以为获得，结果往往会发现其实是受到了损失。

青年阿萨非常羡慕一位富翁取得的成就，于是他跑到富翁那里询问他成功的诀窍。富翁弄清他的来意后，什么也没有说，而是转身从厨房拿来了一个大西瓜。只见富翁把西瓜切成了大小不等的三块，之后把西瓜放在阿萨的面前："如果每块西瓜代表一定的利益，你会如何选择呢？"

"当然选择最大的那块！"阿萨毫不犹豫地回答。富翁笑了笑说："那好，请用吧！"于是富翁把最大的那块西瓜递给了阿萨，自己却吃起了最小的那块。当阿萨还在津津有味地享用最大的那块时，富翁已经吃完了最小的那块。接着，富翁很得意拿起了剩下的一块，还故意在阿萨眼前晃了晃，然后又大口吃了起来。

其实，那块最小的和最后那一块加起来要比最大的那一块分量大得多。阿萨此时才明白了富翁的意思：富翁开始吃的那块西瓜虽然没有自己吃的那块大，可是最后却比自己吃得多。

如果每块代表一定程度的利益，那么富翁赢得的利益自然要比自己的多。

吃完西瓜，富翁讲述了自己的成功经历，最后对阿萨语重心长地说："要想成功就要学会放弃，只有放弃眼前的小利益，才能获得长远的大利益，这就是我的成功之道。"

不少人看似素质很高，但他们因为难以舍弃眼前的蝇头小利，而忽视了更长远的目标。成功者之所以会成功有时仅仅在于抓住了一两次被别人忽视了的机遇，而机遇的获取，关键在于你是否能够在人生道路上作出果断的取舍。在各种利益面前，你只有敢于取舍，才有机会获取更长远的利益。

人生总是有得有失，一个人只有将个人得失置于脑后，才能够遇事从大局着眼，从长远利益考虑问题。求财做事，要立足现实，着眼未来，从长计议，放长线钓大鱼，这才是赢家的制胜之道。

做支配财富的人，不要被财富所支配

在物质极度丰富、科技高度发达的现代社会，时尚名牌满天飞，美女香车招摇过，我们心中常被挑逗得像是看见红色斗篷的斗牛蠢蠢欲动。他人暴富的经历，更让我们血脉贲张，跃跃欲试；更不能忍受的是别墅洋房的诱惑……因此，太多的时候，我们会被世上的金钱、物质所迷惑，心中只想将喜欢的统统占为己有。

适量的财富可以让我们品尝到生活的轻松和美好，但是一旦对财富奢求过度，就会失去追求财富的本来意义，把人生变得苦不堪言。我们想要的太多，但是时间和精力却是有限的，一味地贪大求全、什么都想要，什么好处都想占有，最后难免顾此失彼，甚至适得其反。欲望是无止境的，欲望太强烈，心中就会充满矛盾、忧愁、不安，心灵上就会承受很大的压力，以至于活得很累。两千多年前，老子清醒地认识到人类贪欲自私的弱点，通过对名誉、财富、得失等问题的追问和思考，得出一个结论：过分的贪爱必然会付出沉重代价，过多的拥有必然导致失去更多。而幸福的人生并不在于拥有多少财富，拥有多高的地位，只在于将需求减至最少。

美国好莱坞影星利奥·罗斯顿有句名言：“人的身体很庞大，但人的生命需要的仅仅是一颗心。”美国石油大亨默尔从这句话中获益匪浅。

1983年，默尔因患心力衰竭症住进了医院的急救中心。他病愈出院后马上卖掉了自己的公司，并将所得的钱全部捐给了慈善机构，钱数多达几十亿美元；之后默尔在乡村定居，安度晚年。后来，默尔在自己的传记里这样写道：“巨富和肥胖没有什么不同，都是获得了超过自己需要的东西罢了。”

固然，人应该追求健康强壮，但脂肪过多会压迫人的心脏。拥有足够

的金钱，可以使我们的生活更加安定，也可以使人生变得多姿多彩，但多余的金钱会压迫人的心灵。一切多余的念想、多余的追逐都会成为生命的负担。因此，人如果想要活得轻松、快乐、健康，就要善于放弃。

我们不是为了财富而活着，是为了生存才有必要拥有那些金钱物质；要活得像个人就不能成为金钱的奴隶，而应该成为它们的主人。金钱从某种意义上来讲是衡量成功与否的标志，但在金钱的运用上，则体现了一个人的人生态度。在这一点上，安德鲁·卡内基对金钱的运用，对我们启发很大。

经过多年奋斗，卡内基终于成为了名震世界的钢铁大亨。1900年，65岁的卡内基决定退休，用自己的巨额财富去做他早已想做的公益事业。早在卡内基33岁的那一年，他曾在日记中写道：对金钱执迷的人，是品格卑微的人。如果我一直追求能赚钱的事业，有一天我就会堕落下去。假使将来我能够获得某种程度的财富，就要把它用在社会福利上面去。

华人富豪李嘉诚自30岁起，已经跳出了金钱的圈套，再也没有细数过自己的财富。他用钱的守则是："当你赚到了足够的钱，一有机会，就要用钱！这样赚钱才有意义。"

我们每个人都得小心控制自己希望金钱越多越好的欲望。正泰集团董事长南存辉在谈到财富观时说："财富是身外之物，生不带来，死不带走。企业创办初期主要是为了钱，但到了一定程度，更多的是为了一种责任。尽最大的努力去把事情做好，但不贪心、不贪婪，顺势而为。"这种时候，南存辉会强调一句："财富不等于幸福，不要去眼红别人。"

现实生活中，人们总是喜欢拼命地追逐、抢夺、索取，认为这样才有可能得到幸福。殊不知，当你费尽心机地得到了这个，消除了一个烦恼，很快你又开始惦记上了那个，你就又有新的烦恼产生。如此反复纠缠，身心难安。事实上，人们追求的东西往往是自己并不需要的。只要我们设法降低自己的欲望，通过心理调节，使自己能够平静地对待财富，从而减轻或消除心理负担，幸福就会悄然而至。

拒绝两败俱伤，竞争的目的是双赢

人与生俱来就有一种竞争的天性，每个人都希望自己比别人强，都不能容忍自己的对手比自己强。因此，人们在面对利益冲突的时候，往往会选择竞争，拼个两败俱伤也在所不惜。其实这是一种极其短浅的目光、是一种非常浅薄的思维。这种做法容易绝了他人的财路，自己也占不到什么便宜。由此而产生的后果往往令人啼笑皆非、惋惜不已。

有一则寓言故事：一只狮子和一只狼同时发现了一只鹿，于是商量好共同去追捕那只鹿。它们互相配合，当狼把小鹿扑倒后，狮子便上前一口把小鹿咬死了。但这时狮子起了贪念，不想和狼平分这只小鹿，于是想把狼也咬死，可是狼拼命抵抗，最后它们两败俱伤，谁都无法享受美味了。

试想一下，如果狮子不起贪念，和狼共享那只小鹿，也许就皆大欢喜了。大自然中的弱肉强食单纯是为了生存需要，顾及不了长久利益。但人类社会中，任何“你死我活”的竞争对自己都是不利的。所以目前有越来越多的人赞同“你活我也活”的双赢策略。

竞争固然可以促进社会的发展，但是畸形、过度的竞争却无一例外会导致前功尽弃、两败俱伤。只有各让一步，你也达到目的，我也达到目的，才可以让大家都满意，合作才能长久，利益才能长久地保持。因此，在办事过程中，无论是面对自己的合作伙伴，还是面对自己的竞争对手，我们都应该坚持“双赢”。

晓慧在竞聘报社记者部主任一职时败给了竞争对手夏鹃，心里很不是滋味：一是自己竞争失败了，二是她担心自己以后在记者部没有好日子过了。于是特别想调离记者部去做一名专职编辑，但又不甘心放弃记者生涯。犹豫不决之时，忽然得到竞争对手夏鹃交给她的一项重要任务：负责一个重大选题的采访，并被任命为首席记者。这个任务大出晓慧意料，着实让她大吃一惊。

这就是记者部主任夏鹃对待同事兼竞争对手的双赢策略。她说：“如果我不任命她为首席记者，不委以重任，部门里就会形成以她和我为中心的两个帮派。有了这样一个对峙的小团体，以后的工作还怎么展开啊？所

以我们之间应该和睦相处，适当地给她一些重大且富有挑战性的采访任务，让她有受到器重的感觉。更何况她还是整个部里最有实力的记者，工作能力很强，又有威望，人际关系处理得好，会成为我最得力的助手。”

果然，晓慧圆满地完成了此次采访任务。她们之间正确处理同事关系的方法受到了领导和同事的一致称赞。

夏鹃的这种做法让晓慧觉得满意，我赢了可是你也没有输，这样的结果才是最令人开心的。事实证明，对于自己看不惯或有利益冲突的人，最可取的办法是选择一条互利之道，团结为本，回避矛盾。如此不仅显示了你宽容的胸怀，更体现出了你以公司的整体利益为重，而顾全大局乃是公司决策者最为欣赏的首要素质。

不论是在职场或商场，都存在激烈而残酷的竞争。我们与老板、与客户、与同事、与对手，都要摆正竞争与合作的关系，以利人利己的双赢思维做大市场，做大事业，而不是以“杀敌一千，自伤八百”的赌气竞争心态，非要来个你死我活、两败俱伤。

现实生活中，有很多事仅靠一个“争”字是解决不了问题的，与其去争，倒不如先“让”。这样就能化暴戾为祥和、化干戈为玉帛，最终获得“双赢”的结果。一个人要想成功，必须具备“你行我也行，你赢我也赢”的竞争意识。面对对手，一定要不屈不挠，咬紧牙关，迎面而上，决不退缩，这似乎是共识。但明智的人选择了另一种方式：站到对手的身边去，把对手变成自己的朋友。所以，最好的办法不是打败他，而是友好地站到敌人的身边去，把他变成自己的朋友，实现双赢。

学会放弃一点眼前利益，让别人也能够获得一些好处。学会做长久的打算，让自己的道路变成可持续发展的道路，让和你交往的人都可以获得双赢，这才是生存法则。所以无论从什么角度来看，那种“你死我活”的争斗在实质利益、长远利益上来看都是不利的，因此我们应活用“双赢”的策略，彼此依存。

任何时代，竞争都是一个永恒的话题。竞争应该在合作的怀抱里微笑。微笑竞争，携手同行，这是双赢的智慧，更是人生至高的境界。

成人之美，不做乘人之危的小人

孔子说：“君子成人之美，不成人之恶，小人反之。”君子与小人只有一线之隔。成人之美是君子所为，这方显做人美德。而小人多乘人之危，把别人获得的功劳，不择手段地夺取过来作为自己的功劳。在现代社会，这种做法要坚决杜绝。颜之推曾说过：“凡是有一点可取之处的人，都要称赞他，不能偷窃他人之美作为自己的美。”要想有好的人缘，必须成人之美，称人之善。

成就他人之美，一副小肚鸡肠是不行的，必须胸怀坦荡，善于推荐他人，善于赞美他人、成就他人。思想意识中只有自己，对身处逆境需要帮助的人袖手旁观，这是一种对自己对他人不负责任的行为。如遇到他人需要你帮忙时，只要是你力所能及的，一定要给予支持与帮助，千万不可被自私自利的想法左右。

亚历山大和大流士在伊萨斯展开激烈大战，大流士失败后逃走了。一个仆人想办法逃到大流士那里，大流士询问自己的母亲、妻子和孩子们怎么样了，仆人回答说：“他们都还活着，而且人们很尊重她们，礼遇跟您在位时一模一样。”

大流士听完之后，又问：“亚历山大是否曾对我的妻子强施无礼？”仆人先发誓，随后说：“陛下，您的王后跟您离开时一样，亚历山大是最高尚和最能控制自己的英雄。”

大流士听完仆人这番话，双手合十，对着苍天祈祷说：“啊！宙斯大王！我祈求您，如果可能，就保佑我的王国天长地久。但是如果我不能继续称王了，我祈求您把这个主权交给亚历山大，因为他的行为高尚无比，对敌人也不例外。”

在平时的生活和工作中，稍加留心就可以做到成人之美。如果你想获得成功，就应该想方设法获得周围人的支持和帮助。只有你真诚地对待别人，对方才会与你真诚合作。善待他人也是一种习惯，成人之美也就是善待自己。

英国生物学家达尔文，在1839年就已经形成了进化论的观点，并陆续

写成了手稿，但他没有急于付印发表，而是继续验证材料，补充论据。这个过程，长达20年。

1858年夏初，正当达尔文准备发表自己的研究成果时，突然收到马来群岛从事考察研究的另一位英国生物学家华莱士所写的题为《记变种无限地离开其原始模式的倾向》的论文，其内容跟达尔文正准备脱稿付印的研究成果一样。

在这个关系到谁是进化论创始人的重大问题上，达尔文准备放弃自己的研究成果，把首创权全部归华莱士，他在给英国自然科学家赖尔博士的信中说："我宁愿将我的全书付之一炬，而不愿华莱士或其他人认为我达尔文待人接物有市侩气。"

深知达尔文研究工作的赖尔坚决不同意达尔文这样做。在他的坚持和劝说下，达尔文才同意把自己的原稿提纲和华莱士的论文一齐送到"林奈学会"，同时宣读。

华莱士这才得知达尔文先于他20年就有了这项科学发现，他感慨地说："达尔文是一个耐心的、下苦功的研究者，勤勤恳恳地收集证据，以证明他发现的真理。"他宣布："这项发现本应该单独归功于达尔文，由于偶然的幸运我才荣膺了一席。"正是达尔文善于成人之美的行为，才换来了华莱士对达尔文的莫大尊敬。

其实，在不违背原则的情况下，适当地退一步是完全可以的。在平时的生活和工作中，稍加留心就可以做到成人之美。成人之美其实是一种高超的交际艺术。当你满足了别人的愿望之后，别人就会感激你，而且会产生知恩图报的想法。当你为别人提供了方便，使别人得到满足，反过来别人也会设法为你提供方便，乐于成人之美的人总能得到别人的帮助和配合。所以推荐别人也等于推荐自己，成就别人也等于成就自己。成人之美不会失去什么，相反会真正得到；得到的不只是一个人，更大的益处是得到一个人的心。

现代人要修炼成人之美的大胸襟，要深深地体会到，你成就了他人之美，反过来他人也会成就你。成就他人的同时，也塑造了自己的好名声，这是智者所为。相反，经常乘人之危的人，掠夺了他人的利益也破坏了自

己的形象，人人都会敬而远之，这无疑是愚蠢的做法。切记，智者成人之美，自己也美。

吃亏是一种大智若愚的处世智慧

郑板桥有句名言“吃亏是福”。对于修身养性，这句话值得我们去推敲。细细想来，又有几个人肯吃亏，又有几个人真的认为“吃亏是福”呢?

“吃亏是福”是福祸相依的生活辩证法，是一种深刻的人生哲学。“吃亏是福”道出的是一种潇洒的生活态度，敢于吃亏也是一种做人的方法。事实就是如此，自己主动吃点亏，往往能把棘手的事情做好，能把很难处理的问题顺利解决。

香港首位“千亿富豪”李嘉诚说过这样一句话：“一件看起来是吃亏的事，往往会变得非常有利。”李嘉诚经常向人谈起他当年做生意时的一段经历，说明做生意要不怕吃亏，一时吃亏，长远来看却往往有利。

李嘉诚22岁时开始自立门户做生意。有一家贸易公司曾向他订购一批玩具输往外国。当时货物已卸船付运，可以向对方收取货款时，贸易公司的负责人来电通知，说外国买家因财政问题无法收货，但贸易公司愿意赔偿损失。李嘉诚根据对市场行情的分析，认为这批玩具很有市场，不愁买家，因此没有接受这家贸易公司的赔偿。

当李嘉诚转型做塑料花时，也没有把这件事放在心上。有一天，一位美国商人找到李嘉诚，说经某贸易公司负责人的推荐，认为李嘉诚的工厂是全香港规模最大的塑料花厂，希望能够跟李嘉诚合作。李嘉诚后来才知道，那家贸易公司的负责人认识这位美国商人，并在这位美国商人的面前说尽了李嘉诚的好话，说他是一位完全值得信任的生意伙伴。这位美国商人最后同李嘉诚签了6个月的订单，日后又成为了永久的客户，他们所需要的塑料花逐渐全部都由李嘉诚供应，使李嘉诚的塑料花业务得到了长足的发展。

可见，吃亏并非是一种损失，虽然自己吃了点亏，但会因此获取别人的好感，赢得好人缘，以后发展的道路也将被拓宽。所以说，吃亏并不是真的吃亏，这是对人们心理上的一种隐性投资。你吃点儿亏，让别人得利，就能让别人心甘情愿地帮自己，使你的事业兴旺发达。

李嘉诚在临近退休时，曾给两个儿子出了一道测试题：你们掌管集团后，准备拿集团的多少股份，是拿10%，还是12%？两个儿子当时不假思索地说拿12%。

随后李嘉诚给出了答案：10%、12%你们都不能拿，要拿就拿8%！这是为什么呢？李嘉诚解释说，如果拿12%，董事们私下就会认为你们太贪心；拿10%虽不多不少，但显得平淡无奇；只有拿8%，才会让人觉得有素养，谦虚，不贪心，从而信任你们，愿意跟你们做生意。暂时吃点亏，这可是最好的广告啊！

成功的人都是很聪明的人，最明白“吃亏是福”的道理。他们一般不计较眼下的区区得失，而是把眼光放长远。虽然他们的好多行为在别人看来都是没有意义的，甚至很吃亏。但是他们心里清楚，自己的努力在将来肯定会得到巨大的利益回报。

亚东大学毕业后，在一家出版社的编辑部工作，他十分乐于助人，口头禅是“吃亏就是占便宜”。出版社的工作很忙，其他的人多干一些活就抱怨连连。只有亚东像旋转不停的陀螺，遇到什么活儿，他都毫无怨言地去做。

后来，亚东成为受人支使最多的人，他像每个部门的临时助手一样，一时人手不够，他就赶紧帮忙，取稿、跑印刷厂、邮寄、直销……所有的业务流程，亚东都参与过。

渐渐地，亚东熟悉了出版社的整个运作状况，几年之后，他成立了自己的文化公司。那些“吃亏”时锻炼出来的经验，帮了他的大忙，运作不久，他便很容易地进入了状态。

其实，越是不肯吃亏的人，越有可能吃亏，而且往往多吃亏，吃大亏。唯有不计较吃亏的人，才会真正得福。吃亏，虽然意味着舍弃与牺牲，但也不失为一种心计、一种品质。如果能做到不计较吃亏，甚至主动吃亏，就能拓宽以后的发展道路。

一个新人刚到一家单位，领导是不太可能将重要的工作项目交付给他来完成的。如何让领导对你的工作能力产生信心呢？这完全体现在那些不起眼或者很重要的工作内容上。要学会主动吃点亏，认认真真地将工作完成。同事遇到困难时，不妨吃点亏，帮助别人完成分内的工作。只有这样，他们才会愿意传授你工作经验。这些其实都是在给自己积蓄成功的资本。

对处于弱势的人来说，主动吃一些亏是必要的。如果不想吃亏，不甘心吃亏，就可能什么都得不到。“吃亏是福”，请记住这句话，它将对你以后的人生大有裨益。

聪明人懂得分享，不吃独食

上学时，老师经常告诫我们说：“好吃的东西不要一个人独吞，要适当分给大家一些。”等我们长大步入社会后，现实的磨砺和复杂的人际关系，让我们彻底明白了这句话的深刻含义。我们渐渐明白，好东西不能自己独吞，要分给众人一些。

如果你独享那份荣耀，就是在威胁别人的生存空间，因为你的荣耀会让别人变得黯淡，产生一种不安全感。因此当你在工作上有特别表现而受到奖励时，千万别独享荣耀，否则这份荣耀会为你带来更大的人际关系上的危机。

陈荣在一家图书出版公司担任编辑。有一次，他策划的图书在评选中获得了大奖。除了上级单位颁发他的奖金之外，领导另外给了他一个红包，并且当众表扬了他的工作成绩。但是他并没有现场感谢领导和同事们的协助，更没有把奖金拿出一部分请客，大家虽然表面上不便说什么，但心里却感到不舒服。

同事们表面上纷纷向他祝贺。可是，一个月过去了，他发现工作氛围似乎有些变化，平日里的欢声笑语全部消失了。单位里的同事，似乎都在

刻意地躲避他，有的还有意和他过不去。尤其是他的上级领导，更因此而产生了不安全感，害怕失去权力。为了巩固自己的领导地位，也暗地里给他设置障碍，不时增加压力，他自然没有好日子过。一段时间以后，他终于找到了矛盾的根源，原来他犯了“吃独食”的错误。

这本书之所以会获得大奖，陈荣身为主编功劳自然很大，可是那毕竟不是他一个人的成就，其他人也为此付出了很大的努力，这份荣耀也有他们的一份。所以，陈荣独占了所有的荣耀，别人心里当然不舒服，与他作对也就是很自然的了。

当你在工作上有特别表现而受到奖励时，千万记得“别独享荣耀”，否则在你享受荣誉的同时，就会给自己的职场关系埋下隐患。明白人皆知：一个人独享成果，是一种“吃独食”的心态，这样会引起其他人的反感，容易堵死自己的后路。因此当你在工作和事业上干出名堂、取得成就时，应该学会与其他人分享。

美国有一位农场主，他凭着勤奋与智慧，所种的农作物每一年都能获得当地农会竞赛的最高荣誉“蓝带奖”。而得奖后他一定会将他所获奖的最佳品种分送给他的邻居们。

大家都觉得奇怪，难道他不怕别人得到他获奖的品种，会在下一次的比赛中胜过他吗？对此，他微笑着答道：“我无法避免因风吹而使邻居的花粉飘到我的田里。倘若我不将好的种子分给每个邻居，那么飘过来的不好花粉也必然会影响我的田地产出的品种。唯有我周围的品种都是好的，才能保证我的田里产出最好的品种。而我在得奖之后，仍然会继续努力研究改良，因此我仍能连续不断地获得最高荣誉。所以我从来不担心别人超越我，相反，若有人超越我，将带给我精益求精的动力，让我追求更大的进步空间。”

许多人常常吝于与人分享，深恐别人知道自己的成功方法，将自己超越。如此一来，使自己丧失了再成长、进步的氛围与动力。而学会与人分享，却能促使自己不断进步，取得更大的成就。

所以，当你取得各种成就时，应该学会与其他人分享。

首先，感谢他人。当获得荣誉时，你首先要感谢同事的帮助和协作，尤其要感谢领导的提拔、指导。这样做有很大的妙用，显得你谦虚谨慎，从而能减少他人的嫉恨，赢得支持。

其次，与人分享。言语上的感谢是必不可少的，但是物质上的分享更不能缺少。获得荣耀后，不妨请大家吃顿饭，在饭桌上真诚地感谢帮助过你的人。众人分享了你的荣耀，受到了你的尊重，你们日后的关系会更加融洽。

最后，为人谦卑。人一旦获得了荣耀就容易“忘了我是谁”，这时旁人就遭殃了，他们要忍受你的嚣张气焰，又不敢出声，因为你正春风得意之时；可是慢慢地，他们会在工作上有意或无意地抵制你，不与你合作，让你碰钉子。因此有了荣耀，更要谦卑，以免遭到别人的妒忌，招惹麻烦。

其实不要独享荣耀，说穿了就是不要去威胁别人的生存空间。而你的感谢、分享、谦卑正好让旁人吃下一颗定心丸。事实正是如此，一个人“吃独食”最危险，大家都有汤喝才是硬道理。是否懂得这一规则，决定了一个人是阻力重重，还是步步高升！

第20章 站在巨人的肩上：会借力使力，才能快速使自己强大起来

在复杂多变的环境中，要运用好“借”的智慧。借助名人的名声、善借别人的脑力、善借别人的钱赚钱等，都是睿智的借力之举，是赢得机遇与财富的绝妙高招。成功者大都巧于“借力”，精于“借智”。“借”的关键在于怎样“借”得巧妙。只要你能因时、因地、因情制宜，那么就能巧妙地借助外力，让自己由弱变强，步步高升。

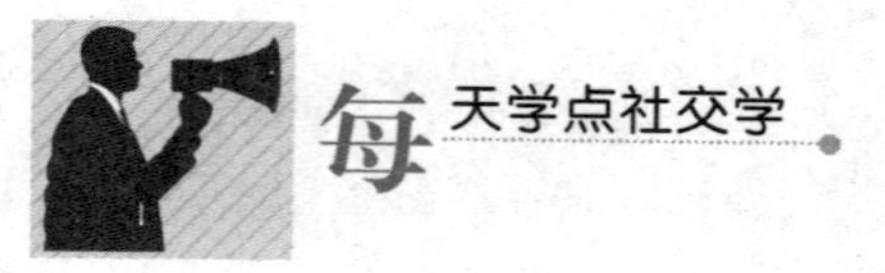

懂得借力，让成功轻松一点

荀子曾说过：“假舟楫者，非能水也，而绝江河，是故君子性非异也，善假于物也。”如今社会上的一些成功人士对“善假于物”的借力之道理解得最为透彻，运用得极为绝妙。他们的成功，很大程度上得益于“借”。

弱者善用权术、善借人力就可以变成强者，这就是计谋权术的运用。借他人之手除掉对手，不需消耗自己的实力，更不会担负任何罪名，这种间接杀人的计谋，就叫“借刀杀人”。借刀杀人之计属阴谋而非阳谋。平常之时，不可不防；非常之时，不可不用。三国时期的诸葛亮，可谓把“借”字文章做得老练精妙。

正当诸葛亮忙于出师南征之际，雍凯、高定兵分两路偷袭蜀营，被蜀军杀得大败，许多雍、高将士被蜀军生擒活捉，诸葛亮在这些战俘身上开始打主意。

他把雍、高被俘的将士分别囚禁，然后暗地叫本部军将撒谎说：“高定的人免死，雍凯的人尽杀。”于是，雍凯方面的战俘都谎称自己是高定的部下，诸葛亮也就佯装糊涂，将其全部放归。这些人跑回雍凯部队后，都说高定暗中背叛了雍凯，投靠了诸葛亮。

紧接着，诸葛亮又把捕获的高定派遣的密探，故意错认为是雍凯的部下，并让他给雍凯带回一封书信，信中密令雍凯“早早下手，休得误事”。

“密探”回去把信交给高定后，他信以为真，拍案而起，大骂雍凯

是忘义之徒，决心先下手为强，率领精兵连夜偷袭雍凯营寨，割了雍凯的脑袋，向诸葛亮献上其首级，讨好诸葛亮。当高定提着雍凯的头去见诸葛亮时，诸葛亮明知道他是真心诚意来投诚，却谎称高定是诈降而来，喝令左右推出斩首。这时，急得高定在诸葛亮面前立下军令状："誓擒朱褒来见丞相。"诸葛亮佯装给他立功赎罪以表真心投诚的机会，准予前去。果然，高定乘朱褒不备，偷袭了朱褒的营寨，杀了朱褒，带领全部叛军投降了蜀营。

到此，诸葛亮的一连串的挑拨离间，挑起了敌军内部的矛盾，诱骗敌人自相残杀，从而实现了"坐享其利"的目的。

借刀杀人的计谋主要体现在善于利用第三者的力量，或者善于利用或者制造敌人内部的矛盾，达到取胜的目的。此计谓借人之力攻击我方之敌，我方即可稳操胜券，大大得利。

"借刀"为聪明人的谋胜之术。"借刀"的情况大致可以分为借人力、借财物、借条件、借谋略、借媒介、借势力几种。如果一个人能细心观察身边的事物，并能够把握彼此之间进退的尺度，在必要的时候借力发挥，利用一下各方面的力量，自然会更利于事情的进展。

托哈杰斯基是苏联的一位将军，他才华横溢、战功卓著。1936年，斯大林在全国范围内进行"整肃"运动，托哈杰斯基也是被整对象之一。德国军方得知这个消息后，意识到这是一个机会：如果像托哈杰斯基这样的将军被除掉，对德国实施自身的战略是非常有益的。

为了陷害托哈杰斯基，德国元首希特勒密令德国情报部门暗中捏造托哈杰斯基背叛苏联的证据。于是，德情报人员着手假造了许多托哈杰斯基与德国将军们私下交往密切的信件；以及托哈杰斯基一伙出卖给德军大量的军事情报、所获报酬、德国情报部门给托哈杰斯基的信件影印本等，所有假证据都造得天衣无缝。不久，苏联以三百万卢布购买了这些情报，并据此迅即逮捕了托哈杰斯基等人。由于握有大量、确凿的"证据"，托哈杰斯基没有任何辩解的余地，很快就被判处了死刑。

德国为了自身的战略，无端捏造伪证，"借"苏联人的手，除掉了自己的心腹之患，其计谋可谓隐秘、管用。所以说，巧于"借力"，是成功的一大诀窍。

“借力”，关键在于怎样“借”得巧妙。借力既有明借和暗借之分，又有诱借和强借之别。无论哪种借法，都要讲究“借”的方法和艺术，不能露出任何蛛丝马迹。所谓“智用于众人之所不能知，而能用于众人之所不能见。”智慧是用在众人所不知道的地方，谋略用在众人所看不见的地方。

在瞬息万变的环境中，如果能隐秘地运用好“借”的谋略，那么，你就能巧妙地借助外力，让自己迅速发展壮大。

学会借势，让自己瞬间变得强大

有句话说：时势造英雄。指的是借时势之力成就大事的道理。“时势”中的“时”，就是时机成熟与否的问题。时机成熟了去做某件事就容易成功；如果时机不成熟，就容易徒劳无功。所谓“势”，就是“力”之顺逆与难易之比较。势顺而用力易，势逆而用力难。

万事万物都按照自己的规律和法则生存、进化、发展，相互间即相互依存，又相互排斥，存在着对立统一关系。所以“顺势而为”才是最佳选择。认清形势，利用形势所产生的巨大力量去做事，就会省力省心，名利双收。“借势发挥”是借别人的势力而强大自己的一种策略。势力强大的时候乘势反击固然值得肯定；势力单薄的时候，善于借势反击更令人赞叹。

曹操依附袁绍时就是一种“借势发挥”。袁绍看到曹操和黄巾军厮杀而内心高兴，他觉得必须对曹操加以利用，通过曹操使自己的势力伸展到黄河以南，使冀、青、兖三州连成一片。所以他热心地加封曹操为东郡太守。曹操当然明白袁绍的如意算盘，但他势力比袁绍弱得多，也必须利用袁绍，至少不能违逆袁绍，否则，袁绍打董卓不行，但对付他刚开张的那点人马却是不费气力的。因此，曹操很乖巧地接受了袁绍给他的职务，做起了东郡太守，并将治所从濮阳迁到了东武阳，又乘机举荐鲍信为济北

相，以为自己的羽翼。从这一举动看，曹操已有了明确经营兖州、青州的意向。

公元192年夏天，兖州刺史刘岱阵亡。刘岱死后，州中无主，东郡人陈宫即对曹操说："今兖州没了首长，无法执行王命，请让我去州里说说话，让您来接任兖州刺史。如您得了兖州，也就有了争天下的资本。"

就这样，曹操便不费一兵一卒地得了兖州。从此，他的实力逐渐强大起来。

无论何时，顺势而为都极为重要。顺势，如同顺水行舟，以最小成本取得最大回报。反之，就像逆水划船，纵然百般努力还可能一无所获。很多人和很多企业为什么总是无法壮大，就是他们根本就没去想过"势"的含义，没想过"势"的重要性，更没想过要"借势"来为自己服务。因此，单靠自己，结果只能是苦劳不少，功劳不多。"势"就是这样，只要你认知它，并且利用、驾驭它，你就可以事半功倍，顺利达成自己的目标。

历史上有显著成就的人，都是"借势"的高手，从他们的成功经验里，你可以看到他们借势而上的智慧灵光。他们之所以成功，是因为他们能把握好时机，然后借势而上。

2005年，百度成功登陆美国纳斯达克，以27美元发行，一天之内涨幅竟然达到354%，百度市值由8.72亿美元飙升至近40亿美元。百度的创始人李彦宏的身价也达到了9亿美元。百度由此一举成为了家喻户晓的明星企业。这其中的原因是什么呢？

其实，以百度当时的名气，即使上市了，也不能排除融不到更多的资金，并成为市面上的垃圾股的可能。要想在市面上一举成名，就需要让美国的投资者认识百度。而要达到这个目的，最好的办法就是，让他们知道百度和美国某个他们非常认可而且业绩很好的公司是一样的。

对于百度来说，这个公司就是搜索业界的老大——Google。其上市后，业绩一路攀升，是美国投资者追捧的对象，其在资本市场和搜索领域的影响力无可匹敌。另一方面，Google在国内和百度是竞争对手，在中国搜索领域分别排名第二和第一，两家公司性质的相同性可想而知。

因此，在上市前，李彦宏聪明地把百度的标签贴在了Google后面。而在Google上市时，错失投资良机的投资者，这次显然不会再错过机会，他们把对Google未能尽释的热情转移到了对百度的热情追逐上。因此，借Google之势，百度一举成名。

可见，对形势有准确把握，才能料事于先。只有认清形势，并抓住相应的机会造势，才能使自己快速向前，有所发展。

时与势处处存在，关键在于人的判断能力，所以，我们应学会审时度势，看准某一事物在将来会向何处发展，抓住现在的时机采取行动，根据不同的时势作出巧妙的安排，争取做出成功之局。比如，一个大公司推出新业务后，必然存在许多新的他所没有注意到或无暇顾及的盈利点。善于借势的人，就会先由大公司开拓市场，而自己却轻松地跟着他们来赚钱。所以，密切注意大公司的行动以及所引起的市场新变化，是“借势战略”的一个重要内容。

如果你能领会巧借天时、借势而上的道理，就会以一种积极的心态，捕捉时机，积极行动。认清形势，对形势有准确把握，并采取相应的方式为自己造势，才能使自己更快地走向成功。

名人效应，让你拥有极高的可信度

在现代社会，巧借名人的手段已被政治、经济、文化等各领域广泛运用，而且大有日趋扩展之势。对于我们来说，若能巧借名人之力，同样能达到自己的目的。

人类社会普遍存在着一种模仿名人的风气，名人用什么，我也用什么；名人穿什么，我也穿什么。名人用过的东西，不但能引起人们的重视、青睐，也有可能带动消费者购买的热潮。这是因为，在普通人的思维中，有这样一种心理定势：名人推崇、赞赏的东西，质量、性能一定没问题，无须怀疑，也无须考验它。许多企业在策划广告或选形象代言人时，不惜重金请名人，实际上也是希望产生名人效应。

第20章 站在巨人的肩上：会借力使力，才能快速使自己强大起来

世界上有不少产品都是这样，不知默默无闻存在了多少年，偶然一次经名人推崇、使用，便身价倍增，名扬四海。为什么同一产品被名人用过后其身价大不一样呢？这是名人效应的魔力所致。

由我国研制的920营养发水，对脱发有特殊疗效，原联邦德国总理施密特在任时爱用此药。一次，施密特在去英国同里根总统会谈判时，随行记者发现他的手提包内放有四瓶920营养发水。这位记者报道了这个发现。于是，中国厂家抓住这个机会，借题发挥，以此事为例在国内外大做广告宣传，立即在国际上掀起了一股中国920营养发水热，并被誉为“中国神水”。此后，中国920营养发水的年出口量连年大幅度上升。

借名人的影响力，让你的产品在投放市场时产生名人效应，不失为一种有效而快捷的提高产品知名度的方法。要记住，任何一条信息都有可能转化成财富，与名人相关的信息，是最可转化成财富的资源。广告策划者与企业经营者如平时留意名人的信息，并有选择地加以利用，就等于不花钱为自己的产品促销，效果非同一般。

有位阿拉伯人名叫艾布拉，本来穷困潦倒，身无分文，就是使用了这种方法，不但结交了许多名人朋友，还为自己求来了百万家财。

其实，他致富的方法说来简单有趣：他在签名簿里贴上许多世界名人的照片，再模仿名人的亲笔字，签写在照片底下，艾布拉便带着这几本签名簿浪迹世界，登门造访工商巨子和有名的富翁。

“我是因仰慕您而千里迢迢从阿拉伯前来拜访您的，请您贴一张照片在这本《世界名人录》上，再请您签上大名，我们会加上简介，等它出版后，我会立即寄赠一册……”

由于这些人很有钱，又喜欢摆阔，一想到能跟世界名人排名在一起，便感到无限风光，这样一来，他们就毫不吝惜付给艾布拉一笔数目可观的金钱。艾布拉因此而很快暴富。

人普遍有这样的心理，与名人有联系的事物必定是不一般的，基于这种心理，人们纷纷追逐、效仿名人，所以，与名人沾边的东西也就容易成为抢手货，流行或者成为时尚。因此，巧妙与名人有关联，它具有很强的说服力，是最能打动人心的广告词。

你也可以巧借名言，如请社会名流为你题个词，请专家教授为你写的书作个序，请明星为你签个名，等等。因为这些权威人物都有一定的威慑力量，他们的判断能力、鉴别能力是被社会公认的。如布娃娃在美国原售价每个20美元，而“椰菜娃娃”原设计者亲手签名的布娃娃售价曾高达300美元，这种“椰菜娃娃”在美国曾一度供不应求。名人的题词可以向别人证明你的实力，有了这些东西再说服对方就不再困难了。而且对方看你有“后台”也会愿意与你合作。

总之，如果能跟一位名人攀上关系，就可以有效提升自己的资源力度。不要觉得名人离自己很遥远，只要用心，其实你可以随时借用他们的力量。

向别人取经，用别人的智慧成就自己

俗话说：“一个篱笆三个桩，一个好汉三个帮”。不懂得或不善于利用他人力量，光靠单枪匹马闯天下，在现代社会里是很难大有作为的。

每个人都有自己能力所不能达到的范围，单打独斗的人永远成不了大气候。能够发现别人的才能，并能为我所用的人，就等于找到了成功的力量。一个人只要能设法得到其他人的帮助，就可以做成更多的事情。

汉高祖刘邦平定天下以后，大宴群臣，对在场的文武百官说：“运筹帷幄，决胜于千里之外，我不如张良；镇国家、安百姓，萧何都有万全的计策，我也不及萧何；统率百万大军，百战百胜，是韩信的专长，我不如也。这三位都是当世英杰，皆能为我所用，这才是我能得天下的原因。至于项羽，连唯一的贤臣范增都不能用，焉能不败？”

刘邦是很有自知之明的。他知道自己不是全才，也知道自己在很多方面不如自己的下级。他之所以能打败不可一世的楚霸王项羽，一统天下，是因为重用了一些在某些方面比自己能力更强的人，而且个个都尽其所能，用其所长，所以他才能在并不占优势的情况下战胜项羽，开创基业。

明智者能最大限度地做到“人尽其用，物尽其用”。借助别人的工作

能力为自己做事，以别人的经验为指引，把一些自己没做过的事情让给那些驾轻就熟的人去做，使自己从繁杂的事务中解脱出来，去筹划更大的事情。

若想工作有所收获，事业有所突破，就必须借助行业中最优秀者的力量，站在这些巨人的肩膀上寻找超越的机会。通过利用他人的长处，可以缩短自己的奋斗历程，使自己在追求成功的路上少走弯路，从而赢得宝贵的时间。

亨利·福特是农家子弟，他从小便想制造出便捷有效的机械来代替人力、畜力。

有一次，亨利·福特乘马车去底特律。途中，他生平第一次见到一辆不用马拖、自己能行走的蒸汽推动的车子。趁着这辆蒸汽车停下来时，福特向驾驶员问了一大堆有关性能、操作方法的问题。

带着这样强烈的创业愿望，1891年，亨利·福特进入了爱迪生电灯公司工作，仍致力于设计自己的“自动马车”，1896年，他的愿望实现了。1899年，亨利·福特成功地制造了3辆汽车，被公认为这一领域的先驱。

1908年，亨利·福特决定聘请管理专家沃尔·弗兰德斯进厂，并允诺，如果弗兰德斯能在12个月内生产出1万辆车，就给他2万美元奖金。最后，1万辆车的年度生产目标提前实现了，此时弗兰德斯虽然另创了自己的公司，但亨利·福特却从他那里学到了大规模生产所需的技术管理知识。

1913年8月，亨利·福特决定，把技术员艾夫利和威廉·克朗在发动机主轴上使用的“运动中的组装法”推广到总装配线上，此举获得成功，从此大批量流水线生产方式诞生了。一时间，亨利·福特成为了美国人心目中的“英雄”。

可见，一个好的创意的产生与实施，创业者光靠自身的力量和努力是不够的，必须集思广益，必须在自己周围聚拢起一批专家，让他们各显其能、各尽其才，充分发挥他们的创造性。万事都要巧借力，没有一个人能够独自成功。让更多的人助你成功，这是一种高效的智慧。

不管你做什么事情，要想快捷成功，需要借鉴前人的成功经验并设法说服别人帮自己。

成功者大都善于借用别人之“力”，巧借别人之“智”。他们懂得：虽然做任何事情都不可能一步登天，必须一步一个脚印，但是，取得成功的办法多种多样，只要办法得当，便可快捷省力。

巧于“借力”，精于“借智”，是成功的一条捷径。巧妙地借助外力，能迅速壮大自己的力量，让自己找到更广阔的生存空间，抓住更宝贵的发展机遇，从而由弱变强，步步高升。

借助贵人，帮自己渡过难关并得以提升

在发展事业的过程中，贵人相助往往是不可缺少的一环，有了贵人，能加大你成功的筹码，使你不断借力攀升。

“贵人”可能是指某位身居高位的人，也可能是能力出众、你欲模仿的对象，无论在经验、专长、知识、技能等各方面都略胜一筹。有贵人相助，的确对事业有助益。一个聪明的人知道，要想在这个世界上生存，有时候单凭个人的努力很难达成目的，这就需要寻找能够帮助自己的人。每个身在职场的人，如果能找到贵人相助，他们轻轻一点拨，你从此就可能一路上升。其实生活中是不缺贵人的，他们可能就是朋友、同事、长辈，或是萍水相逢的人。

寻找贵人不论对哪一个人，不论在名上或是利上，都是大有好处的。其中的技巧是很多的。不同的人有不同的技巧，非常之人有非常之技巧。

“借人之威，成己之实。”外部环境和自身才干同样重要,一个有才干的人如果没有外力的帮助，那么他的才干便不会淋漓尽致地发挥。充分地了解环境，找到自己的“贵人”，才能用最小的努力赢得最大的利益，这也是众多实现人生目标的有效途径之一。

如果你想充分地发挥你的才智，有所成就，在某些时候借助“贵人”还是必要的。也许你还没有足够的资本开创自己的事业，那么你不妨试着寻找生命中的贵人。使自己成为一流人物的途径之一，就是在自己所处的环境里，要积极设法与站在优势地位的人交往，并汲取他们成功的经验和

精华，这对你的生活和工作必将大有助益。有心者要常去结交那些极具影响力的人物。当你将他变成了自己圈子里的人后，在他的影响和帮助下，你自己本身也会自发产生一种向上的动力。这样即使你无法成功，至少可以在成功的附近徘徊。

安徒生是一个穷鞋匠的儿子，但是他却能积极主动地接近声名显赫的大人物。当他从报纸上得知某位大人物的行踪时，他会先了解其具体情况，然后冲上去，把自己介绍给他，并准确地表达：我现在的情况很窘迫，我很希望得到您的帮助。用这种方法，他敲开过当时丹麦歌剧皇后的门，敲开过哥本哈根皇家剧院主任和院长的门。在被拒绝过无数次之后，他为自己谋得了一个在皇家歌剧院伴唱的差事，并在不久后获得了一位大学校长的全额高等教育资助。本来毫无背景的穷孩子，就这样一步步向上流社会迈进。

这世界上的任何一种运气都不会无缘无故地降临到一个人头上。贵人的提携也是一样，有些人之所以深受贵人的喜欢，在于他们身上有一些特殊的个性。他们的共同之处在于沟通能力强，并且非常乐于表现自己。想引起“大人物”的注意，就要抓住机会适当地表现自己，要让他们看到自己的独特之处，领略到自己与众不同的才华。

所以，聪明的人赶紧“有所作为”吧！写信，发邮件，参加大人物常参与的社交活动，或通过直接、间接的介绍，这些都可以作为与之相交的可行方法。只要你态度真诚，手法高明，他一定会进入你的圈子里的。

从现在开始，我们不妨试试“巧攀贵人”这一招，用贵人的力量抬高自己的身价，从而使自己由“蚂蚁”变“巨人”。

借鸡生蛋，你富有人生的开始

在许多人的传统观念中，做生意需要本钱，没有本钱就无法做生意。持有这种观念的人，可能一辈子不论怎样辛苦劳作，也摆脱不了贫困的生活。现代的商海弄潮儿，在创业之初，有多少人怀里拥有很多本钱？但

是，没有本钱不要紧，就看你有没有本事和足够的胆识去“借”。

善借别人的钱赚钱，是睿智的借力之举，是发财的绝妙高招。许多有能力的人在经营中很善于克服不利因素，运用高超的思维想出解决问题的新思路，尤其在解决资金问题方面妙招频出。那么怎样才能让自己在最短的时间里获得更多的财富呢？最好的办法就是用别人的钱做自己的生意，也就是——借鸡下蛋。

香港船王包玉刚开始发展自己的事业时，势单力薄，仅经营一条旧的烧煤货轮。这时，他看到航海运输能赚大钱，就想买条大船，可苦于自己又没钱。如果从银行贷款，得有信用保证状。包玉刚思索了几天，终于想出了一个好办法：先把船租出去，让租户开出信用状，用租户的租金做保障。这样，就能从银行里贷出钱来。

第二天，包玉刚会晤了香港头号大银行汇丰银行信贷部经理桑达士：“密斯特桑，我想向日本船厂订购一条新船。船价100万美元，船成后要付清船款。不过，有一家日本运输公司肯签第一年的租约，租金是75万英镑，我想向贵行贷款，相当于租金数目。”

桑达士思考了片刻：“我佩服你的雄才大略，只是银行的规矩，你拿什么担保？”

“信用状！承租船的那家日本运输公司，会在他的银行开出信用状的。”

“原来你还没拿到信用状？”

“如果拿到了信用状贷不贷？”

“贷！只要你有信用状，我马上贷给你！”

桑达士并没有把包玉刚看在眼里，他没想到，包玉刚独特的经营方式在于，他经营航运，必先找好长期的租户，然后才购置新船。这不仅能保证可使银行信任，银行的支持也可实现他对租户的承诺。几天之后，包玉刚果真拿到了一张75万英镑的信用状。桑达士惊讶了，信服了。他确信包玉刚是个干大事业的人，于是贷款如数开出。

就这样，包玉刚以贷款买船的方式，只一年的光景，就成为拥有7艘货船的船东。1962年，他又与桑达士合作，成立了“巴哈马世界海运有限股

份公司”，其中汇丰银行股份占三分之一。从此，汇丰银行成了包玉刚的强大后盾。

“借鸡生蛋”，真如变戏法一般。灵活运用“借鸡生蛋”这一招，不管在财富积累方面，还是在个人经验积累等方面，都会让你受益匪浅。运用好此招的前提是必须熟知对方心理，所谓知己知彼，百战不殆，要迎合其心理而动，从而煽动其欲望，达到自己的目的。

不过，生意场上的戏法如何去“变”以及“变”得好坏与否，又的确显示了经营者的眼光、胆略和技巧的独特。作为电脑天才的盖茨也曾别出心裁，巧用“借鸡生蛋”这一招来赚取财富。盖茨最初与IBM合作的故事就十分有代表性。

当时盖茨和他的微软公司默默无闻，他们最初开发的软件都是小型厂商的，当IBM突然找上门来时，盖茨一口答应，马上可以开发出IBM想要的操作系统。当然，他的思路确实是不同于常人的。在与IBM签订协议后，盖茨没有挑灯夜战，自己去编写程序，来开发这样的系统——在规定的时限内那是不可能完成的任务。相反地，他开始寻找一家已经完成了开发电脑操作系统这项复杂工作的公司，并最终以 5 万美元的价格买下了这套操作系统。

这套系统经过盖茨六周的改装后成了著名的MS－DOS操作系统。在MS－DOS操作系统的基础上，微软后来又开发出了Windows操作系统，而今天，微软的操作系统已经占据了全世界90%的个人电脑市场。

不难看出，盖茨之所以能创造出原本并不属于他的机会，实际上是利用了市场中存在的信息的不对称和不均衡，通过扮演中间人的角色，联结起双方的市场，从而实现自己的“无中生有”。但是盖茨远比一般人高明，就在于他没有仅仅赚个差价，而是把“生蛋的母鸡”也抱回了自己的家。

商场如战场。在没有硝烟的战场上要想游刃有余，不仅需要非凡的气魄，最关键的是要有超人的智商和随机应变的本领。所以，想致富的人别总是把眼光盯在本钱上，本钱固然重要，但是，即使你没有本钱，如果善用“借”的手段，那么，也有可能财源不断。

第21章 提升自我竞争力：

潜能最大化，竞争力才是你的核心价值

进取精神是永不停息的工作动力，它是在职场中立足的基本条件，也是人的核心竞争力。我们正是在进取中不断地超越自我，创造卓越。“生命不息，奋斗不止”，不应只是优秀者的工作原则，也应该为众多普通人所共识。任何人都不能只满足于现状，而应追求更高的标准，不断提升自己。这样，将来的成就才能永无止境。

工作用心，把每件小事做好

在很多岗位上，都有眼高手低、好高骛远的人，他们脱离实际，小事不愿做，大事又做不来。有的人会说，我干的就是最琐碎的事情，有什么意义可言？其实工作中大多数人每天都在做着简单琐碎的事，接听电话、整理报表、绘制图纸……你可能会因此感到厌倦，认为它毫无意义而又提不起精神，或者敷衍应付、心存懈怠，这都是极不明智的做法。其实，正是这种眼高手低、好高骛远、脱离实际，小事不愿做，大事做不来的想法，让他们逐渐沦为平庸之辈。对待同样简单的事情，用心和不用心，其结果大相径庭。

最近，一些用人单位在招录新人时表达了这样一个共同的观点，我们更需要那些肯于从小事做起的优秀人才。康佳公司曾明确表示，他们喜欢志存高远，脚踏实地的人。既要有远大志向，对自己对企业有较高的要求，也要沉得下去，一步一步地提升自己，锻炼自己，一步步向成功靠近。

世界上的许多大公司，都把对简单工作的认真态度作为考察人的一个重要依据。李嘉诚曾说过这样的话："假如一个年轻人不脚踏实地，我们使用他就会非常小心。你造一座大厦，如果地基不好，上面再牢固，也是要倒塌的。"那些眼高手低，不能踏踏实实工作的人，很难得到管理者的重用。

一个人能否成就卓越，取决于他是否愿意做小事。许多人志向高远，一心想做大事，立大功，赚大钱。可是，如果不愿意从基础工作做起，没

有做小事的成功经历，就很难获得做大事的机会。即使有这样的机会，也未必知道从何处着手。因为做大事的技巧和方法，往往是在做小事的时候培养和建立的。有做小事的精神，才能产生做大事的气魄。平凡的小事看似没有什么值得重视的价值，但优秀者会像做重要的事一样，尽心尽力地去做好。从低处开始，不仅仅是规则，更重要的是精神。

美国福特汽车公司某制造厂有一个杂工，叫汤姆·布兰德，就是在做好每一件小事中获得了极大成长，最后他成为了福特公司最年轻的副总裁。那么，布兰德是怎么做的呢？

布兰德在20岁那年进入工厂后，起初对工作漫不经心。后来，他领悟到：既然自己想在汽车制造这一行做点事业，就必须对汽车的全部制造过程有个深刻的了解。他知道一部汽车由零件到装配出厂，大约要经过13个部门的合作，而每一个部门的工作性质各不相同。

于是，他主动要求从最基层的杂工做起。布兰德通过这项工作，和工厂的各部门都有接触，对各种的工作性质也有了初步的了解。

在当了一年半的杂工之后，布兰德申请调到汽车椅垫部工作。不久，他就把制椅垫的手艺学会了。后来又申请调到点焊部、车身部、喷漆部、车床部去工作。不到5年的时间，他几乎把这个厂的各种工作都做过了。最后他决定申请到装配线上去工作。

布兰德的父亲对儿子的举动十分不解，他说："儿子，你工作已经5年了，总是做些焊接、刷漆、制造零件的小事，太不值了吧？"

"老爸，这你就不懂了。"布兰德笑着说，"我并不急于当某一部门的小工头。我以整个工厂为工作的目标，所以必须花点时间了解整个工作流程。我是把现有的时间作最有价值的利用，我要学的，不仅仅是一个汽车椅垫如何做，而是整辆汽车是如何制造的。"

当布兰德确认自己已经具备了管理者的素质时，他决定在装配线上一试身手。布兰德在其他部门干过，懂得各种零件的制造情形，也能分辨零件的优劣，这为他的装配工作带来了不少便利，没有多久，他就成了装配线上的灵魂人物。很快，他被升为领班，并逐步成为15位领班的总领班。他的任劳任怨、不计得失的精神被大家普遍认可，最终成为了这家制造厂

的副总裁。

布兰德能升迁到高位，并不仅仅因为他能力强，而更多的是因为他能把小事也做得很出色。个人在公司的价值就体现在点点滴滴中。把小事当成大事去做，不仅提升了小事的价值，也是在提升自身的价值。如果能始终如一地把所有小事都做到尽善尽美，就能得到信任和重用。

工作中，我们要扎扎实实地做好小事，并从中受益。工作之中无小事，端正自己的工作态度，把小事当成大事认真地去做，不放过每一个细节。只有这样才能借助平凡小事的力量推进工作进度，做出不平凡的业绩。职场新人只有认真做好每一件小事，才能一步步地提升自己，一步步迈向成功。

竭尽全力地去做，才能获得理想的结果

每个人在工作中，难免会遇到许多的机会和困难，面对此种情况，你是全力以赴还是主动放弃呢？在接受任务时，我们常听到这样的话："我会尽力而为！"这句话看似很简单，但是所表达的意思却不清晰——是能完成任务，还是不能完成任务？只是尽了力，还是全力以赴？其实，仔细思忖一下，它反而更像一个推脱责任的借口。

在很多时候，尽力而为并不等于全力以赴，这两种截然不同的态度也往往决定了执行力的大小。所以，工作能否成功，往往就在于我们是用尽力而为的工作态度，还是全力以赴的工作态度。

24岁的海军军官卡特，应约去见海曼·李科弗将军。在谈话中，将军问了卡特一些问题，结果他被问得直冒冷汗。

卡特终于明白：自认为懂得了很多东西，其实还远远不够。结束谈话时，将军问他在海军学校的学习成绩怎样，卡特立即自豪地说："将军，在820人的一个班中，我名列59名。"

将军皱了皱眉头，问："为什么你不是第一名呢，你竭尽全力了吗？"

此话如当头棒喝，影响了卡特的一生。此后，他事事竭尽全力，后来

成为了美国总统。

要想获得成功，仅仅尽力而为还不够，还必须全力以赴。全力以赴是一种积极主动的精神；是一种不畏艰难的态度；也是优秀员工必备的素质。其实，要想真正将一件事情做好，光尽力而为还远远不够，必须全力以赴，这样才能逼自己将潜能充分发挥出来。

事实上，各行各业都需要竭尽全力工作的人。在职场中，管理者最需要能够克服困难、将结果而不是问题留给自己的人。我们应主动去了解自己应该做什么，能够做什么，怎样才能精益求精，做得更好，并且认真地规划它们，然后全力以赴地去完成。

马骏是某公司的员工，他的专业能力很强。一天，管理者交给他一项任务——为一家知名企业做一个广告策划方案。

马骏认认真真地工作了一个星期。然后，他把这个方案恭恭敬敬地放在领导的桌子上。谁知，领导看都没看，只说了一句话："这是你能做的最好的方案吗？"

马骏一怔，没敢回答，领导轻轻地把方案推给他。马骏什么也没说，拿起方案走回了自己的办公室。

他苦思冥想了好几天，修改后再次交上，领导还是那句话："这是你能做的最好的方案吗？"马骏心中忐忑不安，不敢给予肯定的答复。领导还是让他拿回去修改。

这样反复了四五次，最后一次，马骏信心百倍地说："是的，我认为这已经是最好的方案了！"

领导微笑着说："好！这个方案批准通过。"

有了这次经历，马骏明白了一个道理：要想把工作真正做好，做得尽善尽美，就需要100%地尽心，需要全力以赴地去做。从这以后，他便在工作中经常问自己："这是我能做的最好的方案吗？"

就这样，经过不断地改进，领导对他的工作非常满意。如今，马骏已经成了部门主管，并且他领导的团队业绩一直很好。

当我们接受了一项任务，就要下定决心，全力以赴，只有这样才能做到最好。成功的一切结果都是建立在竭尽全力地做好工作的基础上。所以，无论是什么工作，无论是不是大事，无论是不是你分内的事，都应该抱着“既然做了就一定要竭尽全力”的想法。在做事时，只要竭尽所能，做得比一般人更好、更精确，自然能引起领导的重视，从而使自己不断发展和进步。

认真对待你现在所从事的工作，并全力以赴地做好它，这是一切事业的开始，同时为以后打下坚实的基础。很多成就不凡的人都从事过最普通的、最底层的工作，但是，他们和一般人不同的是：珍惜每一个工作的机遇，从不抱怨自己的工作平凡，而是认真做好每一件事，最终通过努力来证明自己的价值，让他人看到自己不平凡的一面。

微软总裁比尔·盖茨曾无数次告诫自己的员工：“工作需要付出100%的热忱、100%的努力。能完成100%，就不完成99%，虽然仅有1%的差距，但正是这1%，不但会反映出你对工作的态度、作风，而且也会彻底改变你的人生。”在今天竞争激烈的职场，我们只有全力以赴去做每件事情，才能取得好结果和好成绩。

我们不管做什么事，都要全力以赴。一旦领悟了全力以赴这一精神，就等于掌握了打开成功之门的钥匙。能处处以竭尽全力的态度工作，即使从事最平庸的职业也能取得卓越的业绩。

把自己当作职场新人，在工作中不断学习

西点的埃里克·霍弗将军有句名言：“没有哪个人可以永远独占鳌头，在瞬息万变的世界里，唯有虚心学习的人才能够掌握未来。”在快速发展变化的职场，每个人每天都应问问自己：今天，我又学到了什么？有没有进步和提高？不仅新人应如此，成熟的高技能员工也需要保持学习心态。苹果公司的创始人乔布斯有这样一句话：“求知若饥，虚心若愚”。职场人士都应该保持这种学习心态。这是发展和进步的根本动力。

在进入企业之前，每个人都掌握了一定的知识，有过一些成功的经历，就好比水杯中已经蓄了很多的水。而当你接受新的工作和挑战时，能

否成功，取决于你是否能将杯中的水倒空，潜下心来从头学习、从头做起。要想不断进步，就要拥有空杯的精神。空杯的精神就是谦虚的精神，一切从头再来。只有把过去的成就忘掉，才能面对新的挑战。要想提高自己的能力，必须善于向他人学习。位置越高，就越要刻意地保持学习心态。唯有虚心学习，才能够成功掌握未来。

2008年，韫敏晋升为百度技术部副总监，这得益于她的虚心好学。

2004年，韫敏的职业生涯面临着一次转折。当时，百度对新产品的研发速度明显加快，这就需要一批技术管理人才。一天，高级总监郭眈问韫敏愿不愿意转型走管理路线。韫敏大学学的是计算机，在百度的三年里，每天都工作在第一线的技术研发上，没有任何管理经验。抱着尝试的心态，韫敏开始担任项目经理。但是很快她就发现自己的知识不够用，想当好项目经理还有很多知识要学。

于是，韫敏虚心地向其他组的同事请教，不断琢磨怎么把控项目进度，怎么才能保质保量。她留心观察自己的上司郭眈是怎么开会、怎么找人谈话的，当时技术部组织的所有管理培训她全报名参加。不仅听课时认真，培训结束后，韫敏还会再问自己一遍：以前相关情况的处理方法是否妥当？用新的管理方法能否处理得更好？每次，都会有新的感悟和收获。

渐渐地，学习和工作成为了一种良性循环。不断遭遇新问题，成功处理后，她又向前走了一步；于是又能接触到新事物和新要求，于是就继续学习新东西。这种学习心态，使韫敏的能力不断提升，最终完全可以胜任技术部副总监一职。

身处职场，应时刻保持谦虚的工作态度，多向那些有经验的人学习工作技能。这样不仅可以学到工作经验，还能快速让别人认识你、接纳你。以谦虚的态度面对工作，不断积极进取，这样才会为自己注入新鲜的血液，让自己时刻保持着激情和活力，拥有无懈可击的工作能力。

保持学习精神对人长期的发展是非常重要的。在此以前，你可能获得过很好的业绩，占有很高的地位，也可能具有渊博的知识，但是当你决定要向下一个目标进取的时候，就一定要保持谦卑心态。不能因为你曾经是一个企业的老板，就难以听从一个普通员工的指导；也不能因为你曾是他人的上级，就不去听取一个下属的真诚规劝……只有心态谦卑，才能快速成长，才能学到这个行业的技巧与方法。

冯川原来在一家广告公司做经理。由于经营不善，公司在一年前倒闭了。之后，冯川不断地寻找新的工作，但由于他提出的条件太高，因此屡屡碰壁，直到几个月前，他才找到了一份业务员的工作。

以往找工作，他总希望应聘的公司能给他安排一个不错的职位，毕竟他是一个曾当过经理的人。但是，没有一家公司愿意给一个求职新人提供领导职位，他们更愿意新人能够好好工作一段时间，根据新人的表现再考虑是否对其提升。

屡次受挫之后，冯川改变了想法，他决定再从业务员做起。在面对这份新工作时，他彻底地把自己当成一个新人，在工作中不断进取、不断学习，不仅处处向人请教，而且不断地进行自我训练。由于他工作努力、积极发展业务关系，几个月后，他的业绩已名列前茅。三个月试用期一过，公司马上给他升了职，他成了部门主管。

冯川由一个经理变成一名普通员工，再由普通员工迅速成长为主管，是因为他能放下架子，一切从头做起，在新的岗位上虚心学习、不懈奋斗。冯川用自己的亲身经历证明了虚心学习的重要性。初入职场，应本着谦虚好学的精神，从他人身上学习有用的技能和工作的方法，不断地地充实和完善自己，最终成为行业里的优秀者。

当我们怀着一种“空杯心态”去面对变化日益加快的职场时，就会抱着一种学习的态度去适应新环境，接受新挑战。当“空杯”成为一种平常精神，成为一种心态时，就能不断地前进与超越。

多下功夫学习，全面提升自己

在竞争激烈的职场，仅仅拥有专业知识和理论知识还远远不够，而要涉及方方面面。学习是一种综合的能力，就好像工作是一种综合的能力一样。所学的知识越全面，越有利于提升工作能力。

第21章 提升自我竞争力：潜能最大化，竞争力才是你的核心价值

销售大师汤姆·霍普金斯说："我永远也不会忘记当初我参加的那个推销培训班，我的所有收获都源于那次学到的东西，后来，我又潜心学习了心理学、公关学、市场学等理论，结合现代观念推销技巧，终于大获成功。"

随着新技术的不断发展和深入，工作面临的新技术、新问题将会越来越多，工作任务也将越来越重。所以，我们要锻炼自己综合分析问题解决问题的能力，既要努力做好自己的工作，还应了解与专业相关领域的知识。比如技术人员可以多学学管理知识，管理人员也可以多学学生产技术，向复合型人才转变，这样才能在工作中应付自如，不断提高自身价值。

周美华是某监狱的一名普通女警。这份工作需要经常和犯罪分子打交道，所以刚参加工作时的感受可想而知。随着工作的深入，她不断学习管理教育犯人的方法，工作起来从容了许多，但她的工作方法有些陈旧，有些犯人表面上服从了管教，实际上还有抵触心理。

为了更好地探究罪犯的心理，提高管教水平，让其由原来的抵触式服从到心悦诚服式服从，周美华开始自学心理学的相关知识。后来，她被选派到某大学专门学习心理学，考取了相关职业资格的证书，成为一名持证上岗的心理咨询师。如今，她在该监狱的服刑指导中心专门从事罪犯的网络咨询工作，工作上得心应手，效果显著。

"随着时代的发展，狱警也需要学习心理学。我们不一定都从事心理咨询工作，但通过后来的学习掌握这项技能，却能更好地开展工作。"周美华说。

要想把本职工作做得更好，就需要个人不断调整知识结构，不断充电，这样才能更加胜任新的工作需要。如今，无论是狱警学心理学、还是消防特勤学潜水、公司员工学追账等，都是职场人士的明智选择。全面而充足的知识储备，理论的知识与实际经验的密切结合，使得员工在职场上能够得心应手，迅速开展工作。

要想成为一名优秀者，必须掌握广博的知识，多读书，多学习，多思考。无论掌握哪一种知识，对工作都是有用的，知识能够扩大你的视野，

通过潜移默化的作用，锻炼你的思维能力，增强你的分析能力，强化你的决断能力。在职场中学习的目的是提升自己解决实际问题的能力，通常工作中一个问题的处理，可能要运用到多个领域的知识，所以最好全面地学习。如果能跨领域学习，就能极快地增强自己的实力。

曾获得过诺贝尔奖的杨振宁教授认为：知识是互相渗透和扩展的，掌握知识的方法也应该与此相适应。当我们专心学习一门课程或潜心钻研一个课题时，如果有意识地把思维的触角伸向邻近的知识领域，必然会有意想不到的新发现。

他认为，对于那些相关专业的书籍，如果时间和精力允许，不妨拿来读一读，暂时弄不懂也没关系，一些有价值的启示，也许正产生于半通之中。采用渗透性学习方法，会使我们的视野开阔，思路活跃，大力提高学习效率。

具有丰富知识和经验的人，比知识单一的人更容易产生新的联想和独到的见解。自身的知识越充足，成功的机会就越大。我们应根据职业的需要，加强与职业有关的知识学习，只有这样才有助于工作能力的提高。

想突破平庸成为优秀，离不开自己素质的提高，尤其是文化素质的提高。在学习中掌握多方面的知识，是造就人才综合素质的根本保证。如果想改变自己的前途，就要抓紧时间广泛汲取知识的营养，从而使自己变得更优秀。

工作上精益求精，不马虎糊弄

在工作中，有人也许会认为自己的工作已经做得很好了，可如果静下心来仔细想一想："我真的已经把事情做得尽善尽美了吗？"相信许多人的回答都是否定的。

一个人应该有这样的态度：工作要么不做，要做就做到最好。在做任何事情的时候，如果养成了马马虎虎的习惯，那么所有的能力、天分、创造力都很难发挥作用，并且还可能将因此而逐渐消失。世上最有希望成功

的人，无不有着尽善尽美、精益求精的可贵品质。

姜艳和杨珊是一家大型跨国公司里的两名优秀职员，在对待工作上，都能够尽职尽责。但是，他们两个人的差别就在于，姜艳在尽职尽责地完成了本职工作后，就觉得满足了，而杨珊在尽职尽责之外，还力争把工作做到尽善尽美。三年后，杨珊成为了这家公司的一位部门经理，而姜艳只是一名业务主管。

职场上就是这样，有些人本来具有出色的能力，却由于对工作不精益求精，在工作中经常出现疏漏，结果让自己逐渐平庸下去。而另外一些人，刚开始在工作中表现得并不出色，他们也明白自己的情况，为了改变自身的境况，他们全身心地、尽职尽责地投入到工作之中，想尽一切办法把自己的工作做到极致，最终在事业上取得了非凡的成就。

温斯顿·丘苦尔曾说："唯尽善尽美者为上。"没有人可以做到完美无缺，但是，当你不断增强自己的力量、不断提升自己的时候，你对自己要求的标准会越来越高，这本身就是一种收获。无论你从事什么职业，也无论你做什么事情，都应该为其努力付出，尽心竭力，争取做到最好。

工作的质量往往决定职场的位置。在工作中我们应该严格要求自己，能做到最好，就不允许自己做到次好。每个人都拥有难以估量的巨大潜能，如果你能够以精益求精的态度工作的话，就能够把自己身上的潜能最大限度地发挥出来，从而把事情做得尽善尽美。

超越平庸，接近完美。这是一句值得每个人铭记一生的格言。成功的最好方法，就是在做事的时候，要抱着精益求精的态度。一个人或是一个企业，无论是做人、做事、做产品一定要做到精益求精，好的同时还要求更好，只有这样机遇才可能垂青于你，成功才可能离你越来越近。

1988年，66家公司开始竞夺美国国家品质奖——美国企业界的最高荣誉。大部分参赛单位实际上都是一些像IBM、柯达、惠普等大公司的某一部门，但摩托罗拉却以整个公司为单位参加竞赛，并以绝对的优势轻松夺魁。

能赢得该项奖项，是因为摩托罗拉公司对产品精益求精。摩托罗拉公司从1981年就开始为竞争作准备。所有摩托罗拉的员工都力求大幅度降低工作中的错误率。一批以时计酬的工人，负责指出错误并有奖赏。结果是产品的错误率降低了90%，但摩托罗拉仍不满意。

于是，公司又为员工设定了新的目标：所生产的电话的合格率达到99.997%。公司还制作了一盒录像带，解释为什么99%的产品无故障仍嫌不足。这盒录像带指出，如果这个国家的每一个人，都以99%的品质来工作，那每年就会有20万份错误的医药处方，更别说会有3万名新生儿，被医生或护士失手掉落地上。试问，99%的品质，对于将其性命托付给摩托罗拉无线电话的人而言，是否足够？

摩托罗拉的员工深知，1%的差错会造成100%的问题。产品的“零缺陷”和“消除1%差错率”正体现了摩托罗拉员工的敬业精神。正是凭着这种精神，摩托罗拉公司最终夺得了大奖。

一个团队怎样才能在竞争中取胜？这就需要个人具有精益求精的做事精神，彻底告别“差不多”思想，这样产品才会有市场，工作才能产生最大的效益。对工作精益求精，是进取精神的充分体现。无论做什么工作，都应该精益求精，力求使自己的技能不断提高，使自己的工作成果尽善尽美。这样，你时间花在哪里，你就会在哪里看到卓越的成绩。

精益求精不仅是一种品质，更是一种能力、一种追求。优秀源于对“精”的追求，一个人有了“精”的理念，就会有“精”的目标、“精”的行动，就一定会出成果、出精品，最终赢得事业上的成功，成为最优秀的员工。

让进取心成为你努力向前的动力

进取心是永不停息的自我推动力，它不仅是个人，更是企业在竞争激烈的现代社会中立足的基本条件。企业的发展离不开积极进取的人，所以人的进取心便是一种极其珍贵的职业品质。进取心是一种激励人前进的力量，它存在于每个人的生命中。正是进取心这种永不停息的自我推动力，激励着人们向自己的目标前进，激励着人们更好地为了业绩而奋斗。

第21章 提升自我竞争力：潜能最大化，竞争力才是你的核心价值

在工作过程中，有些人竟可以达到或接近满分，为什么？正是因为他不满足于当前的成绩，从而不断进取。一个人一旦满足于自己目前获得的成就，便失去了继续前进的动力，不会再追求更高的目标。而在竞争日趋激烈的职场，不前进便意味着后退，就可能被无情地淘汰。所以，我们应永远保持进取精神。

世界球王贝利在20多年的足球生涯里，参加过1364场比赛，共踢进1282个球。并创造了一个队员在一场比赛中射进8个球的纪录。他不仅球艺高超，而且谈吐不凡。

贝利在足坛上初露锋芒时，一位记者问他："您哪一个球踢得最好？"他毫不犹豫地说："下一个！"而当他在足坛上风云叱咤，已成为世界著名球王，并踢进了1000多个球以后，又有记者问他："您哪一个球踢得最好？"他的回答仍然是"下一个"。

贝利的这一句"下一个"确实发人深省。有人认为这体现了他的谦逊态度，然而，更为重要的是反映出了他的不满足精神。贝利是清醒的，他没有满足今天的"这一个"，而是把最好的一个球锁定在永无止境的"下一个"中。

在职业生涯中要有永不满足的心态。一个阶段的成功要更好地推动下一个阶段的成功。每当实现了一个近期目标，决不要自满，而应该挑战新的目标，争取新的成功。要把原来的成功当成是新的成功的起点，这样才会永远有新的目标，才能不断攀登新的高峰。

每一个人都有超越自己的能力，之所以不能实现超越，是因为没有确立"将工作做到比最好更好"的目标。只要从现在开始，为自己设立出高目标，并积极地行动起来，那么任何一个人都能够超越自我。

2003年，方文墨以沈飞技校钳焊专业第一名的成绩毕业。"不做则已，要做就做最好！"方文墨的心里憋着一股劲儿。

为了提高自己的实际操作技能，他把加工工件的公差等级都自觉提高一个级别。最终，他终于练出了精湛的操作技术。

有一次，他要加工某型军机的操控系统。这个立体系统由8个面嵌合而成，每个面空隙、平面精度相当于头发丝的1/5，分到每个面上表面精度不

到1/25，不能高也不能低。小于要求的公差，就会出现滑动、松动；大于这个公差就会发涩、发紧，从而影响操控性能。

面对如此严苛的要求，他拿起锉刀，完全凭经验和感觉，在场的人无不提心吊胆。锉完，用仪器一测量，数据完全符合标准。“绝对不能出现失误，否则手一抖，一锉刀下去，几十万元的设备可能就废了。”方文墨从容地说。

2010年，方文墨在第六届全国青年职业技能大赛上，获得了机修钳工组第一名。26岁的他，凭着追求卓越、做到最好的钻研劲儿，成为全国最年轻的高级技师之一。

方文墨能够用7年的时间走过一个工人正常要走的24年的职业道路，成为全国最年轻的高级技师，正是因为他具有“做到最好”的职业精神。

无论干什么工作，做什么事，虽然取得了一定的成绩，但绝不是最终的，只能算是阶段性的胜利，只有更加务实地工作、更加积极主动地努力工作，才能创造出新的成绩。

对于工作，“最好”就是到了顶级的，“更好”则是正在前进。一个人所应把握的原则就是，要时刻保持“没有最好，只有更好”的心态，这样才会让自己不断进步，而不是停滞不前。一次，百度总裁李彦宏在产品讨论会上问起大家对一项新技术的看法，没想到，好几个人都持轻视态度。另外一些人则表示还未来得及关注研究。听到这里，李彦宏走上前台，说：“当我们满足于现状的时候，倒退、挫折就会到来。每一个百度人，永远不要满足，永远要让自己不断学习，不断进取。这样，公司才能更迅速地发展，每一个百度人，也才能跟上公司的成长。”

“没有最好，只有更好”，这是优秀者对待工作应有的态度。唯有如此，才能保持旺盛的工作热情，才能把工作做得更好，也才能不断进步。所以，我们不能只满足于当前的成就和能力，而应追求更高的标准——“比最好更好，比优秀更卓越”！那么，我们将来的成就也必定永无止境！

第22章 用阳光心情生活：拥有好心态，才能活出生命的精彩

现代职场压力大，这种压力来自严酷的现实，同时也是个人调节不当造成的。生活中，任何人都会遇到各种问题，这会让人身心俱疲，深陷其中。此时，最需要做的是调整好心态，我们无法控制事情的发生，但是我们可以选择自己的心情。任何时候，都要用好心态对待生活，一切就会变得不一样，快乐就会如影随形。

小心职场敌对情绪影响你

每个人都有情绪不好的时候，那时会觉得似乎烦恼、压抑、失落甚至痛苦总是接二连三地袭来，有人就抱怨生活对自己不公平。其实喜怒哀乐都是人之常情，生活中不出现一点烦心的事是不可能的，关键在于怎样调整控制自己的情绪。

自控能力高的人，可以从不良情绪中迅速跳出，重新调整自己，开创更美好的未来。相反，自控能力不足将会使人陷于痛苦情绪的旋涡中，甚至阻碍事业的发展。一个人是否能够有所成就，能力当然很重要，但是，学会控制情绪也是不可缺少的条件。美国著名成功学家拿破仑·希尔用自己的亲身经历，向我们讲述了自控力对于一个人的重要性。

很多职场人表示自己容易在工作中产生敌对情绪。导致这种情况的原因可能各不相同，但结果都是一样的，那就是如果任凭情绪的牵制，最终毁掉的只有自己。

年轻时，拿破仑·希尔曾和他人发生过一场误会，这件事使他认识到"一个人要想取得成功，必须先学会驾驭自己的情绪"。

事情的经过是这样的：

有一天，希尔和办公大楼的管理员因为一点小事发生了争执，从那以后，他们开始彼此敌视。后来，当管理员知道办公大楼里只有希尔一个人在工作时，就把电闸拉下来，办公室里顿时一片漆黑。这种事情一连发生了几次，希尔很愤怒。

一天，希尔正在办公室里紧张地工作着，电灯突然又熄灭了。他气

愤地奔向管理员的办公室，到了那儿，就对着管理员破口大骂起来。他把能想出来的恶言恶语都用上了。这时，管理员转过身，用柔和的语调对他说：“你今天是不是太激动了？”他的话很温和，但希尔却感到像一把利剑刺进了自己的身体。他站在那儿，非常尴尬。

希尔一下子醒悟过来，自己这样一个心理学专家，竟然对着一个没有多少文化的管理员大喊大叫，实在令人感到羞辱。他飞快地逃回了办公室，认识到了自己的错误。今天，本来是一个缓和矛盾的机会，可他却失去了自制力，从而使自己陷入了难堪的境地。

他决定回去向管理员道歉。管理员仍然用温和的语调说：“这一次你又想干什么？”言语中充满了挑衅的意味。希尔告诉他自己是来道歉的。管理员说：“你不用向我道歉。你今天所说的话，只有你我知道，我不会把它说出去的，我们就这样了结了吧！”希尔被管理员的高度自制力震撼了。他走上前去，紧紧地握住了管理员的手，真诚地向他表示歉意。

这件事使希尔认识到，一个人如果缺乏自制力，就有可能变得疯狂。这样，不仅不能控制他人，反而非常容易被打败。所以，希尔从此以后开始有意识地控制自己。

生活中，假如我们受到了不公正待遇或自己身边的人做错了什么，千万不要生气，而应学会控制。歌德说：“一个人切不可放任自己，他必须克制自己，光有赤裸裸的本能是不行的。”其实，一般人都很难控制自己的情绪，尤其难以控制自己激动的情绪。比如，当有人不小心得罪了你，你或许就会与他争论不休，越吵越凶，直到面红耳赤甚至大打出手，结果造成了心灵伤害甚至断绝了人际关系。事后冷静下来，你才后悔没有控制好自己的情绪。

情绪时时刻刻都伴随着我们，我们虽然无法做到心如止水，但却应学会理性地控制自己的情绪。要时常在心里提醒自己不要被琐事所烦，时时反省自己的一些做法，方法是否错了，在处理问题上是否情感多，理智少等。自制力始终十分重要。在自己的脉搏加快之前，把要争执的问题放一放，努力控制不生气。

英国著名管理学家拉斯托姆吉告诉我们：“如果与人发生了争吵，

切记免开尊口。先听别人把话说完，要尽量做到虚心诚恳，通情达理。靠争吵绝对难以赢得人心，立竿见影的办法是彼此交心。”愤怒情绪发生的特点在于短暂，气头过后，矛盾就较为容易解决。当别人的想法你不能苟同，而一时又觉得自己很难说服对方时，闭口倾听，会使对方意识到，听话的人对他的观点感兴趣，这样不仅压住了自己的怒火，同时有利于削弱和避开对方的怒火。

总之，能驾驭自己的情绪，才能真正驾驭自己。情绪处理得好，可以将阻力化为助力，帮人解危化险、融洽关系。这样，对身体健康和未来发展都有很大的帮助。

换工作不能解决心情问题

现在的职场大量充斥着浮躁和急功近利之风，缺乏脚踏实地的务实精神是很多人的通病。浮躁带给人的是急于求成、没有耐心，是朝三暮四、浅尝辄止，是患得患失、焦虑不安……一旦沾染上浮躁，不但解决不了任何问题，还会陷入盲区，导致新问题的发生。浮躁的心态决定了做事的态度，做事的态度决定了成败。所以，我们要学会踏实工作，学会不浮躁。

“这份工作太累人了，我马上就辞职不干了！”稻盛和夫怒气冲冲地对哥哥说。

哥哥沉默了一下，说：“我觉得你已经养成了挑剔工作的坏习惯，这对你的成长是很不利的。你要换的不是工作，而是心态。一味挑剔的人，无论做什么样的工作，都不会感到满意！”哥哥的话犹如当头棒喝，令稻盛和夫猛醒。

于是，他决定潜下心来，把眼前的工作尽力做好。就这样，通过一天天踏实的努力，他不仅得到了公司的重用，最后还成了享誉世界的企业家。

对于稻盛和夫当初的抱怨，我们感到很熟悉，或许类似的情景曾经或正在我们身上发生。不少人仅仅因为一些个人理由就轻易离职，例如“工

作不顺心”、“跟同事合不来”、“领导不喜欢自己”等理由，于是，他们就想换一个工作、换一种环境，总觉得这样就可以重新开始，一切就会变得称心如意。

没错，你可以从南边换到北边，从一个行业换到另一个行业，但是，如果心态不变、固有的思维方式不变、做事的方式不变，那么，就算跳了槽，换了环境，换了工作，结果又能好到哪里去？

在职场的生涯中，换工作也许是必经之路，但是每一次的转换，是否为你带来了正面的效益及自我提升？这是转职之前必须深刻思考的问题。很多人为了追赶流行，只看到新工作、新公司的优点，却没有思考自我的工作态度与心情，在轻易地放弃原本熟悉的工作之后，结果却陷入了另一个恶性循环中。

当我们来到一个企业工作时，你的心态就决定了在职场生涯的成败。如果你是抱着不断学习，积极进取的心态，把自己的位置放得低一点，通过不断努力，掌握更多的知识和技能，那么你的付出就会得到相应的回报；反之，如果你成天抱怨，稍不顺心就想另谋高就，即使你跳了槽，也许还有更多的不如意在等着你。

对于工作，如果你习惯于抱怨自己的工作多么枯燥，老板多么苛刻，每天唉声叹气、愁眉苦脸地做事，那样你永远也得不到老板的赏识。为什么不把工作想象成一件愉快的事？你不仅借助这个舞台学到了更多的知识和技能，还领到了一份薪水，这难道不是一份带薪学习的“美差”吗？如此一想，你的心情变好了，干劲倍增了，自然能取得成绩。

任何一种工作做久了都会令人心生厌倦、感到没有出路。其实，问题也许并非出在工作本身，只是人的心理作用。在工作中，永远都不要忘记随时调整心态，因为工作的突破取决于人自身的突破。心理学博士凯伦·撒尔玛索恩女士曾说过：“我们的生活有太多不确定的因素，你随时可能会被突如其来的变化扰乱心情。与其随波逐流，不如有意识地调整心情。”所以，当工作不顺心时，当与领导有不同意见时，不妨尝试调整自己的心情，以积极的态度和人沟通，试着走出职业困境。

因此，当你想离开“这个讨厌的企业”时，不妨先转换你的心态，以新的角度看工作、看事情，或许离职的想法就会打消。无论你在哪里工作，总会遇到不如意的事，如果你每天都微笑面对，相信事情会朝着好的方向发展。请记住：换工作不如换心情！

工作中不是没有乐趣，而是缺少发现乐趣、感受乐趣的心！只要你能培养起良好的心态，就能寻找到工作中的乐趣，不再遭受烦恼痛苦的困扰，并发自肺腑地说：原来工作真的是美好的！

快乐在于心，不在于物质

在日常生活中，我们经常会被各种烦恼所困：工作不好，没钱或没房，先进评比没份，受冤枉挨批评等。对于这类事情，如果能保持快乐心境，心里就会想得开，就能妥善对待、处理好这些事情。如果总是想不开，越想越气，言行就会变得反常。甚至为了一点小事，大闹一场，出言不逊，使自己的人品大为降格，人际关系受损。

人的心情总会受到事情的影响，很多时候我们是心情的“奴隶”。任何人都不会一帆风顺。很多时候，遇到的各种问题会让人身心俱疲，深陷其中。此时，最需要做的是调整好心态，我们永远无法控制事情，比如生老病死、挫折失败以及各种不幸的降临等，但是我们却可以选择自己的心情。无论如何，常用良好心态对待生活，也许一切都会变得简单、从容，快乐就会如影随形。

古希腊哲学家柏拉图曾说过：“决定一个人心情的，不是环境，而是心境。”

苏格拉底年轻时，曾和几个朋友一起挤住在一间不足十平方米的房间里，一天到晚总是很快乐。有人疑惑地问他：“人那么多，屋子却那么小，你为什么还这么高兴呢？”

苏格拉底说：“朋友们住在一起，随时可以交流思想、交流感情，难道这不是值得高兴的事吗？”

过了一段日子，朋友们相继成家搬了出去，小屋里只剩下了苏格拉底

一个人，但他每天仍然很快乐。

那人又问："现在只剩下你一个人了，多孤单呀，为什么你仍然很高兴？"

苏格拉底说："我和很多好书日夜相伴，这怎么不令人高兴呢？"

又过了几年，苏格拉底也成了家，搬进了一座楼里，他家住在一楼，条件很差，不安静，也不卫生。那人见苏格拉底还是快乐的样子，就好奇地问："你住这样的房间，也感到很高兴吗？"

"是呀！"苏格拉底说，"住一楼有不少便利之处啊！你看，进楼就是家，不用爬楼梯；搬东西很方便，不必费很大的劲……特别让我满意的是，可以在楼前楼后的空地上养一丛一丛的花，种一畦一畦的菜。"

后来，那人见到了苏格拉底的学生柏拉图，就问他："你的老师总是那么快乐，我却感到不太理解，他所处的环境并不是很好呀？"

柏拉图回答说："老师曾说过：'一个人快乐与否，主要不在于环境，而在于心境。心境好，在不好的环境中也能快乐；心境不好，在好的环境中也不能快乐。'由于我的老师总是拥有快乐的心境，所以他总是快乐的。"

面对上天给予的种种恩赐与考验，怜爱与不公，我们或许无法改变事实，却可以以一种好心态来面对它。虽然心情受事情的影响，但是它毕竟是主观的，是可以受我们意志支配的。有好心情自然会快乐无穷。

一位女作家在纽约街头遇到一位卖花的老太太。她穿着破旧，身体看上去也很虚弱，但脸上满是喜悦。女作家挑了一朵花，问："你为什么总那么高兴呢？""为什么不呢？一切都这么美好。"老太太回答说。"你很能承担烦恼。"女作家又说。老太太的回答令她吃惊："耶稣在星期五被钉在十字架上时，那是全世界最糟糕的一天，可三天后就是复活节了。所以，当我遇到不幸时，就会等待三天，一切就恢复正常了。"

事实就是这样，当你以一种豁达、乐观的心态面对生活时，眼前就会光明一片。相反，当你被悲观忧郁的思想囚禁时，未来就会黯淡无光。人生本无所谓得失，你心情的好与坏，全在于你自己。

在喧闹的生活环境中，内心能够保持宁静的人，他的心肯定也是快乐的。所以一个人对生活的感受，不在于其所处的环境，关键在于其心境如何。人心中如果有真境，没有音乐，仍然会感到欢快愉悦；不煎水沏茶，也会有清香芬芳之气袭来。

许多时候，我们不能改变生活，但是我们能够改变自己的心态，心态变了，别人对你的态度就会变，你做事的效率就会变，事情的结果当然也会变。当你微笑着看世界的时候，世界就是阳光灿烂的。

宽容对待生活，你也会健康快乐

谁都希望幸福和快乐常伴随自己。那么，请别忘记其秘诀之一，就是要宽容大度。宽容，既是儒家幸福观中的健康与长寿，也是道家幸福学说中的心灵快乐。因此，为了身心健康，我们要学会宽容。

宽容是一种赐福。我们宽容了别人，不仅给了他们尊重和理解，同时也赐福于自己。曾经在中央台的《艺术人生》栏目里，一位现场观众问特聘嘉宾潘虹："您几十年来的人生经历中，最大的人生感悟是什么？"当时潘虹回答说："宽容"。她进一步解释说："这个世界有太多的无奈，只有以宽容的心态来对待，才能得到自己的幸福和快乐。"

是啊，生活总是让人感到很累，为了爱情、为了事业、为了家庭……烦躁、愤怒、挫折感、不平衡心理……处处皆是。此时我们若怀着一腔怨怼，必定会使生活充满硝烟。为了别人，同时也是为了自己，应学会宽容地对待人生，宽容地对待生活。宽容不仅能保障健康，而且本身就是心理健康的标志。

有位心理学家曾说："人类要开拓健康之坦途，首先要学会宽容。"不肯宽容他人的人，会产生愤恨和沮丧，愤恨首先破坏的是你自己的健康。当人的内心矛盾冲突或情绪危机难以解除时，机体内分泌功能就易失调，造成血压升高、多梦失眠、心绪烦乱等症状。这些心理与生理异常相互影响，会形成恶性循环，诱发疾病的发生。

有一次，成功学大师拿破仑·希尔演讲完毕，有一位妇女对他说：

“我现在痒得要命，我该怎样才能止住痒痒呢？”拿破仑·希尔吃惊地问她：“为什么会觉得身上痒呢？”

这位女士告诉希尔，她的姐姐是分配她们父母遗产的执行人，却没有把她应得的大部分财产分给她，所以她对姐姐十分愤恨。一想起她的姐姐，她身上就会出现痒的感觉。

出于好奇，拿破仑·希尔决定和她的医生讨论这件事。医生对拿破仑·希尔讲述的话也十分感兴趣，他认为：这位女士只要能排除愤恨，她的痒病就会被治好。

这位医生找到这位女士，与她深谈了一次，并要她再去与拿破仑·希尔谈谈。医生警告她说，如若她不改掉不健康的想法，那么她会痒得直到精神崩溃。

她接受了这些治疗，做出了排除愤恨的第一步——原谅了她姐姐。当愤怒感日益减轻的时候，那位女士的痒病也减少发作了，最后竟然完全好了。意外的是，她自身态度的转变，影响了她那贪心的姐姐，后来她姐姐还给了她一些钱，从此两个人都感到满意。

人生之路不可能一帆风顺，生活中，令人心碎、受伤害的事人人都会遇到，这些事情总会或多或少影响到人的情绪。遇到这些事时，有人用宽厚的心态去对待，就会感到幸福；有人用凄惨的心态去理解，就会感到痛苦；如果用不健康的思想去认识，还有可能会生病。

如果我们想要快乐、健康，宽恕是唯一之道。人间的灾祸实在难以避免，若能消除怨恨他人的念头，是远离灾祸的法宝。宽容以真诚、无私、宽容、忍耐为配方，以快乐为药引，用爱之水煎熬。服此良药，能医好你的狭隘、忧郁、痛苦之病症，帮助你用健康的身心创造幸福。没有宽容，或许同样可以得到片刻的欢愉，但却无法享受长久的心安与幸福。

假如我们记恨他人，对别人的行为不满意；痛苦的不是别人，而是自己。唯有懂得宽恕别人，才能得到真正的快乐。当你陷入痛苦或被疾病折磨时，应悟出一个道理：与其在仇恨中身心俱伤，不如在宽容里享受人生。

宽容别人的同时，也能把自己内心的仇怨和嫉恨排除，才会怀着平和与喜悦的心情看待任何人和任何事，会带着愉快的心情生活。所以，宽容是一种精神财富，也是健身的良药。谁拥有宽容，谁就能拥有健康，拥有幸福。正如莎士比亚所说："宽容就像天上的细雨滋润着大地，它赐福于宽容的人，也赐福于被宽容的人，我们应该学会对别人表现宽容……"

张弛有度，劳逸结合才能保持健康

生活中，我们每天总有干不完的事。但是，不知你想过没有，如果天天为工作疲于奔命，最终这些令我们焦头烂额的事情会超过自身的承受极限，给我们的身体及心理上造成巨大的压力。

当今社会，生活节奏不断加快，紧张的学习和高负荷的工作量，极易使人产生紧迫感、压力感和焦虑感，如果处理不当或不能适应，则对很多身心疾病的产生起着推波助澜的作用。因此，我们必须学会自我心理调适，以缓解精神上的紧张。

布兰达是美国一家会计师事务所的合伙人，有一段时间，他常被一种莫名的焦虑所困扰，感觉自己快要撑不住了，于是他咨询了一位心理医生。

听了布兰达的倾诉，医生建议他工作不要太劳累，要适时休息。而布兰达说："我每天都有许多工作要做，没有一个人可以替我分担！"

"不能找人帮你吗？你的助手呢？"医生问道。

"那不行，只有我亲自处理我才放心，否则我开这个事务所干吗？"

"这样好了，我给你开一个处方，你是否愿意照着处方做呢？"医生想了一下说道。

医生把开出来的处方交给布兰达，他看了一下，处方上写着：每天散步一个小时，每星期抽出半天的时间去墓园一趟。

医生说："我希望你常到那儿走走，瞧瞧那些离开人世的人的墓碑，然后，你再好好想想，他们活着的时候也跟你一样，想把全世界的事情都扛在自己肩上，以后有一天你也会成为他们中的一员，可是，地球的转动

毕竟是永恒不变地，其他人仍然像你一样继续拼命工作。我希望你站在墓碑前好好想想这些摆在你眼前的残酷的事实。”

医生的话犹如当头一棒，敲醒了布兰达。从此以后，他认真按照医生的嘱咐，放慢了生活的节奏，并且把一部分工作转移给了其他人。他懂得了生命的真正意义不是焦虑和急躁，现在他以平和的心态去面对生活，不仅比以前活得更开心了，而且事业也做得很顺利。

年轻时我们忍受不了无名无利的简单，总想与人竞争什么，总想在某个圈子里成为聚光点。为此，我们就像上了发条的玩具马，不知疲倦、不分昼夜地奔忙，完全舍弃了个人的生活。不否认“人应该努力工作”。但是，在追求个人成就的同时，不应该舍弃均衡的生活；否则，就称不上“完整”的人生。工作既要进得来，还要出得去。只有进得来才能把工作做好，而只有出得去才能获得均衡生活，使自己的人生更丰富、更有意义。

微软中国区原总经理吴士宏在《逆风飞扬》一书中说：“得到今天的一切，我付出了很大的代价，大到我不建议美丽的女人们也去做同样的付出。人生有丰富的意义，不是只有事业、职业经理人，或者是‘企业家’才是有意义的实现。”除了工作，生活中还有许多值得我们重视的事情：健康、爱情、亲情、友情……在它们中间寻找到一个平衡，我们才能享受快乐的人生。

有的时候，我们将奋斗的目标定得过高；有的时候，我们将奋斗的目标定得过多，这是遭受挫折的重要原因。无论是前者还是后者，都使我们无法平衡，深感心有余而力不足，最后都可能导致迷失方向，把自己压垮。为此，我们要找出一个临界点，不把自己搞成一台长期超负荷运转的机器。聪明的办法是学会取舍，放弃自己还不具备能力与条件的目标。这不是坏事，只有明智地取舍，并学会放弃，才能摆脱无谓的烦恼，拥有自在的生活。

所谓“文武之道，一张一弛”，无论做什么事，都要张弛有度。人生如果太过清闲，各种杂念就容易悄悄滋生；如果太过忙碌，纯真的本性就会被埋没。所以有修养的人应注意自己的身心健康，懂得休闲娱乐

的乐趣。

一个懂生活、会生活的人，能够该工作的时候工作，该休息的时候休息。一味的张，就会让自己绷得过紧，导致身心疲惫不堪；一味的弛，往往会让自己变得松垮、懒散，失去进取心和斗志，进而停步不前。所以，工作和生活需要保持一种平衡。

平时，我们要自觉地调节心理，既不让自己懒惰，又不过于劳累。只有舒缓紧张情绪，放松自己的心灵之弦，才能在人生之路上踏歌而行。

不要抱怨，用勤劳努力换取幸福

在工作中遇到挫折和失败等不如意的事情时，许多人总是习惯于抱怨。应聘的时候，抱怨好运不垂青自己；工作的时候，抱怨没得到满意的待遇；失业的时候，抱怨老板不讲情理……抱怨是成功的天然克星，是最容易养成的坏习惯。如果你一直抱怨下去，就会与成功渐行渐远……

其实，每个人都会经历各种各样不如意的事情，成功者不会总是怨天尤人，埋怨运气不佳，他会检讨自己，并再接再厉。如果你抱怨，生活中的一切都会成为你抱怨的对象；如果你不抱怨，生活中的一切都不会让你抱怨。一味地抱怨不但于事无补，有时还会使事情变得更糟。所以，不管现实怎样，你都不应该抱怨，而要靠自己的努力来改变现状。

美国黑人领袖鲍威尔虽出身寒微，但年轻时却胸怀大志。鲍威尔在一家汽水厂当杂工时，一次，有人在搬运产品中打碎了50瓶汽水，弄得车间一地玻璃碎片和泡沫。按常规，这一切应该由打翻汽水的工人清理打扫的。老板为了节省人工，要干活麻利爽快的鲍威尔去打扫。当时他有点气恼，欲发脾气不干，但一想，自己是厂里的清洁工，这也是分内的活儿。于是，鲍威尔尽力把满地狼藉扫除得干干净净。

过了两天，厂负责人通知他：他晋升为装瓶部主管。自此，他明白了一个道理：凡事不要抱怨，要尽力去做，总会有人注意到自己。不久，鲍威尔以优异的成绩考进了西点军校。后来，鲍威尔官至美国国务卿。

第22章 用阳光心情生活：拥有好心态，才能活出生命的精彩

有的人之所以会成功，原因之一在于他们从不抱怨环境的恶劣，从不诅咒工作的不公，他们在他人抱怨或是咒骂的时候，会努力奋斗，并且在情况改变之前奋斗不止，从而改变了自己的处境。

工作不可能总是尽如人意。在每天的工作中，或多或少都会遇到一些不如意，如完不成任务、受到老板训斥、工资太低、工作太累等。遇到这种情况时，越是抱怨，就越没有工作下去的信心，这样势必会陷入一种烦恼的怪圈，浪费时间，浪费精力，最后走向失败。而如果能够时刻抱着理解、感恩的态度对人对事，你就会发现自己的心胸变得无限宽广，内心变得无比强大，整个人也变得充满活力和精力。以这样的心态去面对工作，必定会在快乐工作的同时，轻松地解决困难、走向成功。

一味怨天尤人是问题滋生的根源，终究会使成功离自己越来越远。时刻懂得努力进取是敬业负责的体现，事业的辉煌必将展现在眼前。

女工王兆兰从工厂下岗后，没有抱怨命运，而是实实在在地做了北京贵宾楼饭店洗手间的保洁员。保洁工作对保洁员的要求极为严格，8小时工作时间内要不停地擦拭、清扫，一天下来，疲惫不堪。没多久，和她一起来的 8 个姐妹都因承受不了保洁工作的劳苦而辞职了。王兆兰想：作为一名下岗女工，自己没有其他技能，可供选择的工作不多，干一行就要真正把它干好！由于她工作认真、负责，很快被调到商品部当售货员。可是，就在这个时候，王兆兰工作的场所要停业装修半年，她再一次面临下岗。

在待业的日子里，王兆兰看到一家茶店招聘服务员的广告。但招聘的条件很高，年龄要求18～25岁，懂英语，还要了解中国茶文化。王兆兰前去应聘，软磨硬泡，并极力陈述自己年龄大的优势和好处。最后，老板勉强收下了她。

为了学会泡茶，她反复操作，手上烫出了大泡；为了分辨不同的茶叶形状，品质和口味，她反复试泡试喝，有时喝得心发慌，睡不着觉。很快，她了解了茶叶和茶艺的基本知识。掌握了一套推销茶叶的技巧，上岗两个月就被老板提升为店长。

在茶叶店的两年时间，她不断地提升自己。后来王兆兰参加了第四次茶文化展和第六届国际西湖北京茶会。她的八仙茶获此次茶会茶艺表演一

等奖。几年后，王兆兰与人合伙开办了聚福隆茶庄，她由一名临近不惑之年的下岗女工，本着“少抱怨他人和社会，多改造自己”的人生理念，终于成为了一名企业老板。

人生常有不如人意的时候，问题在于个人怎样面对困难和不顺。知道人力不能改变的道理，与其怨天尤人，徒增苦恼，不如因势利导，适应环境，从现有的条件出发尽自己的力量和智慧去发掘机会。生而为人，无法选择自己的家世背景，但却可以选择自己的生存态度。

在通向成功的道路上，你会面临无数次的选择，只要选择积极的心态，你成功的机会就变得俯拾皆是。当现实与你的期望不符时，不要抱怨。即使生活给你的是艰难与困苦，只要改变你的人生态度，你一样可以将它们踩在脚下，提升自我。

参考文献

[1] 夏永为．一本书学会人情世故[M]．哈尔滨：哈尔滨出版社，2010.

[2] 水淼．20几岁要懂得的人情世故[M]．北京：北京航空航天大学出版社，2009.

[3] 陈契，田伟．人生经验全知道(白金珍藏版) [M]．北京：中央编译出版社，2010.